Wirtschaft 1
Niedersachsen

Differenzierende Ausgabe

herausgegeben von
Dietmar Krafft
Heinrich Meyer

erarbeitet von
Renate Harter-M...
Dietmar Krafft
Heinrich Meyer
Denis Mujkanovi...
Melanie Spiller

in Zusammenarbe...
der Verlagsreda...

Die in diesem Buch angegebenen Internet-Adressen und -Dateien wurden vor Drucklegung geprüft (Stand: Dezember 2013). Der Verlag übernimmt keine Gewähr für die Aktualität und den Inhalt dieser Adressen und Dateien und solcher, die mit ihnen verlinkt sind.

Redaktion: Jürgen Grabowski; Martin Glania, Brieselang
Bildassistenz: Christina Sandig
Layout: Corinna Babylon, Berlin
Technische Umsetzung: CMS – Cross Media Solutions GmbH, Würzburg
Collagen, Grafik, Illustrationen: Anette Schamuhn, Berlin
Fotos: Peter Wirtz, Dormagen
Umschlaggestaltung: Klein & Halm Grafikdesign, Berlin
Titelfoto: lev dolgachov/shutterstock

www.cornelsen.de

1. Auflage, 2. Druck 2016

Alle Drucke dieser Auflage können im Unterricht nebeneinander verwendet werden.

© 2014 Cornelsen Schulverlage GmbH, Berlin
© 2016 Cornelsen Verlag GmbH, Berlin

Das Werk und seine Teile sind urheberrechtlich geschützt.
Jede Nutzung in anderen als den gesetzlich zugelassenen Fällen bedarf der vorherigen schriftlichen Einwilligung des Verlages.
Hinweis zu den §§ 46, 52a UrhG: Weder das Werk noch seine Teile dürfen ohne eine solche Einwilligung eingescannt und in ein Netzwerk eingestellt oder sonst öffentlich zugänglich gemacht werden. Dies gilt auch für Intranets von Schulen und sonstigen Bildungseinrichtungen.

Druck: Firmengruppe APPL, aprinta Druck, Wemding

ISBN 978-3-06-065010-1

PEFC zertifiziert
Dieses Produkt stammt aus nachhaltig bewirtschafteten Wäldern und kontrollierten Quellen.
www.pefc.de

Inhalt

7	Differenziertes, individualisiertes und kooperatives Lernen im Fach Wirtschaft	1	Wie ihr mit dem Schülerbuch lernen könnt	7
		2	Kooperatives Lernen – zum gemeinsamen und individuellen Gestalten	8

Lernfeld: Verbraucherinnen und Verbraucher sowie Erwerbstätige im Wirtschaftsgeschehen

9	Bedürfnisse, Bedarf und Konsum	1	Was erzählen Einkaufstüten?	9
		2	Anna und Tarik: gemeinsame und unterschiedliche Bedürfnisse	10
		3	Unerfüllbare Bedürfnisse?	12
		4	Bedürfnisse und Bedarf – mein Geld reicht dafür nicht	13
		5	**Weiterführendes Material**	14
			Methode Gruppenarbeit	15
			Methode Kartenabfrage	16
			Methode Befragung (Interview)	17
			Methode Präsentation	18
19	Arbeitsplätze: Ein Blick hinter die Kulissen	1	Arbeiten heißt nicht nur „Geld verdienen"	19
		2	Möbel ausliefern und Umzüge durchführen	20
		3	Autos reparieren und Reifenservice leisten	21
		4	Gäste bedienen	22
		5	Arbeiten im Dienste der Gesundheit	23
		6	Tiere behandeln und Tierhalter beraten	24
		7	Judith K. arbeitet (noch?) an der Kasse	25
		8	**Weiterführendes Material**	26
			Methode Stationenlernen: Interessen und Fähigkeiten berücksichtigen – Lernweg steuern	27
			Methode Arbeitsplatzerkundung	28
29	Arbeit im privaten Haushalt, gemeinnützige und ehrenamtliche Arbeit	1	Haushalte sind verschieden	29
		2	Wofür die Arbeitskraft verwendet wird	30
		3	Arbeit – Erwerbsarbeit – Hausarbeit	31
		4	Frauen und zunehmend Männer wollen beides: Erwerbs- und Familienarbeit	32
		5	Ehrenamtliche/gemeinnützige Arbeit ist wichtig	33
		6	**Weiterführendes Material**	34
			Methode Kooperatives Lernen: Denken – Austauschen – Vorstellen	35
			Methode Rollenspiel	36
	Alles klar?		Lernkontrolle zu den Seiten 9–34	37
39	Entstehung von Berufen	1	Jäger und Sammler erfinden Werkzeuge	39
		2	Vom Jäger und Sammler zum Bauern und Handwerker	40
		3	Handwerk und Manufakturen	41
		4	Phasen der Industrialisierung	42
		5	Wandel zur Dienstleistungsgesellschaft	43
44	Ohne Geld läuft nichts	1	Zahlungsarten	44
		2	Vom Tauschhandel zum Geld	45
		3	Der EURO: Unser heutiges Zahlungsmittel	46
		4	Lukas in der Klemme	47
		5	Aidin hält sein Taschengeld unter Kontrolle	48
		6	**Weiterführendes Material**	50
			Methode Informationen gewinnen – Internet nutzen	51

52	Ohne Einkommen kein Leben	1	Was bestimmt die Höhe des Einkommens?		52
		2	Welche Arten des Einkommens gibt es?		53
		3	Die Höhe des Einkommens – was ist gerecht?		54
		4	Familie Reuter plant ihre Ausgaben		55
		5	Die Schuldenfalle		57
		6	Armut in Deutschland – wie sie sich anfühlt		58
		7	**Weiterführendes Material**		59
			Methode Statistiken und Schaubilder nutzen		60
62	Nachhaltig handeln	1	Wirtschaftlich handeln ist mir wichtig		62
		2	Kluge Menschen handeln nachhaltig		63
		3	Nachhaltig handeln heißt Konflikte aushalten		65
		4	**Weiterführendes Material**		66
	Alles klar?		Lernkontrolle zu den Seiten 39–66		67
69	Klug und umweltbewusst einkaufen	1	Was Verbraucher beim Einkauf wünschen und erleben		69
		2	Umweltbewusster Einkauf im Supermarkt		70
		3	Wie Experten einen Supermarkt planen		72
		4	Hülja und David interviewen eine Händlerin		73
		5	Tarik und Lena interviewen eine Verbraucherin		74
		6	**Weiterführendes Material**		75
			Methode Preiserkundung		76
			Methode Preis- und Qualitätserkundung		77
78	Werbung – informieren und/oder beeinflussen?	1	Wie bringe ich andere dazu, nach meinen Interessen zu handeln?		78
		2	Werbung für Energy-Drinks im Unternehmen „Radewald"		80
		3	Junge Verbraucher sind clever		81
		4	Stimmt die Werbung?		82
		5	**Weiterführendes Material**		83
			Methode Pro-Kontra-Debatte		84
85	Strategien kluger Verbraucher	1	Kaufstrategien gesucht		85
		2	Hier werden Einkäufe vorbereitet		86
		3	Damit keiner übers Ohr gehauen wird …		87
		4	**Weiterführendes Material**		89
	Alles klar?		Lernkontrolle zu den Seiten 69–90		91
93	Verbraucherrechte beim Kauf	1	Alles, was recht ist		93
		2	Rechts- und Geschäftsfähigkeit		94
		3	Ein Kaufvertrag kommt zustande		95
		4	Rückgabe und Umtausch		96
		5	**Weiterführendes Material**		98
99	Nachhaltig handeln in eurer Schule: ein Projektvorschlag	1	Wie kann eure Schule nachhaltig gestaltet werden?		99
		2	Gestaltung unserer Schule: umweltschonend, wirtschaftlich, sozial		100
		3	Wie können wir das Miteinander in unserer Klasse verbessern?		101
		4	Informationen zu möglichen Projektschwerpunkten		102
			Methode Projektarbeit		104

Lernfeld: Ökonomisches und soziales Handeln in Unternehmen

105 Kauft neue Fahrräder!
1. Was sich Verbraucher wünschen 105
2. SCHMITZ-BIKE setzt auf Jugendliche 106
3. Erfolgreiche Präsentation 107
4. Werbung und Verkaufsförderung 108
5. Weiterführendes Material 109
   Methode Gebrauchsgüter testen 113

Alles klar? Lernkontrolle zu den Seiten 93–112 115

116 Fallstudie: Auch Bio-Landwirte müssen mit Gewinn wirtschaften
1. Ökologisch produzieren – warum? 116
2. Was heißt ökologisch produzieren? 117
3. Soll Lena Hatz den Bio-Betrieb ihrer Eltern übernehmen? .. 118
4. Für mehr Gewinn: Betriebsentwicklung 119
5. Erkundung eines Bio-Bauernhofes 120
6. Weiterführendes Material 121
   Methode Betriebserkundung 123

124 Fleischkonsum und Tierhaltung
1. Was ist nachhaltige Tierhaltung? 124
2. Fleischkonsum und -produktion in Deutschland 125
3. Massentierhaltung – die dominierende Erzeugungsform 126
4. Bio-Fleisch – Konsum und Tierhaltung 128
5. Weiterführendes Material 130
   Methode Gruppenpuzzle: Gruppenarbeit als Lernende und Lehrende 131

132 Fallstudie: Betriebliches Handeln im Küchenmöbelwerk
1. Ein Auftrag für das Küchenstudio COOKMAHL 132
2. Das Unternehmen stellt sich vor 133
3. Aufgaben und Zusammenarbeit der Abteilungen 134
4. Produktionsablauf bei Schrankelementen 135
5. Arbeitnehmer beurteilen ihre Arbeit 139
6. Qualitätsmanagement 140
7. Nachhaltigkeitsmanagement 141
8. Weiterführendes Material 142

146 Unternehmensziele und -organisation
1. Welche Ziele hat eine Unternehmung? 146
2. Organisation und Unternehmenskultur 147
3. Organisationswandel zum Marketing 148
4. Organisation der Finanzierung und der Liquidität 149

Alles klar? Lernkontrolle zu den Seiten 116–149 150

Lernfeld: Berufswahlorientierung

152 Berufsorientierung – ein spannender Prozess
1. Im Labyrinth deiner Lebenschancen 152
2. Wer unterstützt dich bei deinem Berufswahlprozess? 153
3. WER oder WAS hat Einfluss auf die Berufswahl? 156
4. Warum ist die Berufsorientierung wichtig? 157
5. Interessen und Fähigkeiten auf der Spur 158
6. WAS? WO? und WOMIT? – die eigene Interessenlage feststellen .. 160
7. Berufsfelderkundungen 161
8. Frauen- und Männerberufe: Unterscheidung noch zeitgemäß? .. 162
9. Weiterführendes Material 163
   Methode Befragung (Fragebogen) 164

Alles klar? Lernkontrolle zu den Seiten 152–163 165

Lernfeld: Die Aufgaben des Staates im Wirtschaftsprozess

166	Soziale Marktwirtschaft	1	Soziale Marktwirtschaft – unsere Wirtschaftsordnung	166
		2	Was heißt Soziale Marktwirtschaft?	167
		3	Warum muss der Staat eingreifen?	169
170	Aufgaben des Staates und ihre Finanzierung	1	Steuern überall	170
		2	Warum soll ich Steuern zahlen?	171
		3	Was alles besteuert werden kann!	172
		4	Steuern genauer im Blick	173
		5	Weiterführendes Material	174

Lernfeld: Ökonomisches Handeln regional, national und international

175	Niedersachsen – Regionale wirtschaftliche Verflechtungen mit Deutschland und der Welt	1	Niedersachsen als Land der Bundesrepublik Deutschland	175
		2	Wirtschaftsstandort Niedersachsen	177
		3	Hexen, Nixen und Heidekraut – Niedersachsen als Ferienland	178
		4	Schifffahrt, Autos und Flugzeuge – Top-Bereiche der Wirtschaft in Niedersachsen sowie in Hamburg und Bremen	179
		5	Weiterführendes Material	180
181	Regionaler Wirtschaftsraum	1	Standortfaktoren, die einem Unternehmen wichtig sind	181
		2	Infrastruktur– was ist das?	182
		3	Unterschiedliche Regionen	183
		4	Der regionale Wirtschaftsraum	184
		5	Weiterführendes Material	186
			Methode Erkundung des regionalen Wirtschaftsraums	187
	Alles klar?		Lernkontrolle zu den Seiten 166–186	189

191 Sachwortverzeichnis
197 Stichwortverzeichnis
200 Bildquellenverzeichnis

Differenziertes, individualisiertes und kooperatives Lernen im Fach Wirtschaft

1 Wie ihr mit dem Schülerbuch lernen könnt

Wirtschaftliches nachhaltiges Lernen – warum?

Die Bände 1 und 2 des Schülerbuches führen euch vertieft in ökonomische (= wirtschaftliche) sowie auf Arbeit und Beruf bezogene Sachverhalte und Zusammenhänge ein.

Dabei ist uns wichtig, eure Erfahrungen und Interessen zu berücksichtigen und die Aneignung von Fachwissen und Methoden zur Erarbeitung zu ermöglichen. Ihr könnt Fähigkeiten entwickeln, mit denen ihr euch aktiv gestaltend und sozial handelnd im Wirtschaftsleben einbringen könnt.

Eine Grundidee dabei ist, dass ihr lernt, selbstständig verantwortungsvolle Entscheidungen zu treffen, um die Welt nachhaltig und zukunftsfähig gestalten zu können.

Methoden lernen – wozu?

Euer lebenslanges Lernen ist geprägt von der Kommunikation und Problemlösung im Team. Dies macht es notwendig, dass ihr Methoden kennt, wie Lern-, Arbeits- und Präsentationstechniken. Dazu gehört auch, euch in die Planung des Unterrichts einzubringen, über Lernprozesse nachzudenken und Bewertungen für alle klar werden zu lassen. Diese Überlegungen sind auch für die **Innere Differenzierung** im Unterricht bedeutsam. Dabei soll innerhalb der Lerngruppe individuell der jeweilige Leistungsstand der Schüler berücksichtigt werden können. Das Schülerbuch enthält zahlreiche als Lernmaterial aufbereitete **Methodenseiten** (s. Auflistung vorn, innerer Deckel).

Differenziertes Lernen – wie?

In der Oberschule gibt es große Lern- und Leistungsunterschiede.

Ihr besitzt unterschiedliche Lernvoraussetzungen, individuelle Begabungen, Fähigkeiten und Neigungen sowie ein eigenständig ausgeprägtes Lernverhalten. Deshalb sind differenzierende (= für einzelne Schüler angepasste) Lernangebote und Lernanforderungen erforderlich, um euch persönlich zu fördern.

Wir bieten euch Lernangebote, die unterschiedlich offen, einfach oder komplex sind, halten Lernhilfen bereit oder fordern, dass ihr euch selbstständig Informationen zur Lösung erschließt.

Die Aufgaben ermöglichen teilweise verschiedene Lösungswege und geben Raum für eure Kreativität. Besonders leistungsschwächere Schüler brauchen Übung und Unterstützung. Dazu sind insbesondere Partner- und Gruppenarbeit und andere **Methoden kooperativen Lernens** (s. Auflistung vorn, innerer Deckel) wichtig, die leistungsstärkere und weniger leistungsstarke Schüler zusammenführen und speziell fördern und fordern (s. weiter unten).

Leistungsstarke Schüler können auch Zusatzangebote nutzen. Eine Vertiefung ist durch das **weiterführende Material** am Ende der Kapitel sowie Nutzung weiterführender Angebote mit dem **WEBCODE**, der auf verschiedenen Seiten in der Fußzeile angegeben ist, möglich.

2 Kooperatives Lernen – zum gemeinsamen und individuellen Gestalten

Mithilfe des Schülerbuches könnt ihr eine **Struktur im Unterricht** wählen, die es ermöglicht, gemeinsam mit den Mitschülern Lerninhalte zu erwerben. Alle Lernenden können am Unterricht teilhaben und mit ihren Möglichkeiten mitgestalten. Mithilfe des **kooperativen Lernens**, der Zusammenarbeit von Schülerinnen und Schülern, und der im Buch darauf abgestimmten fachlichen und methodischen Inhalte, könnt ihr euch auf **verschiedenen Lernwegen** einen Zugang verschaffen

– durch Lesen, Hören, Sprechen, Schreiben, Bilddarstellungen und Spiel. Hierbei können inhaltliche Unsicherheiten Einzelner beseitigt werden, ohne dass das für diese zu unangenehmen Situationen vor der Klasse führt.

Für alle ist wichtig und verpflichtend, sich mit dem Inhalt zu beschäftigen, damit sie den Mitschülern alle wichtigen Informationen vermitteln können. Jeder Schüler kann mit seinen Möglichkeiten die Lerninhalte erschließen und hat gleichzeitig Gelegenheit, sich mit Mitschülern darüber auszutauschen.

Die **Gruppenzusammensetzung** kann beispielsweise ausgelost oder nach Kompetenzen vorgenommen werden, wenn z. B. die Unterstützung der Stärkeren für die Schwächeren im Mittelpunkt steht (s. **Methode** Gruppenarbeit).

Die **Aufgaben** sind so angelegt, dass eigene Leistung gefordert und anschließend mit einem Partner oder in der Gruppe gearbeitet wird. Die Aufgaben sind auf den Anforderungsebenen: einfach, mittel, schwer angegeben und werden entsprechend mit den Würfelsymbolen 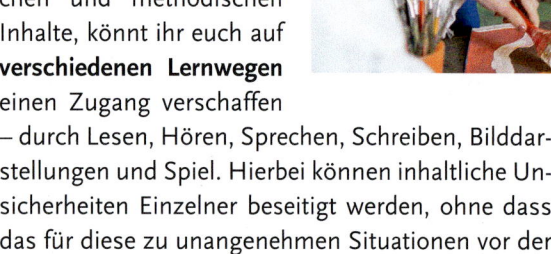 gekennzeichnet.

Aufbau einer Stunde in einer kooperativen Arbeitsform – ein Beispiel:

Einstieg: Ideen zum Thema sammeln, mit ersten Informationen zur Fragestellung der Stunde beschäftigen

Erarbeitung:
a) Einzelarbeit: Quelle allein erschließen, jeder denkt allein
b) Partnerarbeit: Quelle gemeinsam besprechen, Unklarheiten klären, evtl. erste kleine Aufgaben dazu bearbeiten
c) Gruppenarbeit: Präsentationsform auswählen und diese erarbeiten

Ideen: mit Informationen aus Sachtexten ein Märchen schreiben, eigene Lückentexte erstellen, Quizfragen oder Rätsel erstellen

Methoden: z. B. Rollenspiel, Befragung (s. **Methodenseiten**, Verzeichnis vorn, innerer Deckel)

Ergebnissicherung:
Präsentation (s. Methodenseite 18)

Arbeitsblatt/Ergebnisblatt ausfüllen, Protokolle o. Ä. erstellen bzw. als Hausarbeit anfertigen

Bedürfnisse, Bedarf und Konsum

1 Was erzählen Einkaufstüten?

Wir alle haben Wünsche nach ▶ **Waren**, wie z. B. Nahrungsmittel, Kleidung, Bücher, Smartphone, die wir einkaufen können. Ebenso fragen wir ▶ **Dienstleistungen** nach, z. B. einen Brief versenden, mit dem Bus fahren, einen Friseur besuchen. Man nennt diese Waren und Dienstleistungen auch Güter.

Es gibt eine Vielzahl von Gütern, die wir konsumieren können. Wir müssen auswählen, welche Güter benötigt werden, da das Geld nicht ausreicht, um alle Wünsche zu erfüllen. Der Kauf hängt z. B. davon ab, wie hoch das ▶ **Einkommen** eines Menschen ist, ob er allein oder mit anderen zusammenlebt. Wichtig sind auch das Alter, das Verhalten in der Freizeit und Vorstellungen von einem guten Leben.

Oft werden wir beim Kauf von ▶ **Gütern** auch beeinflusst, z. B. von ▶ **Werbung,** Meinungsführern und Peergroups.

> Was fällt euch beim Einkauf der Familie Wenck auf? Vergleicht den Einkauf mit dem Kaufverhalten eurer Familie. Nennt Gemeinsamkeiten und Unterschiede.

Das könnt ihr lernen

Ihr könnt
- erklären, warum Bedürfnisse von Kindern in Familien unterschiedlich sind.
- die Begriffe Bedürfnisse, Bedarf und Konsum unterscheiden und mit Beispielen verdeutlichen.
- begründen, warum Menschen unterschiedliche Bedürfnisse haben.
- mit der **Methode Befragung**, S. 17, Gründe benennen, wovon Bedürfnisse und Bedarf beeinflusst werden.
- mit der **Methode Gruppenarbeit**, S. 15, eine **Präsentation**, S. 18, planen, durchführen und auswerten.
- Bedürfnisse und Bedarf nach ausgewählten Gesichtspunkten bewerten.

2 Anna und Tarik: gemeinsame und unterschiedliche Bedürfnisse

Wir alle haben unzählige Wünsche, die wir auch Bedürfnisse nennen. Nicht alle Bedürfnisse sind gleich wichtig. Sie sind veränderbar und abhängig vom Alter, Geschlecht, Wohnort, Beruf und von der Höhe des zur Verfügung stehenden Geldes.

Unterschieden wird zwischen materiellen und immateriellen ▶ Bedürfnissen. Die materiellen Bedürfnisse können durch den Kauf von Konsumgütern und Dienstleistungen erfüllt werden. Oft reicht das vorhandene Geld nicht aus, um alle Wünsche davon zu bezahlen. Diese Knappheit des Geldes macht ▶ wirtschaftliches Handeln notwendig.

Die Bedürfnisse, die nicht mit Geld befriedigt werden, wie z. B. das Bedürfnis nach Liebe, Erfolg, Anerkennung und Glück, werden als immaterielle Bedürfnisse bezeichnet. Ein Bedürfnis entsteht durch den Eindruck, dass uns etwas fehlt. Bedürfnisse, die man erfüllen kann, nennt man auch Bedarf.

Hier lebt Anna mit ihren Eltern:

Haushaltseinkommen: 4400 Euro
Vater: Bankkaufmann
Mutter: Erzieherin

Anna erzählt

Ich gehe in eine Gesamtschule, die mir viel Spaß macht. Mir gefällt es, neben Tarik zu sitzen, der lustig und sportlich ist. Ich bin eher musikalisch. Klavier spielen liegt mir. Ich will später einmal eine berühmte Klavierspielerin werden. Meine Eltern sagen, dafür muss ich viel üben, das Abitur machen, um später an der Musikhochschule zu studieren.
Meine Eltern werden schon dafür sorgen, dass alles klappt, da sie mich sehr gut unterstützen.

In meiner Freizeit bin ich gern bei meinem Pony auf dem Pferdehof. Da habe ich viele Freundinnen, die mir wichtig sind. Abends lese ich gern Bücher.
Mit meinen Eltern reise ich manchmal in andere Länder. Ich war schon in Paris, Rom und Madrid. Da gibt es viel Neues zu sehen.
Zum Geburtstag wünsche ich mir einen Sattel und schönes Zaumzeug.
Später will ich in einem eigenen Haus leben.

Hier lebt Tarik mit seinem Bruder und seinen Eltern:

> Haushaltseinkommen: 2900 Euro
> Vater: Angestellter bei einem türkischen Reisebüro
> Mutter: Verkäuferin, zurzeit arbeitslos

Tarik erzählt
Prima, dass Anna neben mir sitzt, denn sie ist lustig und musikalisch. Ich bin sportlich und spiele Fußball. Später will ich Profifußballspieler werden. Meine Eltern sagen, dass ich einen ordentlichen Schulabschluss machen soll. Dann bekomme ich gleich einen guten Ausbildungsplatz.
Bücher lese ich nicht gern. Oft treffe ich mich mit Freunden und wir spielen am Computer. Gern hätte ich mehr eigene Computerspiele.

Ich hoffe, wir fahren in diesem Jahr wieder in Urlaub.

Zum Geburtstag wünsche ich mir gute Fußballschuhe. Ich hätte gern ein eigenes Zimmer, aber eine größere Wohnung ist für meine Eltern viel zu teuer.

Später möchte ich mir einen schnellen Geländewagen kaufen.

1 Vergleiche die Wohnzimmer und die Kinderzimmer der beiden Familien. Notiere Gründe für die Unterschiede.

2 Überlegt in Partnerarbeit, welche Wünsche von Anna und Tarik ähnlich bzw. unterschiedlich sind.

3 Schreibe deine Wünsche auf.

4 Benennt materielle und immaterielle Wünsche der beiden Jugendlichen.

5 Erkläre, welche Wünsche auf Waren und welche auf Dienstleistungen ausgerichtet sind.

6 Befrage deine Eltern und andere Erwachsene, ob sie sich daran erinnern, welche Wünsche sie als Kinder hatten. Vergleiche ihre Wünsche mit deinen.

3 Unerfüllbare Bedürfnisse?

1 Wenn wir genügend Geld hätten, würde ich so gern mal in Urlaub fahren und ...

2 Papa hat am Wochenende nie Zeit für mich. Ich würde so gern mit ihm spielen und ...

3 In Mathe bin ich prima und Klarinette spielen macht mir viel Spaß. Jetzt würde ich so gern Fußball spielen und ...

4 Die sind 'ne coole Clique. Ich würde gern dazugehören und ...

- 1 Beschreibe die Situationen auf den Fotos.
- 2 Versetzt euch in die Gefühle und Gedanken der Kinder. Ergänzt in Partnerarbeit die unvollständigen Sätze.
- 3 Diskutiert in Gruppenarbeit, ob und wie die Kinder ihre Situation verändern könnten. Nutzt dazu die **Methode Gruppenarbeit**, S. 15.
- 4 Erstellt für eure Ergebnisse eine **Präsentation**. Informiert euch über die **Methode**, S. 18.

4 Bedürfnisse und Bedarf – mein Geld reicht dafür nicht

Wünsche und begrenzte Möglichkeiten – eine Befragung

1 Tauscht euch in der Klasse über die Wünsche und Möglichkeiten der Schüler aus.

2 Bereitet in Gruppenarbeit in eurer Klasse/Schule eine Befragung zum Thema Bedürfnisse/Bedarf vor. Führt die Befragung durch und wertet sie aus. Berücksichtigt z. B. die Gesichtspunkte: Alter, Gründe des Kaufes, Notwendigkeit, Höhe des Taschengeldes, Nachhaltigkeit, Zufriedenheit.
Informiert euch über die **Methode Befragung**, S. 17.

3 Bereitet für eure Befragungen eine Präsentation (s. Methode, S. 18) vor und führt diese durch. Nutzt die **Methode Gruppenarbeit**, S. 15.

4 Reflektiert eure Gruppenarbeit. Notiert positive und negative Punkte des Zusammenarbeitens in der Gruppe auf Karteikarten. Nutzt die **Methode Kartenabfrage**, S. 16.

5 Weiterführendes Material

Wünsche von Kindern in besonderen Lebenslagen

M1 Kinderarbeit

Ich würde so gern in die Schule gehen und ...

M2 Vater im Krieg

Ich habe dich so vermisst, Papa, und ...

M3 Kindersoldat

Ich wäre jetzt gerne bei meinen Eltern und ...

M4 Unser Haus ist zerstört

Ich möchte wieder zurück in unser Dorf, mit meinen Freunden spielen und ...

Zu M1 – M4

1 Schaue dir die Kinder auf den Fotos an. Beschreibe die Situationen der Kinder.

2 Versetzt euch in die Lage der Kinder und ihrer Familien. Ergänzt in Partnerarbeit die Aussagen der Kinder.

3 Beschreibe die Gedanken und Gefühle der Kinder. Tauscht euch in Partnerarbeit über eure Ergebnisse aus und stellt diese in der Gruppe dar. Siehe dazu: **Methode Kooperatives Lernen**: Denken – Austauschen – Vorstellen, S. 35.

Bedürfnisse, Bedarf und Konsum

Methode Gruppenarbeit

Darum geht es

In Schule, Familie, Freundeskreis und Beruf ist Zusammenarbeit wichtig.
Ihr könnt lernen
- Arbeit selbstständig zu planen, durchzuführen und auszuwerten,
- andere Meinungen zu berücksichtigen,
- Regeln zur Lösung von Konflikten zu finden und zu erproben,
- im Team zu entscheiden.

So läuft es ab

Prüfung der Eignung der Aufgabe
- Lässt sich diese gut in der Gruppe erledigen?
- Können mehrere Lösungen erarbeitet werden?
- Wie kann zwischen diesen entschieden werden?
- Sind notwendige Arbeitstechniken bekannt bzw. zu erlernen (z. B. **Befragung**, S. 17, 164)?

Vorbereitung
In der Klasse
- Wie viel Zeit habt ihr? Berücksichtigt z. B. auch die Präsentation der Ergebnisse. (Zur **Methode Präsentation** s. S. 18.)
- Wie soll die Bewertung eurer Arbeit erfolgen?

In der Gruppe
Bestimmt ein Mitglied
- zur Gesprächsleitung,
- für Kontakte mit dem Lehrer und mit anderen Gruppen.
- Trefft Absprachen für die Zusammenarbeit.

Durchführung
- Beachtet euren Zeitrahmen. Überlegt, was im Team, was arbeitsteilig zu erledigen ist. Vereinbart Verhaltensregeln und die Beteiligung aller. Haltet Ergebnisse sofort schriftlich fest.

Gruppenbildung
Soll die Zusammenarbeit mit denen erfolgen,
- deren Fähigkeiten ihr gut kennt bzw. die ihr mögt?
- die ihr weniger kennt, aber mit denen ihr zurechtkommen möchtet?
- die zu dem Vorhaben bereits gute Voraussetzungen mitbringen, und Mitschülern, die einzuführen/zu fördern sind?

Auswertung
- *inhaltlich*, das Thema betreffend, z. B.: Welche Darstellung ist dafür günstig?
- *die Beziehungen in der Gruppe betreffend:* Wie geben wir uns Rückmeldung/Feedback? Siehe **Methode Präsentation**, S. 18.

---

1 Verhaltensregeln für die Zusammenarbeit beachten

- Jeder hat für sich und die Gruppe Verantwortung.
- Es kann immer nur einer sprechen.
- Formuliere eine eigene Meinung.
- Sprich andere mit Blickkontakt an.
- Lass dir erklären, was du nicht verstehst.
- Teile Ärger mit. Das fördert eine Klärung.
- Versuche Konflikte in der Gruppe zu lösen. Bitte evtl. den Lehrer um Hilfe.

2 Beziehungen in der Gruppe auswerten
Beantworte folgende Fragen zuerst allein. Danach sprich mit den anderen darüber, was das für die Gruppe bedeutete oder was du ändern möchtest. Beachte Regeln zur Rückmeldung.

- Wer stand im Vordergrund/beteiligte sich nicht? Was bedeutete das für andere?
- Wurden unterschiedliche Meinungen geachtet/abgewertet?
- Wer wurde nicht akzeptiert/abgewertet bzw. als besser angesehen?
- Wie wurden Entscheidungen getroffen?
- Wie hast du dich in der Gruppe gefühlt?
- Was möchtest du verändern?

3 Rückmeldung geben
- Beschreibe das Verhalten anderer, aber bewerte es nicht. Es könnte verletzen.
- Formuliere klar und genau.
- Behandle andere, wie du es für dich möchtest.
- Gib positive Eindrücke wieder. Nenne auch Dinge, die zu ändern sind.
- Kritisiere keinen als Menschen, sondern beziehe dich auf sein Verhalten.

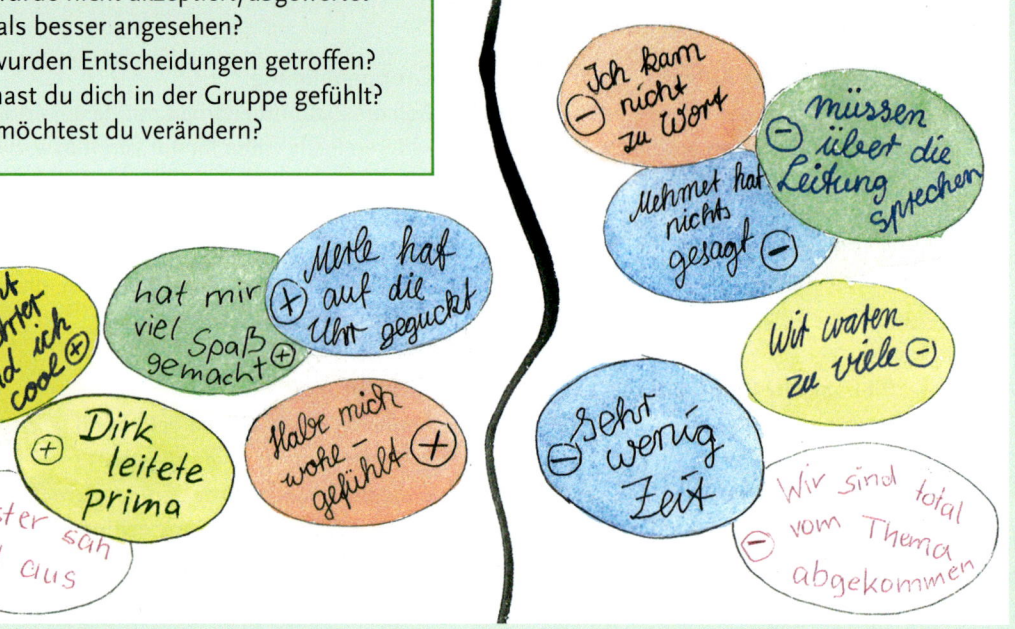

Methode Kartenabfrage

Diese ist in einer Gruppe oder Klasse zu nutzen. Ihr könnt somit zu einer Frage Interessen oder Vorwissen abfragen und nach Oberbegriffen ordnen.

Das geschieht an einer Stecktafel (Metaplanwand). Auch die Auswertung von Vorhaben ist damit möglich.

Schritte der Kartenabfrage

Klärt folgende Fragen:
1. Was soll warum abgefragt werden?
2. Welches Material wird benötigt (Stellwand, Karten, Stifte)?
3. Wie soll damit gearbeitet werden (z. B. Stichpunkte zu einem Thema innerhalb von zehn Minuten aufschreiben)?
4. Wie lassen sich die Ergebnisse sortieren (z. B. Ordnung nach ähnlichen Antworten)?
5. Wie stellen wir die Ergebnisse vor (jede Karte einbeziehen und Überblick herstellen)?
6. Welche Fragen sollten wir intensiver diskutieren (Schwerpunkte festlegen)?

Methode Befragung (Interview)

Darum geht es

Durch eine persönliche Befragung könnt ihr die Meinungen, Wünsche und Kenntnisse von Menschen besser einschätzen lernen. Ihr könnt unterschiedliche Beurteilungen eines Sachverhalts feststellen sowie ordnen. Eine Befragung eröffnet oft neue Sichtweisen, mit denen ihr euch auseinandersetzen könnt. Das kann euch helfen, eigene Bewertungen zu hinterfragen.

Weitere Ziele können sein:
- Selbstbewusstsein stärken
- Arbeiten im Team unterstützen
- persönliches Auftreten gegenüber Gesprächspartner stärken

So läuft es ab

Vorbereitung
Klärt folgende Fragen:
- Was fragen wir?
- Wen und wie viele fragen wir?
- Wo führen wir die Befragung durch?
- Wie führen wir die Befragung durch, z. B. als Einzel- oder Partnerarbeit?
- Welche technischen Hilfen benötigen wir, z. B. Camcorder, Schreibgeräte, Laptop?
- Wie werten wir die Befragung aus?
- Wie und auf welche Weise dokumentieren wir die Ergebnisse?
- Wie stellen wir diese dar/werten wir diese aus? (**Methode Präsentation**, S. 18)

Eventuell mögliche Stolpersteine:
- Ist der Fragenkatalog sorgfältig ausgearbeitet?
- Können die Ergebnisse ausreichend protokolliert werden?
- Wurde freundliches Auftreten vorbereitet?

Durchführung
Begrüßt eure Gesprächspartner.
Erklärt, wer ihr seid und warum ihr die Befragung (das Interview) durchführt.
Teilt mit, wie lange das Gespräch dauern wird.
Überlegt evtl. vorab die ersten Sätze.
Ermutigt eure Gesprächspartner durch Freundlichkeit und Interesse.
Haltet euch mit einer eigenen Meinung zurück. Vermeidet Bewertungen wie „finde ich gut", „schlecht" oder „langweilig".
Bedankt euch am Ende des Gesprächs für die Mitarbeit.

Auswertung
Beantwortet folgende Fragen:
- Wie viele Personen habt ihr befragt/haben eine Befragung abgelehnt?
- Was ist mir schwer gefallen?
- Was war unerwartet?
- Was war besonders überraschend?
- Welche Gegensätze bzw. ähnlichen Meinungen gab es bei den Interviewpartnern?
- Welche unterschiedlichen Sichtweisen bei Männern und Frauen gab es?
- Welche neuen Erkenntnisse habt ihr gewonnen?

Methode Präsentation

Darum geht es

Ihr könnt lernen
- einen Sachverhalt
- oder in verständlicher Form erarbeitete Ergebnisse einer Befragung für die Arbeit im Unterricht vorzubereiten und darzustellen.

Das kann mündlich, schriftlich, mit Bildern oder Grafiken erfolgen. Oft werden Formen kombiniert. Ihr könnt euch z. B. darauf vorbereiten,
- Ergebnisse einer Gruppenarbeit aufzubereiten,
- vorzustellen und
- auszuwerten sowie den Prozess der Erarbeitung zu reflektieren.

So läuft es ab

Vorbereitung
- Wen sprechen wir an?
- Was können wir voraussetzen?
- Wie viel Zeit haben wir?
- Wie ist die räumliche Situation?
- Welche Hilfsmittel sind wünschenswert, welche haben wir, können wir beschaffen?
- Welche Ziele haben wir?

- Welche Inhalte möchten wir vorstellen? Was ist dabei wichtig?
- Wie möchten wir unsere Präsentation gestalten?

z. B. Plakat/Wandzeitung/Stellwände/Papier/Stifte
- Stichworte für das Wesentliche
- Große, lesbare Schrift
- Groß- und Kleinbuchstaben in Druckschrift
- Mit Farben zurückhaltend gestalten

Durchführung
- Wie ist euer Beitrag gegliedert? Wer präsentiert welche Punkte?
- Wie stellt ihr euch vor?
- Worum geht es?
- Wie könnt ihr Interesse fördern? (Fragen stellen, die zum Mitdenken anregen, Betroffenheit herstellen, Nutzen aufzeigen, provozieren ...)

- Welche Ergebnisse sind euch wichtig?
- Welchen Punkt möchtet ihr diskutieren lassen?
- Wie könnt ihr euch für das Interesse bedanken?

Auswertung
- Rückmeldung/Feedback erbitten zur Sache und zum gezeigtem Verhalten:
  Siehe dazu **Methode Gruppenarbeit**, S. 15.

Arbeitsplätze: Ein Blick hinter die Kulissen

1 Arbeiten heißt nicht nur „Geld verdienen"

SASKIA: „Als Designerin verdiene ich ordentlich. Ich trainiere ehrenamtlich die Handball-C-Jugend. Das macht meistens Freude. Bis zu einer Verletzung spielte ich selbst. Ich verfolge die Entwicklung der Jugendlichen. Wir haben sportlich Erfolg. Manchmal gibt es Stress. Die Mädchen sind in der Pubertät, Eltern mischen sich ein. Mein Freund findet manchmal, dass das zu viel Zeit kostet."

PAUL: „Bisher hat meine Frau vorwiegend Kinder und Haushalt versorgt. Jetzt habe ich Elternzeit genommen. Ich möchte die Entwicklung meiner Kinder stärker miterleben. Diese Familienarbeit ist uns wichtig und macht teilweise Spaß. Beide wollen wir im Beruf Anschluss behalten, um in Zukunft gut zu verdienen. Wer weiß, ob unsere Partnerschaft ein Leben lang hält."

GABY: „Mein Friseursalon läuft gut. Meine beiden Kinder und ich können davon leben. Die Arbeit ist vielseitig. Es gelingt mir, meine Mitarbeiter für die Arbeit zu begeistern. Bei Konflikten, auch mit Kunden, vermittle ich. Diese Fähigkeit brauche ich auch bei meinen Kindern."

OLAF: „Meine Arbeit in der Tischlerei HOLZWURM ist interessant und anspruchsvoll. Bei der Beratung von Kunden kann ich Ideen einbringen. Der Chef will, dass ich mich nach der Meisterprüfung an der Leitung beteilige. Ich befürchte, dann weniger Zeit für meine Hobbys zu haben."

🎲 Beschreibt die Arbeitsplätze. Berücksichtigt dabei: Art der Arbeit, Anforderungen, Arbeitszufriedenheit, Arbeitsgrund und Interessen Berufstätiger.

Das könnt ihr lernen

Ihr könnt
- begründen, warum Menschen arbeiten.
- Merkmale entlohnter und nicht entlohnter Arbeit darstellen.
- unter ausgewählten Schwerpunkten eine Arbeitsplatzerkundung planen, durchführen und auswerten.
- Anforderungen von Berufen erklären.
- Arbeitsbedingungen beschreiben und aus sozialer Sicht bewerten.
- erklären, warum eine qualifizierte Berufsbildung wichtig ist.

2 Möbel ausliefern und Umzüge durchführen

Herr Bulvac arbeitet im Möbel-, Küchen- und Umzugsservice (BKU) (siehe unten). Er berichtet über seine ▶ Erwerbsarbeit:

„Eine Ausbildung zum Metzger brach ich ab. Dann war ich arbeitslos und später angelernter Arbeiter in einer Schreinerei. Seit vier Jahren bin ich bei BKU. Wir führen Umzüge durch, liefern aber auch für Möbel- und Küchenhändler aus. Wir sind vier Teams, je zwei Vollarbeitskräfte und nach Auftragslage Aushilfen. Ich bin mit Gregor im Team; prima Kumpel. Er hilft mir auch, wenn ich Probleme mit der deutschen Sprache habe. Seit Neuestem haben wir einen Auszubildenden. Mein Teamleiter ist Schreiner. Von dem konnte ich viel abschauen. Mit der Arbeit bin ich zufrieden. Sie ist abwechslungsreich. Manche Kunden sind sehr nett und höflich – das sind wir meist auch. Andere meckern bei Kleinigkeiten. Nicht immer ist die Schramme nach einem Umzug von uns.

Es gibt viele verschiedene Modelle, die wir zerlegen und zusammenmontieren. Bei Neuware haben wir Montageanleitungen – manchmal sind die unverständlich. Ich freue mich, wenn Kunden zufrieden sind – manche geben Trinkgeld. Ärger gibt es, wenn die Arbeit länger dauert als geplant. Der Kunde ist sauer, wir haben später Feierabend und auch der Chef meckert schon mal."

1 GREGOR: „Vom Werk fehlt ein Teil. Wir können die Arbeit leider nicht fertigstellen."
KUNDIN: „Und wie lange muss ich noch warten?"
HERR BULVAC: „Wir werden uns erkundigen."

2 HERR BULVAC: „Chef, wir können die Arbeit nicht fertigstellen, weil ein Teil fehlt."
CHEF: „Sagen Sie, dass das Teil in zehn Tagen da ist. Kassieren Sie aber $\frac{3}{4}$ der Kaufsumme als Abschlag."

Fachpraktiker/-innen Möbel-, Küchen- und Umzugsservice
liefern Küchen, Möbel und Geräte oder Umzugsgut aus und führen Verpackungs- sowie Lagerarbeiten durch. Sie bauen Küchen und Möbel ab und wieder auf und installieren Geräte. ... Sie bearbeiten Reklamationen und prüfen Lieferunterlagen. ... Alle Arbeitsaufträge erledigen sie allein oder im Team. Die Arbeit ist an wirtschaftlichen Interessen des Betriebes sowie den Wünschen des Kunden orientiert.
Vertiefte Information s. Bundesagentur für Arbeit (Hrsg.): Berufenet http://berufenet.arbeitsagentur.de
▶ Suche ▶ Berufsbezeichnung (25.06.2013)

🎲 1 Nutzt bei den Aufgaben die Methode **Kooperatives Lernen**, S. 35. Nenne Arbeiten, die Herr Bulvac erledigt.

🎲 2 Erklärt einem Partner die Organisation der Arbeit bei BKU.

🎲 3 Benenne, wovon die Arbeitszufriedenheit abhängt.

🎲 4 Erkläre, wie die Arbeitszeit geregelt ist.

🎲 5 Bewerte das Verhalten der Monteure gegenüber dem Kunden. Ziehe dazu den Text im Kasten heran. Vergleicht die Einschätzung mit einem Partner.

3 Autos reparieren und Reifenservice leisten

Kfz-Mechatroniker Jens berichtet

Anfang November: Bei AUTOSERVICE HESSE (ASH) ist Hochkonjunktur. Die Kunden lassen Winterreifen montieren. Die Beleuchtung ist zu testen. Oft werden noch Reparaturen erledigt. ASH repariert fast alle Automarken.

Jens arbeitet seit zwei Jahren hier. Sein Ausbildungsberuf berücksichtigt, dass viele Systeme im Auto elektronisch geregelt sind.

Jens schätzt die vielseitige Arbeit: Reifenservice für Pkw und Nutzfahrzeuge und gängige Reparaturen bei Pkw. Letztere sind sein Schwerpunkt. Wichtig ist ihm die Arbeit im Team. Sonst käme auch er mit den vielen Autotypen nicht zurecht.

Jens unterstützt den Meister bei der Auftragsannahme. Der Kundenkontakt gefällt ihm. Auch die Auszubildenden betreut er gern. Er will Meister werden, um seinen Arbeitsplatz zu sichern und besser zu verdienen.

Das Team bei ASH

Der Meister organisiert die Arbeit, eine Bürokauffrau ist für die Bestellung und Abrechnung zuständig, weiterhin gehören dazu drei Kfz-Mechatroniker, zwei angelernte Kräfte, z. B. für Reifen- und Schalldämpferwechsel, und zwei Auszubildende. Eine lernt Kfz-Mechatronikerin und einer Mechaniker für Reifen- und Vulkanisationstechnik. Für die Ausbildung ist der Meister verantwortlich. Die Arbeit lernen sie von den Fachkräften.

In den Berufen geht es auch um Beraten und Informieren von Kunden, Planen und Kontrollieren von Arbeitsabläufen.

Kraftfahrzeugmechatroniker/-innen
- stellen Störungen sowie Ursachen fest
- warten und stellen Fahrzeuge und Systeme ein
- demontieren und montieren Kraftfahrzeuge und deren Bauteile, setzen sie instand
- bereiten Fahrzeuge auf den TÜV vor

Mechaniker/-innen für Reifen- und Vulkanisationstechnik
- reparieren Schläuche und Reifen
- suchen Ursachen von Schäden und Störungen
- bedienen Werkzeuge, Geräte, Maschinen

Weitere Informationen: BIBB: www.bibb.de
▶ Berufe (25.06.2013)

MECHATRONIKER: *„Für mich ist Warten verlorene Zeit. Schließlich erhalte ich Leistungslohn."*

MEISTER: *„Erst wenn der Kunde das in Auftrag gegeben hat, darfst du die Bremsbeläge auswechseln."*

1 Benenne Arbeiten, die Jens bei ASH ausführt.

2 Beschreibe, wie Jens seine Arbeit einschätzt.

3 Erkläre, warum Jens Meister werden will.

4 Erkläre gegenüber einem Partner, wie der Betrieb organisiert ist.

5 Informiert euch vertiefter in Partnerarbeit oder einer Arbeitsgruppe über die Berufe. Führt dazu unter einem Schwerpunkt eine **Arbeitsplatzerkundung** (s. **Methode** S. 28) und/oder **Befragung** (s. **Methode** S. 17, 164) Berufstätiger durch.

6 Schätzt den Konflikt (s. Abbildungen mit Text) ein. Wie könnte das Gespräch weitergehen? Nutzt dazu die **Methode Rollenspiel**, S. 36.

4 Gäste bedienen

Mit einer Ausbildung fing es an
Merle Kramp schaffte den Hauptschulabschluss nicht. Deshalb schloss sie das Berufsvorbereitungsjahr Ernährung und Hauswirtschaft an.
Sie erhielt dann – sie war schon 18 Jahre – im Bistro SZENE eine Ausbildungsstelle als Fachkraft im Gastgewerbe. Im Betrieb und der Berufsschule lernte sie u. a.
- einfache Speisen und Heißgetränke herstellen und anrichten,
- Speisen servieren und Getränke ausschenken,
- Gäste empfangen und betreuen.

Ein ganz gewöhnlicher Abend im SZENE
Nun hat sie seit drei Jahren ausgelernt. Das Bistro SZENE besuchen meist junge Leute. Der Umgang ist locker. Es gibt viele Stammkunden. Merle findet guten Kontakt. Das schätzt der Chef, gelernter Restaurantfachmann.
Der Verdienst ist nicht gut. Viele Gäste haben selbst wenig Geld und geben kaum Trinkgeld. Essen gibt es bis nach der Spätvorstellung des nahen Kinos. Dann wird es meist noch mal stressig.
Der Koch macht total leckere Sachen. Sie und die drei Kolleginnen müssen sich sehr um die Gäste bemühen. Die Konkurrenz ist groß. Der Chef sagt, dass er bei der hohen Miete wenig verdient.
Oft ist erst um zwei Uhr morgens Feierabend. Dann sitzen sie manchmal noch zusammen und trinken etwas – die Beine und der Rücken schmerzen.
Manchmal überlegt Merle, sich im Kaufhausrestaurant zu bewerben. Bei solch einer Stelle hätte sie abends Zeit für ihren Freund – aber: Das SZENE würde ihr fehlen.

1 CHEF: „*Mach Schluss für heute, es kommt wohl keiner mehr zum Essen.*"
MERLE: „*Prima, dann sehe ich meinen Freund vielleicht noch.*"

2 MERLE: „*Sieben Essen sind gefragt. Der Chef hat gesagt, dass die neuen Gäste noch essen können.*"
KOCH: „*Wir haben doch schon geputzt! Was soll's! Jens, dann musst du auch noch bleiben.*"
JENS: „*… und morgen um acht ist Berufsschule!*"

1 Nennt Fähigkeiten von Merle, die in ihrem Beruf wichtig sind,
- damit die Gaste sich wohl fühlen,
- für die Zusammenarbeit im Kollegium.

2 Erläutert in Partnerarbeit, wovon die Zufriedenheit Merles bei der Arbeit abhängt.

3 Nehmt Stellung zu den Abbildungen mit den Dialogen aus Sicht der Beteiligten. Nutzt die **Methode Gruppenarbeit**, S. 15.

4 Erhebt Informationen zu einem der Berufe: Fachkraft im Gastgewerbe, Restaurantfachmann/-frau, Koch/Köchin. Setzt einen Schwerpunkt. Nutzt die **Methode Informationen gewinnen, Internet nutzen**, S. 51. Dazu kann der **WEBCODE** unten genutzt werden.

5 Arbeiten im Dienste der Gesundheit

Frank Rode berichtet

„Ich arbeite als Gesundheits- und Krankenpfleger im Schichtdienst. Jedes zweite Wochenende ist frei. Die Station hat 30 Betten. Normalerweise sind wir bei der Pflege zu sechst: die Stationsleitung, drei Schwestern oder Pfleger und eine hauswirtschaftliche Hilfskraft, die z. B. das Essen austeilt. Meist ist eine Auszubildende dabei, die wir anleiten.

Die Arbeit macht mir meistens Freude. Ich wollte einen Beruf mit Kontakt zu Menschen. Alles muss schnell gehen. Trotzdem nehme ich mir so oft wie möglich Zeit für ein Gespräch mit Patienten. Viele haben sonst niemanden.

Es gibt viel zu tun, z. B. Verbände wechseln, Temperatur und Puls messen, die Körperpflege unterstützen, die Behandlung aufschreiben, Gespräche im Team führen, Medikamente ausgeben, Schwerkranken Essen reichen und, und … Oft bin ich gestresst, weil wir wenig Pflegepersonal haben. Ich freue mich, wenn es Patienten wieder besser geht. Aber zum Beruf gehört auch das Umgehen mit dem Sterben. Das belastet mich. Aber gerade dann bin ich für Patienten und Angehörige wichtig."

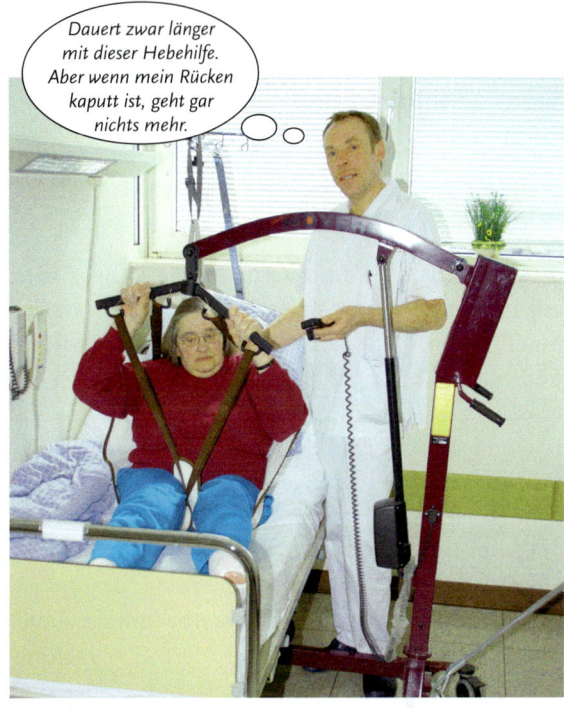

Dauert zwar länger mit dieser Hebehilfe. Aber wenn mein Rücken kaputt ist, geht gar nichts mehr.

Gesundheits- und Krankenpfleger/-innen
- pflegen Patienten in Krankenhäusern und Rehabilitations-Kliniken, bei Pflegediensten oder in Einrichtungen der Altenpflege.
- führen Pflegeaufgaben eigenverantwortlich aus oder wirken daran mit.

Die Ausbildung erfolgt in Berufsfachschulen für Krankenpflege und in Pflegepraxis.

Nach **Bundesagentur für Arbeit:** berufenet
www.berufenet.de (26.06.2013)

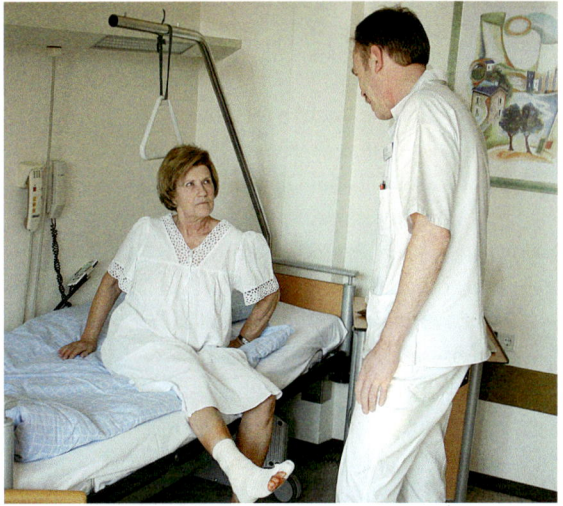

PATIENTIN: „Ich habe dreimal geschellt. Bitte zeigen Sie mir, wie der Fernseher angestellt wird."

HERR RODE: „Selbstverständlich, warten Sie bitte, bis ich den frisch Operierten versorgt habe. Eine Kollegin ist krank geworden, wir müssen sie vertreten."

🎲 **1** Stellt gegenüber, was Frank Rode an seinem Beruf schätzt bzw. belastend findet. Vergleicht eure Einschätzung in Partnerarbeit.

🎲 **2** Zähle geistige, körperliche und persönliche Anforderungen der Pflege auf. Nutze dazu S. 159.

🎲 **3** Vergleicht die persönlichen Anforderungen mit einem weiteren technischen und gastronomischen Dienstleistungsberuf (s. Vorseiten).

6 Tiere behandeln und Tierhalter beraten

Sandra hat ein Betriebspraktikum in der Kleintierpraxis BRAHM gemacht. Im Praktikumsbericht schildert sie ihre Erfahrungen:

„Frau Dirks, die Tiermedizinische Fachangestellte, erklärte mir die Praxis. Ich habe zuerst hauptsächlich Medikamente, gebrauchte Spritzen usw. weggeräumt und bei Behandlungen zugeschaut. Später durfte ich mit anfassen. Ich brachte operierte Tiere auf die Station und schaute ab und zu, wann sie wieder aus der Narkose aufwachten. Nachdem die Tiere abgeholt wurden, habe ich die Boxen gesäubert und desinfiziert.
Eine Woche war eine junge Hündin da, um die ich mich kümmerte. Die hat Infusionen bekommen. Aber sie wurde leider doch eingeschläfert. ... Manchmal traurig, aber interessant. Wenn's klappt, will ich dort eine Ausbildung machen. Herr Brahm gab mir ein Merkblatt für den Beruf."

Tiermedizinische Fachangestellte
- organisieren den Praxisablauf
- helfen dem Arzt bei Diagnose und Therapie, u. a. bei Operationen
- röntgen und führen Laborarbeiten aus
- beraten und betreuen Tierhalter/-innen
- führen Hygienemaßnahmen durch
- dokumentieren Untersuchungen
- überwachen den Materialbedarf der Praxis
- beachten den Tierschutz

Arbeitsplätze gibt es in Großtier- und Kleintierpraxen, in Tierkliniken und Zoos.
Nach **Verband medizinischer Fachberufe e.V. (2012)** www.vmf-online.de
▶ tiermedizinische/r fachangestellte/r (25.06.2013)

Vorteilhafte Eigenschaften von Bewerbern
Sandra meint, dass sie viele der gewünschten Eigenschaften für den Beruf besitzt:
- Tierliebe
- Interesse an Chirurgie und Tierpflege und technisches Verständnis
- keine Angst vor Tieren und deren Exkrementen
- körperliche Geschicklichkeit und Belastbarkeit
- persönliche Reife im Umgang mit kranken Tieren und besorgten Haltern, Kontaktfähigkeit
- Einfühlungsvermögen
- Verantwortungsbewusstsein
- Ordnungssinn, Organisationstalent
- gute Auffassungsgabe, Umstellfähigkeit
- gute Leistungen in Biologie, Chemie, Physik

ÄRZTIN: „Frau Dirks, da könnte ein Bruch sein. Bitte bereiten Sie sofort das Röntgen vor."
FRAU DIRKS: „Ich muss erst den Kreislauf stabilisieren. Sandra, bitte reich mir schnell die Tupfer."
SANDRA: „Sofort, aber wohin sollen die Unterlagen?"

---

1 Nimm Stellung zu Sandras Tätigkeit im Praktikum. Was interessiert dich, was findest du belastend. Vergleicht eure Einschätzung in Partnerarbeit.

2 Begründet die Bedeutung von Teamarbeit bei der abgebildeten Behandlung.

3 Beschreibt an Beispielen die Arbeitsanforderungen. Begründet erwünschte Eigenschaften tiermedizinischer Fachangestellter. Bezieht ggf. eigene Erfahrungen ein.

7 Judith K. arbeitet (noch?) an der Kasse

Freitagnachmittag, großer Andrang, alle Kassen besetzt. Freundliche Begrüßung der Kunden durch Judith K., Waren über den Scanner ziehen, kassieren, Kunden verabschieden. ... Arm und Schulter schmerzen wegen der einseitigen Belastung – und dabei soll der Arbeitsplatz mitarbeitergerecht sein. Zum Schichtende ist sie erschöpft.
Aber: Sie braucht die Arbeit, weil sie nicht mehr als Friseurin arbeiten konnte. Sie hat eine Pflegemittelallergie.

Die Computerkassen halten auch fest, wann und wie viel gekauft wurde. Damit werden die Lagerhaltung und die Bestellung neuer Ware gesteuert. Jetzt will die Supermarktkette Selbstbedienungskassen einführen. Werden die Kunden diese annehmen? Ihr Arbeitsplatz ist in Gefahr!

1 Nenne Merkmale der Arbeit an der Kasse im Supermarkt.

2 Interviewt eine/-n Kassiererin/Kassierer zu Anforderungen, Belastungen und Wünschen zum Arbeitsschutz bei der Arbeit. Nutzt die **Methoden Arbeitsplatzerkundung**, S. 28, und **Befragung (Interview)**, S. 17.

3 Vergleicht aus Sicht von
- Kunden,
- Kassierer(n)/-innen und
- Unternehmen

das Kassieren mit Bezahlung an der Selbstbedienungskasse (s. M1 – M4, Folgeseite).

4 Begründet einem Partner, was für eine Bedienung/Bezahlung ihr euch wünscht.

8 Weiterführendes Material

M1 Einkaufen ohne Kassiererin

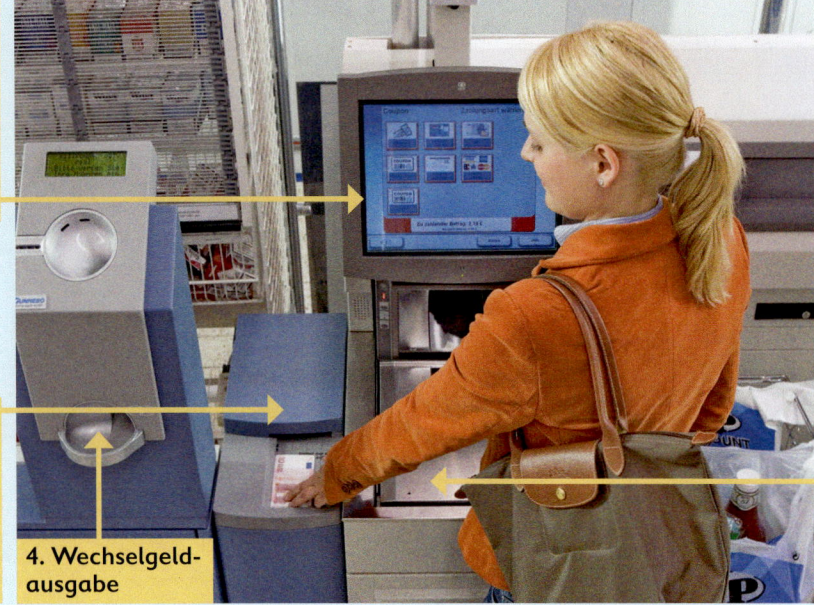

1. Touchscreen-Bildschirm
Über eine Computeranimation und Sprache werden die einzelnen Schritte vorgegeben.

2. Scanner/Waage
Der Kunde scannt den Strichcode der einzelnen Artikel ein. Artikel, Preis und Gewicht werden registriert.

3. Bezahlen
Es kann bar mit Scheinen und Münzen und bargeldlos mit EC- und Kreditkarten gezahlt werden.

4. Wechselgeldausgabe

M2 Schneller zahlen

Als erstes deutsches Handelsunternehmen bot „real,-" SB-Kassen als Alternative zu traditionellen Kassensystemen an. Kunden können ihre Waren hier selbstständig über einen Strichcode-Scanner erfassen. Ein Bildschirm zeigt die einzelnen Schritte an, die sich auch akustisch erläutern lassen – auf Wunsch auch auf Englisch. Das Gewicht der Einkaufstüte wird automatisch mit dem gescannten Artikel abgeglichen. Nach dem Scannen kann der Kunde am selben Terminal bezahlen, wahlweise mit Bargeld, EC- und Kreditkarte oder mit der Payback-Plus-Karte. Die SB-Kasse wurde erstmals im Rahmen der METRO GROUP Future Store Initiative erprobt und ist mittlerweile in 78 SB-Warenhäusern von „real,-" im Einsatz.
METRO GROUP
www.future-store.org/fsi-internet/html/de/1869/
    index.html
(26.06.2013)

M3 Sind SB-Kassen die Zukunft?

... Eine freundliche Computerstimme gibt Anweisungen ... „Besser als an der Kasse anstehen ...", sagt die Mutter von zwei Kindern, bezahlt und nimmt die Tüten.

Hanna-Lotte Mikuteit, Hamburger Abendblatt v. 1.4.04
www.abendblatt.de/daten/2004/04/01/279665.html
(26.06.2013)

M4 Ergebnisse einer Erkundung

Jüngere nehmen Selbstbedienungskassen eher an; besonders Ältere reagieren unsicher. Geäußert wird: Kassiererinnen sollten nicht den Arbeitsplatz verlieren. Es müsste Rabatt geben an Selbstbedienungskassen.

Methode Stationenlernen:
Interessen und Fähigkeiten berücksichtigen – Lernweg steuern

Darum geht es

Beim Stationenlernen gestaltet ihr das Lernen an Stationen durch Freiarbeit. Das heißt, ihr erarbeitet neue Themen an Stationen mit verschiedenen Schwierigkeitsgraden als Pflicht- und Wahlaufgaben. Ihr legt dabei eure Lerninhalte selbstständig fest und kontrolliert diese anschließend eigenverantwortlich.
Ihr könnt lernen,
- euren Lernprozess selbstständig zu gestalten und zu planen.
- selbstorganisiert und selbstverantwortlich zu arbeiten.
- euer Lerntempo und eure Lernintensität selbst festzulegen.
- soziale und kommunikative Fähigkeiten in Partner- und Gruppenarbeit zu erweitern.
- eure Leistungsbereitschaft und euer Selbstwertgefühl zu erhöhen.

So läuft es ab

Vorbereitung
Die Auswahl der Lernmaterialien für die Stationen erfolgt mithilfe eines Schulbuchkapitels und evtl. weiterer Materialien. Durch die Lehrkraft wird festgelegt:
- ob eine Reihenfolge der Stationen vereinbart wird,
- welche Stationen frei wählbar und welche verpflichtend sind,
- mit welcher Sozialform (Einzel-, Partner-, Gruppenarbeit) gearbeitet wird,
- welche Aufgaben/Schwierigkeitsgrade an den Stationen bearbeitet werden.

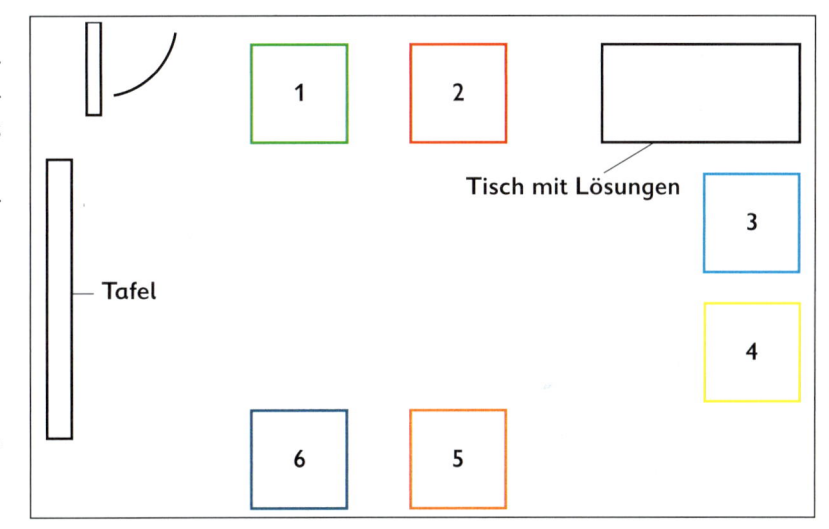

Die Materialien mit den Arbeitsaufgaben werden räumlich auf mehrere Stationen verteilt.

Die Materialien der jeweiligen Stationen und eventuell die Lösungen der Arbeitsaufträge werden in einem oder mehreren Räumen zum Erarbeiten und Kontrollieren ausgelegt.

Durchführung
Jeder Schüler durchläuft die Lernstationen selbstständig in einer vorgegebenen Zeit. Sofern die Stationen aufeinander aufbauen, ist die Reihenfolge genau festgelegt. Die Stationen sind aufgeteilt in Pflicht- und Wahlaufgaben. Die Pflichtaufgaben müssen von allen Schülern erarbeitet werden. Die Wahlaufgaben hingegen können freiwillig zur Vertiefung des Themas bearbeitet werden.
Ein Wechsel der Sozialform kann an den verschiedenen Aufgaben oder Stationen erfolgen.
Die Ergebnisse der Arbeit an den Stationen werden im Anschluss in Einzel- oder Partnerarbeit überprüft.

Auswertung
Nach Abschluss des Stationenlernens werden die Ergebnisse vertiefend im Klassenplenum besprochen. Dabei ist auch über den Prozess des selbstständigen Lernens zu reflektieren.

Methode Arbeitsplatzerkundung

Darum geht es

Ihr könnt in Betrieben Einblick in die Arbeit an Arbeitsplätzen erhalten. Dabei lernt ihr Anforderungen an Berufe kennen und erfahrt Arbeits- und Umweltbedingungen der Berufsarbeit.

So läuft es ab

Vorbereitung

Ziele festlegen und klären, warum ihr ausgewählte Arbeitsplätze erkunden möchtet. Nutzt den Text rechts:
„Das kann erkundet werden".
- Informationen zur Vorbereitung beschaffen und auswerten
- Betrieb auswählen (Branchenverzeichnis, Internet, Gespräche mit Eltern …)
- Kontakt durch Lehrer herstellen; Zeit und Ablauf vereinbaren
- Schwerpunkte festlegen, Aufgaben verteilen
- über angemessenes Verhalten im Betrieb sprechen
- Art der Beschaffung von Informationen in der Gruppe festlegen (s. Methode Befragung, S. 17)
- Teilaufgaben vorbereiten, ggf. Technik organisieren (z. B. Camcorder, …)
- Vorüberlegungen zur Auswertung treffen (siehe Methoden Gruppenarbeit, S. 15 f., Projektarbeit, S. 104)

Durchführung
- Erkundungsaufgaben erledigen, Ergebnisse aufschreiben,
- ggf. in Bild und Ton festhalten
- auch ungeplante Eindrücke notieren

Auswertung
- Teilergebnisse in der Gruppe ordnen, für eine Präsentation aufbereiten; Zusammenarbeit auswerten (siehe Methode Präsentation, S. 18, Methode Gruppenarbeit, S. 15)
- Präsentation durchführen, Ergebnisse bewerten
- das gesamte Vorhaben durchdenken (Überlegungen zur Vorbereitung nutzen, s. o.)

Das kann erkundet werden

Arbeitsaufgabe
Tätigkeit, Arbeits- und Betriebsmittel, Arbeitsschritte und -organisation

Anforderungen

Körperlich:
sitzend und/oder stehend, Arbeitstempo, (einseitig) belastete Körperteile, Handgeschick?

Geistig:
Art der Tätigkeiten, schnelle Reaktionen, selbstständige Planung, Durchführung und Auswertung? Genauigkeit, sprachlicher bzw. schriftlicher Ausdruck, räumliches Denken, Sinn für Formen, Vorbildung?

Sozial:
Einzel- oder Gruppenarbeit, Gespräche mit Kunden bzw. Lieferanten, Verantwortung für Mitarbeiter?

Umweltbedingungen am Arbeitsplatz
Lärm, Kälte, Hitze, Dämpfe, Feuchtigkeit, Schmutz, Arbeit im Freien oder in Räumen, Beleuchtung, Arbeits- und Schutzkleidung, Zeitdruck, Schichtarbeit, feste oder flexible Arbeitszeit?

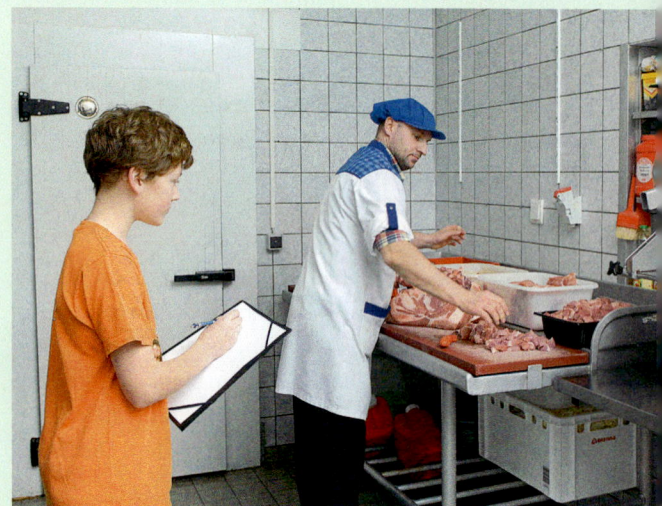

Methode Arbeitsplatzgestaltung

Arbeit im privaten Haushalt, gemeinnützige und ehrenamtliche Arbeit

1 Haushalte sind verschieden

Nils und Fanny sind voll erwerbstätig. Die Einkäufe erledigt Nils. Monatlich machen sie einen Großeinkauf mit dem Auto. Für die Wäsche ist Fanny zuständig, für das Putzen Nils. So bleibt noch Zeit für Hobbys.

Schmittes leben mit Nora (12) und Jim (10). Herr Schmitte arbeitet auswärts. Er ist am Wochenende daheim. Frau Schmitte arbeitet bis 17:00 Uhr. Die Kinder machen nachmittags Hausaufgaben und treffen Freunde.

Unterscheidet Formen des Zusammenlebens

Frau Rieser ist zufrieden, noch zu Hause leben zu können. Täglich kommt ein Pflegedienst. Das Mittagessen bringt ein Lieferservice. Nachbarn erledigen Einkäufe. Ihre Kinder wohnen entfernt in der Großstadt.

Frau Schneider lebt mit ihren zwei Kindern allein. Sie ist arbeitslos und hat viel Zeit für Hausarbeit und Kinderbetreuung. Sie hofft, bald wieder Geld zu verdienen. Während die Kinder in der Schule sind, bildet sie sich beruflich fort.

Das könnt ihr lernen

Ihr könnt
- klären, wie Menschen zusammenleben.
- Haus- und Familienarbeit sowie ehrenamtliche und gemeinnützige Arbeit unterscheiden.
- begründen, wie die Haus- und Familienarbeit organisiert werden kann.
- Gründe für Einkommensunterschiede hinterfragen und Wünsche von Frauen und Männern zu ihrer Lebensplanung verstehen.
- euch im Rollenspiel mit der Aufgabenverteilung im Haushalt auseinandersetzen und eigene Vorstellungen hinterfragen.

2 Wofür die Arbeitskraft verwendet wird

Unbezahlte Arbeit im eigenen Haushalt

Wichtig ist, die Arbeiten auf alle Haushaltsmitglieder angemessen zu verteilen.

Arbeiten können vereinfacht bzw. zeitsparender geplant werden durch
- Arbeitszeitgestaltung (Tages-/Wochenplan),
- Einkaufsliste vor dem Einkaufen erstellen,
- arbeitssparende Geräte verwenden.

Tagesarbeitsplan

Arbeiten (Reihenfolge)	Zeit	Haushaltsmitglied

Wer macht was? – Eine Umfrage

Christian (14 Jahre): „Ich muss im Haushalt helfen: spülen, Zimmer aufräumen, Müll … Das ärgert manchmal. Aber eigentlich ist es o. k. Nervig ist, dass ich meine Musik dabei nicht lauter stellen darf. Derzeit macht mein Vater viel. Weil er arbeitslos ist, hat er Zeit."

Sarah (13 Jahre): „Meine Eltern wollen, dass ich mithelfe und mein Zimmer in Ordnung halte. Ich sehe das nicht ein, weil ich die Schularbeit habe und Hausaufgaben mache.
Meine Mutter hat bei ihrer Halbtagsstelle Zeit für das bisschen Hausarbeit. Mein Vater hilft auch kaum, weil er Vollzeit arbeiten geht."

Pascal (14 Jahre): „Ich habe zwei Schwestern. Alle helfen mit. Meine Eltern sind erwerbstätig."

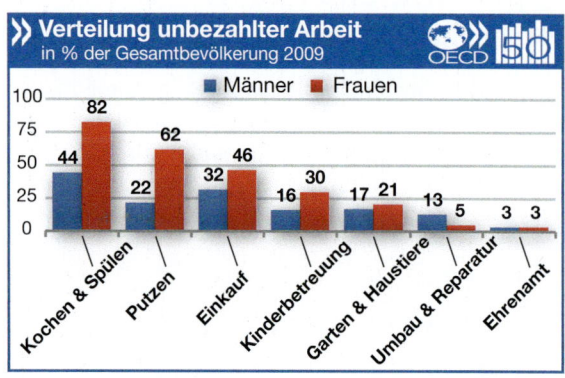

OECD (2011). Gesellschaft auf einen Blick: OECD Sozialindikatoren
http://www.oecd.org/document/17/0,3746,de_34968570_35008930_47572433_1_1_1_1,00.html (26.08.2013)

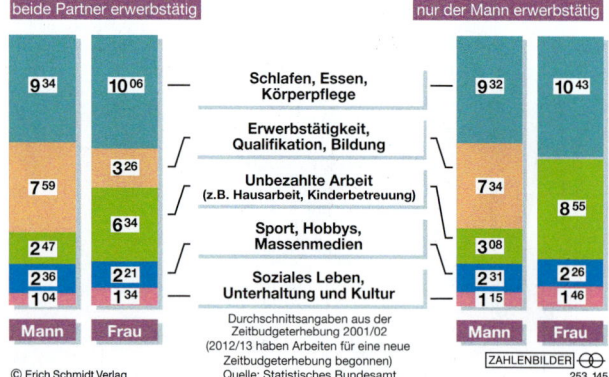

www.destatis.de ▶ Zahlen & Fakten ▶ Gesellschaft & Staat ▶ Einkommen, Konsum, Lebensbedingungen ▶ Zeitverwendung (25.08.2013)

---

1 Welche Aufgaben müssen die Jugendlichen erledigen? Erstellt eine Liste. Welche könnten sie bewältigen, um ihre Eltern zu unterstützen?

2 Notiere deine Pflichten, die du für die Schule und den Haushalt erfüllen musst.

3 Vergleicht eure Listen in Partner-/Gruppenarbeit und besprecht die verschiedenen Erwartungen, die an euch gestellt werden.

4 Beschreibt und analysiert das Diagramm: „Verteilung unbezahlter Arbeit" der
▶ OECD.

5 Ermittelt für Paarhaushalte (siehe oben) die Zeit für unbezahlte Arbeit. Sucht Gründe für Unterschiede.

6 Erstellt für eine Woche ein Protokoll zur Arbeitsteilung in eurem Haushalt. Vergleicht die Ergebnisse in der Klasse sowie mit der OECD und wertet sie aus.

3 Arbeit – Erwerbsarbeit – Hausarbeit

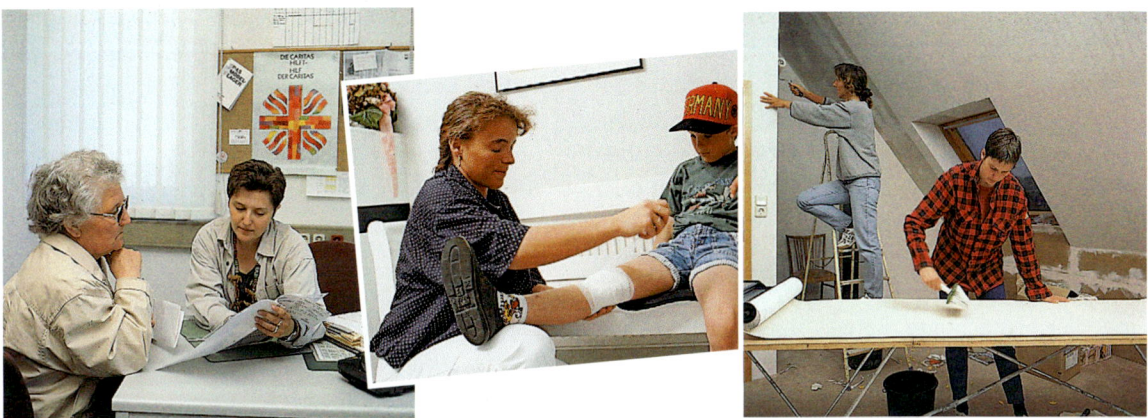

Arbeit umfasst Erwerbsarbeit, Haus- und Familienarbeit und ehrenamtliche/gemeinnützige Arbeit. Sie sichert die Existenz des Einzelnen und der Gesellschaft.

Bei der Arbeit können wir unsere Kräfte entfalten, mit anderen Kontakt haben und unserem Leben Sinn geben. Arbeit kann uns aber auch belasten.

Für Erwerbsarbeit gibt es Entgelt. Erwerbsarbeit ist verbunden mit einer eigenständigen sozialen Sicherung bei Krankheit, Unfall und im Alter.

Haus- und Familienarbeit sowie ehrenamtliche/gemeinnützige Arbeit sind unentgeltlich.
Wer nur Hausarbeit und ehrenamtliche Arbeit leistet, ist sozial, z. B. in der gesetzlichen Kranken- und Pflegeversicherung, über den Ehepartner abgesichert.

Rudi: „Ich verdiene gut. Meine Frau muss nicht arbeiten und kann sich in aller Ruhe um unsere vier Kinder und meine Mutter kümmern."

Ulrich: „Seit die Kinder aus dem Haus sind, arbeitet Sylvia 20 Stunden die Woche im Büro eines Rechtsanwalts.
Das Geld können wir gut gebrauchen.
Dreimal die Woche ist sie gemeinnützig nachmittags für je vier Stunden in einer Wohnstätte für Behinderte tätig.
Ja, sie hat es gut! So ein Halbtagsjob und das bisschen Hausarbeit sind angenehm. Ich muss den ganzen Tag arbeiten."

Elke: „Ein Haushalt mit mehreren Kindern fordert von mir Energie und viele Fähigkeiten. Und das ohne eigenes Einkommen und eigene soziale Sicherung. Ich hänge völlig von meinem Mann ab und darf gar nicht daran denken, wie ich bei einer Trennung dastehen würde."

Meike: „Auf Erwerbsarbeit würde ich nie verzichten. Da betonen die Politiker den Wert der Haus- und Familienarbeit – verweigern jedoch Hausfrauen und -männern eine eigene soziale Sicherung.
Nein danke, ich liebe meinen Mann und die Kinder, aber Erwerbsarbeit ist mir wichtig. Ich schätze den Kontakt im Kollegium und meine finanzielle Unabhängigkeit."

1 Schaue dir die Fotos an. Beschreibe die dargestellten Tätigkeiten und gib an, um welche Form der Arbeit es sich handelt.

2 Tauscht eure Ansicht zu den Meinungen der im Text dargestellten Personen in Partnerarbeit aus.

3 Erstellt im Team mit der **Methode Rollenspiel**, S. 36, ein Gespräch zwischen Personen, die sich zu Aspekten des Themas Arbeit äußern.

4 Frauen und zunehmend Männer wollen beides: Erwerbs- und Familienarbeit

Die meisten Frauen wollen beides: Erwerbsarbeit und Familienarbeit. Sie wünschen, dass ihr Partner sich wie sie an der Familienarbeit beteiligt. Trotzdem müssen sie jedoch damit rechnen, dass Männer Familienarbeit „nebenbei" leisten wollen – die Erwerbsarbeit hat Vorrang. Männer wollen oft Familienarbeit oder berufliche Teilzeitarbeit, verbunden mit Familienarbeit, nicht in ihr Leben einplanen. Sie befürchten Nachteile für ihre Karriere.

Eine gleichberechtigte Beteiligung von Frau und Mann an der Familienarbeit erfordert die Abkehr vom Leitbild eines Lebenslaufs, wie er bei den meisten Männern üblich war:
- Kindheit,
- Schul- und Berufsausbildung/Studium,
- 35–45 Jahre Vollerwerbsarbeit und
- Alter ohne Erwerbsarbeit.

Unternehmen erwarten von Männern noch oft, dass sie jederzeit mehr arbeiten können und keine Verpflichtungen zu Hause haben, z. B. bei der Pflege Angehöriger oder Betreuung der Kinder.

Wegen der sinkenden Anzahl der Berufseinsteiger sind Unternehmen daran interessiert, dass der Anteil erwerbstätiger Frauen steigt.

> **Artikel 3 Abs. 3 Grundgesetz**
> Männer und Frauen sind gleichberechtigt.
> Der Staat fördert die tatsächliche Durchsetzung der Gleichberechtigung von Frauen und Männern und wirkt auf die Beseitigung bestehender Nachteile hin.
> *Änderung des Grundgesetzes durch das 2. Gleichberechtigungsgesetz von 1994*

1 Beschreibe mit eigenen Worten die Situation zum Thema Gleichberechtigung.

2 Entwickelt in Gruppenarbeit weitere Ideen zur Förderung der Gleichberechtigung von Frauen und Männern sowie der Vereinbarkeit von Familie und Beruf.

3 Schreibt aus der Sicht von Björn und Regine einen Brief an Björns Chef. Erklärt darin eure Wünsche und begründet diese. Vergesst nicht eure Rechte!

Maßnahmen zur Förderung der Gleichberechtigung von Frauen und Männern und Vereinbarkeit von Familien- und Berufsarbeit
- Berücksichtigung von Zeiten für die Kinderbetreuung in betrieblichen Förderplänen
- Anpassung der Arbeitszeit an die Kinderbetreuung, z. B. Gleitzeit (flexible Arbeitszeit), Teilzeitarbeitsplätze
- verstärkte Einrichtung von Kinderhorten, Kindertagesstätten und Schulen
- gleichwertige Anrechnung von Erwerbsarbeit und Kinderbetreuung bei der sozialen Sicherung, z. B. Rentenversicherung
- Elterngeld für bessere finanzielle Unabhängigkeit

Konflikt um die Kinderbetreuung

Björn und Regine vereinbaren vor der Geburt ihres Kindes, dass beide sich um die Familienarbeit kümmern und die Erwerbsarbeit auf je 20–25 Stunden verringern würden.

Nach der Geburt reicht Regine in ihrem Unternehmen einen Antrag auf Teilzeit ein, der bewilligt wird. Sie erwartet von Björn, dass er ebenfalls einen Antrag stellt.

Björn stellt fest: „Ich sagte dir zwar zu, dass ich auf Teilzeitarbeit gehe, doch es gibt Probleme. Die haben mir gesagt, dass ich verringern kann, wenn ich das will. Aber sie würden mich nicht mehr zu besonderen Fortbildungen schicken und ich könnte nicht Leiter der Arbeitsgruppe werden. Das kannst du nicht von mir verlangen. Irgendwie ist Kinderbetreuung auch eher Frauensache."

Regine: „Ich bestehe auf Gleichberechtigung – bei Erwerbsarbeit und Familienarbeit. Ich erwarte von dir, dass du Teilzeitarbeit machst. Ich will auch Karriere machen und gleichzeitig, dass unser Kind gut betreut wird."

Björn erwidert: „Ich will versuchen, während der Elternzeit (14 Monate) auf Teilzeit zu gehen, ohne anschließend berufliche Nachteile zu haben. Danach wäre dann eine Kita notwendig."

5 Ehrenamtliche/gemeinnützige Arbeit ist wichtig

Diese Arbeitsform begegnet uns vielfältig. Sie wird wie Familienarbeit ohne Entgelt oder mit Aufwandsentschädigung geleistet. Sie besteht z. B. in der Mitarbeit in
- Sportvereinen, z. B. als Jugendtrainer,
- einem gemeinnützigen Verein, z. B. Greenpeace (internationale Umweltorganisation),
- der Jugendarbeit, z. B. der Pfarrgemeinde,
- Hilfsorganisationen, z. B. Feuerwehr, DRK.

Der Bundesfreiwilligendienst (BFD)

Der Bundesfreiwilligendienst ist ein Angebot an Frauen und Männer jeden Alters, sich außerhalb von Beruf und Schule für das Allgemeinwohl zu engagieren – im sozialen, ökologischen und kulturellen Bereich oder im Bereich des Sports, der Integration sowie im Zivil- und Katastrophenschutz. ...

Der BFD soll eine neue Kultur der Freiwilligkeit ... schaffen und möglichst vielen Menschen ein Engagement für die Allgemeinheit möglich machen. ...

Im BFD kann sich jeder engagieren, der die Vollzeitschulpflicht erfüllt hat: Menschen jeden Alters nach Erfüllung der Vollzeitschulpflicht (je nach Bundesland mit 16, manchmal auch schon mit 15 Jahren), Männer und Frauen. Jüngere Freiwillige erwerben und vertiefen ihre persönlichen und sozialen Kompetenzen, ältere Freiwillige bringen ihre eigene Lebens- und Berufserfahrung ein ...

BFD Der Bundesfreiwilligendienst www.bundesfreiwilligendienst.de/der-bundesfreiwilligendienst/ueber-den-bfd.html (26.08.2013)

Meinungen zur „Konkurrenz" von gemeinnütziger Arbeit und Erwerbsarbeit

Ivor: „Ich will keinem Sportverein beitreten und da auch noch mitarbeiten. Im Fitnessstudio sind Top-Trainer. Dort finde ich, was ich brauche, zur passenden Zeit."

Kathrin: „Für das Dorffest fehlen unserem Verein Helfer. Ich höre leider auch: ‚Das ganze Wochenende für andere arbeiten? Ich will selbst feiern und mich erholen.'"

Charlotte: „Ich half in den Ferien zwei Wochen auf einer DLRG-Rettungsstation an der Ostsee und hatte viel Spaß. Wir erhielten ein Taschengeld. Das Mädel am Imbiss in der Nähe bekam neun Euro die Stunde."

Victor: „Gut, dass die Wehrpflicht ausgesetzt und der Zivildienst nicht mehr Pflicht ist. Das benachteiligte Männer. Man könnte Arbeitslose für die Zivildienstplätze ausbilden und sollte sie anständig bezahlen."

1 Notiert Argumente für und gegen ehrenamtliche Arbeit.

2 Führt in der Klasse eine Pro-Kontra-Diskussion durch: „Ohne Geld mache ich keine Arbeit – da sollen andere ran!" Nutzt die **Methode Pro-Kontra-Debatte**, S. 84.

3 Welche Gründe gibt es, Tätigkeiten durch Berufsarbeit statt Ehrenamt verrichten zu lassen?

Das deutsche Ehrenamtsportal wo was helfen

Wenn Sie durch dieses Portal gehen, können Sie Antworten dazu finden: **Wo und was kann ich in meinem Ort ehrenamtlich tun?**

4 Recherchiere, welche Möglichkeiten es in deinem Ort/deiner Region gibt. Was würde dich davon interessieren? Du kannst hierfür den **WEBCODE** unten heranziehen.

6 Weiterführendes Material

M1 In der Kita

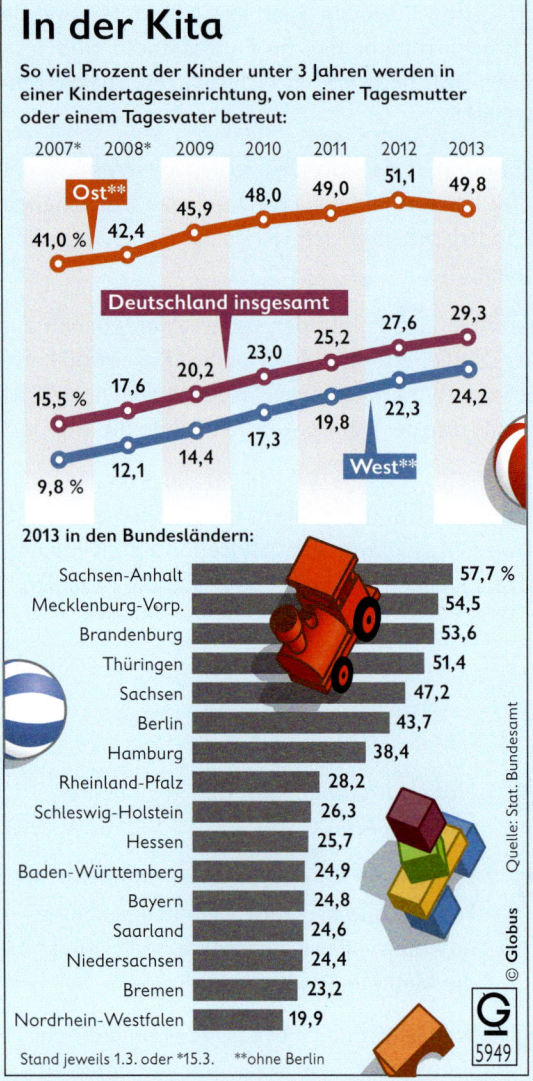

M2 Mehr Mithilfe der Väter gefragt

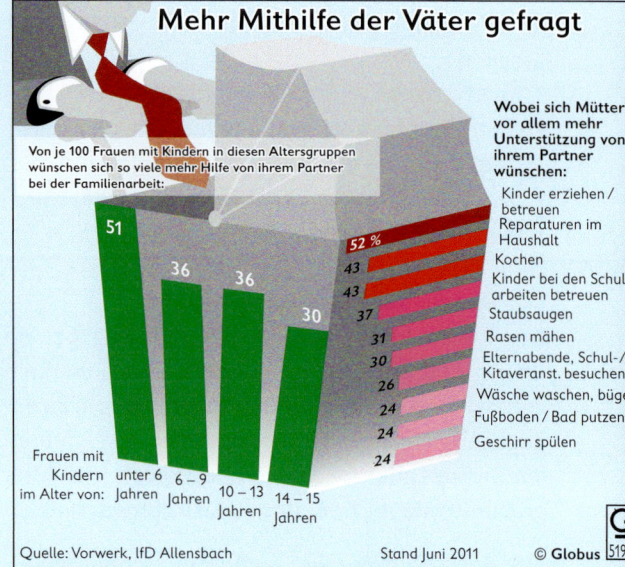

M3 Ältere in Action

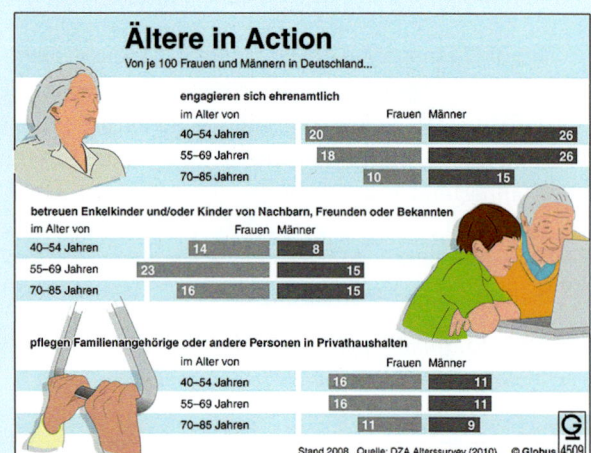

Zu M1

1. Vergleicht den Anteil der Betreuungsplätze zwischen
   - den Bundesländern,
   - Ost- und Westdeutschland.

   Sprecht über Gründe für die Unterschiede.

2. Wodurch ist es gerechtfertigt, dass der Staat Mittel für Kinderbetreuung ausgibt?

Zu M2

Vergleicht die Wünsche der Mütter mit der Arbeitsteilung in eurer Familie.

Zu M3

1. Vergleiche den Anteil von Männern und Frauen bei ehrenamtlicher Betreuung und Pflege.

2. In welcher Weise hast du von Ehrenamtlichen profitiert?

Methode Kooperatives Lernen: Denken – Austauschen – Vorstellen

Darum geht es

Die Methode entspricht mit: Denken – Austauschen – Vorstellen dem Grundmuster des kooperativen Lernens. Durch die Kombination von drei Arbeitsphasen in Einzel-, Partner- und Gruppenarbeit könnt ihr euch im Lernprozess gegenseitig unterstützen.

Die Arbeitsform lässt sich nutzen, wenn in der Klasse umfassende und auch weniger umfangreiche Informationen zu einem Sachverhalt zu bearbeiten sind. Der Austausch von Wissen steht bei dieser Methode im Vordergrund.

Ihr könnt lernen,
- neues Wissen selbstständig zu erarbeiten.
- euch mit Mitschülern über euer Wissen, eure Ideen und Lösungen auszutauschen.
- soziale und kommunikative Fähigkeiten in Partner- oder Gruppenarbeit zu erweitern.
- dass leistungsschwächere und -stärkere Teilnehmer sich aktiv einbringen können.
- eure Leistungsbereitschaft und euer Selbstwertgefühl zu erhöhen.

So läuft es ab

Vorbereitung
Die Auswahl der Lernmaterialien erfolgt mithilfe des Schulbuches und evtl. weiterer Materialien.
Folgende Punkte sind zu berücksichtigen:
- Aufgabenstellungen besprechen, die sich für Partner-/Gruppenarbeit eignen,
- Zeitvorgaben für die einzelnen Arbeitsphasen festlegen und beachten,
- Einteilung der Partner und Gruppen im Vorfeld festlegen, z. B. Sitznachbarn, Kartenverfahren oder Vorgabe durch Lehrkraft.

Durchführung
Jeder Schüler setzt sich in Einzelarbeit mit einer Aufgabe auseinander, z. B. einen Text lesen, eine Grafik deuten **(1. Phase: Denken)**, um seine Ergebnisse, Ideen oder Gedanken im nächsten Schritt einem Partner vorzustellen. Es können auch arbeitsgleiche Aufgaben in Einzelarbeit bearbeitet werden.
Die Zweier-Teams tauschen sich über ihre Ergebnisse aus **(2. Phase: Austauschen)** und fertigen sich gegenseitig dazu Notizen an. Jeder im Zweier-Team sollte das eigene und auch das Thema des Partners vorstellen können.
Anschließend präsentiert das Paar seine Ergebnisse einem anderen Paar **(3. Phase: Vorstellen)**. Falls die Ergebnisse im Klassenplenum vorgestellt werden, sollten die beiden Paare sich zuvor über ihre Ergebnisse austauschen.

1. Phase: Denken in Einzelarbeit

2. Phase: Austauschen in Partnerarbeit

3. Phase: Vorstellen in Gruppenarbeit

Auswertung
Die Vorstellung der Ergebnisse kann auch direkt im Klassenplenum erfolgen (siehe **Methode Präsentation**, S. 18). Anschließend wird der Sachverhalt vertiefend erörtert und eine Ergebnissicherung im Plenum vorgenommen.
Dabei wird auch über den Prozess der Arbeit reflektiert.

Methode Rollenspiel

Darum geht es

Im Rollenspiel könnt ihr den Umgang mit Konflikten trainieren und Lösungen suchen.
Das Rollenspiel ist eine Methode,
- eigene Bedürfnisse, Vorstellungen und Meinungen wahrzunehmen und angemessen zu äußern,
- Bedürfnisse und Vorstellungen anderer anzuerkennen,
- Lösungen für einen Ausgleich verschiedener Bedürfnisse, Meinungen und zu Konflikten zu finden, Wertvorstellungen und eigenes Verhalten zu hinterfragen und eventuell zu ändern.

So läuft es ab

Vorbereitung
- den Konflikt benennen und ggf. Rollenkarten erstellen
- Rollenspieler auswählen
- den Rollenspielern 5–10 Minuten Zeit zum Lesen der Rollenkarten und Einfühlen in die Rolle geben
- den Beobachtern (restliche Schüler) 5–10 Minuten Zeit zum Lesen der Informationskarte geben

> **Informationskarte für die Beobachter**
> - Wie sind die einzelnen Aussagen von der Sache her zu bewerten?
> - Wie sind die Spieler zu Wort gekommen?
> - Welche Gefühle äußern die Spieler?
> - Welche Gefühle lösen die Spieler bei den Beobachtern aus?
> - Wie sprechen die Rollenspieler miteinander?
> - Gibt es persönliche Abwertungen? Wenn ja, welche?
> - Welche Konfliktlösungen finden die Spieler?

Durchführung
Die Rollenspieler bereiten die notwendigen Kulissen zum Spiel vor. Sie spielen an einem Ort, an dem alle sie gut beobachten können. Die Beobachter machen sich Notizen.

Auswertung
Die Beobachter teilen die Notizen zu ihrer Informationskarte mit. Sie sprechen in der Ich-Form und vermeiden Bewertungen wie z. B. gut, schlecht, unmöglich, wunderbar.

Die Rollenspieler hören zunächst den Beobachtern zu und nehmen dann Stellung.

Rollenspieler und Beobachter tauschen sich über das Spielergebnis aus.

Sie überlegen, ob ein anderes Verhalten und möglicherweise eine andere Konfliktlösung denkbar und aus ihrer Sicht wünschenswert sind. (Siehe auch Regeln zur Auswertung der **Methode Gruppenarbeit**, S. 15)

Alles klar?

Bedürfnisse, Bedarf und Konsum

1. Notiere mindestens drei Bedürfnisse, zu deren Erfüllung kein Geld notwendig ist.

2. Notiere mindestens drei Bedürfnisse, zu deren Erfüllung Geld notwendig ist.

3. Notiere Beispiele für Bedürfnisse von Kindern, für die deren Eltern wenig Geld haben.

4. Fühle dich in die Lage der Kinder und ihrer Familie ein. Beschreibe diese und notiere Stichworte.

5. Welche Bedürfnisse könnte das Mädchen haben?

6. *Die sind 'ne tolle Clique. Ich würde gern dazugehören und…*

   Beschreibe die Situation. Wie könnten die Personen diese verändern?

7. Notiere, was die beiden Kinder bei der Arbeit denken und fühlen.

8. Nenne mögliche Gründe, warum die Kinder arbeiten müssen. Wie kann ihre Lage verbessert werden?

Arbeitsplätze: Ein Blick hinter die Kulissen

9. Nenne Gründe für einen Arbeitsplatzwechsel.

10. Was spricht dafür, sich nach einem Berufsabschluss fortzubilden?

11. Stelle aus einer der Arbeitsplatzbeschreibungen, S. 20–24, Interessen des Chefs und der Mitarbeiter gegenüber.

12. Erkläre persönlichkeitsbezogene Fähigkeiten, die bei der Arbeit mit Menschen wichtig sind.

13. Begründe für einen Beruf mit Teamarbeit die Bedeutung für das Arbeitsergebnis.

14. Suche Lösungsmöglichkeiten für den Konflikt bei der Müllabfuhr (s. Foto).

    Ist es nicht unfair, immer dieselben mit Rudis Leistungsschwäche zu belasten?

    Das dürfen wir Rudi nicht antun. Das wäre wie ein Rausschmiss.

    Die wollen Rudi nicht mehr im Team haben. Er arbeitet wirklich langsam.

    Rudi ist ein guter Kollege – es kommt nicht nur darauf an, rasch Tonnen zu rollen.

Arbeit im privaten Haushalt, gemeinnützige und ehrenamtliche Arbeit

14 Erkläre Vorteile für Mitarbeiter und Betrieb durch eine familienfreundlichere Gestaltung der Arbeits- und Lebenswelt (s. Schaubild).

Wo sollen die Schwerpunkte der Familienpolitik liegen?	
Leichtere Vereinbarkeit von Familie und Beruf	81 %
Stärkere steuerliche Entlastung für Familien	72 %
Bessere Bildungschancen für Kinder bedürftiger Familien	63 %
Bessere Voraussetzungen für den Wiedereinstieg in den Beruf	63 %
Hilfe für Personen, die Angehörige zu Hause pflegen	62 %
Stärkere Förderung für junge Familien (z. B. mehr Kindergeld)	60 %
Besserer Schutz von Kindern vor Vernachlässigung und Gewalt im Elternhaus	60 %
Was würde die Lebensqualität von Familien besonders verbessern?	
Flexiblere Arbeitszeiten der Eltern (z. B. Arbeitszeitkonten)	71 %
Flexiblere Betreuungszeit in den Kitas	62 %
Erleichterter Wiedereinstieg in den Beruf nach der Elternzeit	59 %
Mehr Betreuungsmöglichkeiten für Schulkinder (z. B. Betreuung vor und nach dem Unterricht)	57 %
Bessere finanzielle Unterstützung, z. B. höheres Kindergeld	57 %
Bessere Kinderbetreuung in den Ferien	57 %
Mehr Betriebskindergärten	52 %
Mehr Betreuungsplätze für Kinder unter drei Jahren	47 %

Institut für Demoskopie Allensbach: Monitor Familienleben 2013, Schaubilder 3 und 6

Befragte: Eltern von Kindern unter 18 Jahren

15 Begründe die Bedeutung der Arbeitsteilung und Arbeitsplanung im Haushalt.

16 Nenne Merkmale von
- Familienarbeit,
- gemeinnütziger/ehrenamtlicher Arbeit und
- Erwerbsarbeit.

17 Begründe den Ausbau der Kindertagesbetreuung.

18 Erkläre Maßnahmen zur Vereinbarkeit von Erwerbsarbeit und Familienarbeit.

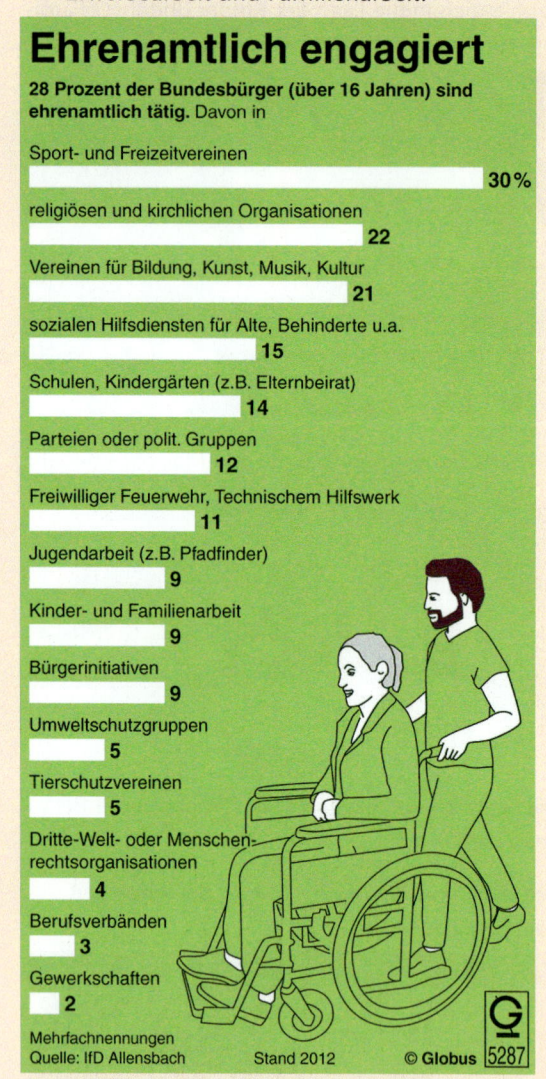

Ehrenamtlich engagiert

28 Prozent der Bundesbürger (über 16 Jahren) sind ehrenamtlich tätig. Davon in

Bereich	%
Sport- und Freizeitvereinen	30
religiösen und kirchlichen Organisationen	22
Vereinen für Bildung, Kunst, Musik, Kultur	21
sozialen Hilfsdiensten für Alte, Behinderte u. a.	15
Schulen, Kindergärten (z.B. Elternbeirat)	14
Parteien oder polit. Gruppen	12
Freiwilliger Feuerwehr, Technischem Hilfswerk	11
Jugendarbeit (z.B. Pfadfinder)	9
Kinder- und Familienarbeit	9
Bürgerinitiativen	9
Umweltschutzgruppen	5
Tierschutzvereinen	5
Dritte-Welt- oder Menschenrechtsorganisationen	4
Berufsverbänden	3
Gewerkschaften	2

Mehrfachnennungen
Quelle: IfD Allensbach Stand 2012 © Globus 5287

19 Benenne für die Tätigkeitsfelder mindestens drei Formen der Mitarbeit.

20 Begründe an zwei Beispielen die Bedeutung ehrenamtlicher Tätigkeit.

Entstehung von Berufen

1 Jäger und Sammler erfinden Werkzeuge

Zu Beginn der Menschheitsgeschichte lebten die Menschen als Jäger und Sammler, um ihre lebensnotwendige Versorgung zu sichern.

Dazu zählten das Sammeln und Zubereiten von Nahrung, das Herstellen von Kleidung und Wohnraum. Zum Schutz vor Gefahren, aber auch zur Jagd, bildeten sich größere Gruppen. Die gemeinsame Jagd von Tieren führte zu ersten Formen der Spezialisierung.

Es kam zur Erfindung von Handwerkzeugen (siehe Foto unten), die z. B. das Erlegen der Tiere und die Zubereitung der Nahrung erleichterten.
Diese Spezialisierung führte auch zu Zeitersparnis. Die freie Zeit konnte z. B. dazu genutzt werden, Vorrat anzuschaffen.

Jagdszene aus der Altsteinzeit (ca. 12 000 v. Chr.)

Einen Eindruck von der Vielfalt der Schmiedearbeiten gibt die Ausstellung im „Germanendorf Klein Köris"
http://mitglied.lycos.de/kleinkoeris/ausgrabu.htm

▣ Beschreibt, welche Aufgaben die Menschen als Jäger und Sammler verrichteten, um das Überleben zu sichern.

Das könnt ihr lernen

Ihr könnt
- begründen, warum die Herstellung von Gütern lebensnotwendig ist.
- erklären, wie sich in Verbindung mit verschiedenen Fähigkeiten der Menschen Arbeitsteilung entwickelt hat.
- Berufe benennen, die durch Arbeitsteilung entstanden sind.
- mit der **Methode Gruppenarbeit**, S. 15, eine **Präsentation**, S. 18, planen, durchführen und auswerten.
- einschätzen, welche Bedeutung eine veränderte Arbeitswelt auf die Lebens- und Arbeitsbedingungen hat.

2 Vom Jäger und Sammler zum Bauern und Handwerker

Die Entwicklung von Ackerbau und Viehzucht machte die Menschen als Bauern sesshaft. Sie wohnten in Dörfern. Die Anbaumethoden und Geräte wurden verbessert, aus Tonerde z. B. Töpfe und Geschirr geformt und gebrannt.

Einige Dorfbewohner spezialisierten sich aufgrund ihrer Geschicklichkeit auf bestimmte Tätigkeiten wie Kleider nähen und Schuhe herstellen. Die Verteilung der Aufgaben erleichterte die Arbeit und verbesserte die Lebensbedingungen. Es musste nicht jeder alles können.

Die Aufteilung der Arbeit auf mehrere Personen nennt man Arbeitsteilung. Als sich die Siedlungen ausweiteten und der Tauschhandel zunahm, übten einige nur noch ihre handwerklichen Tätigkeiten aus. Sie wurden zum Beruf.

Es entstanden die ersten Grundberufe wie Baumeister, Müller, Schneider, Bäcker, Schmied und Schuhmacher. Gefördert wurde diese Entwicklung durch die Entdeckung von Eisenerz. Durch Verarbeitung des Eisens konnten neue Waffen und Werkzeugen hergestellt werden. Damit gewann die Tätigkeit des Schmiedes große Bedeutung. Die Spezialisierung dieses Berufs verdeutlicht die Übersicht unten.

Mit der Entstehung von Städten entwickelte sich das Handwerk weiter und neue Berufe entstanden.

Der Wohlstand vermehrte sich vor allem bei Kaufleuten und Grundherren. Für den Bau von Häusern, Klöstern und Kirchen wurden immer mehr Spezialisten benötigt.

Es entstand ein größerer und unterschiedlicher Bedarf nach z. B. Kleidung, Nahrung, Ausstattungsgegenständen für Haushalt und Wohnung, aber auch Arbeitsgeräten und Transportmitteln. Das förderte eine weitere Spezialisierung. In Nürnberg z. B. gab es 1363 schon zehn verschiedene Arten von Schmieden.

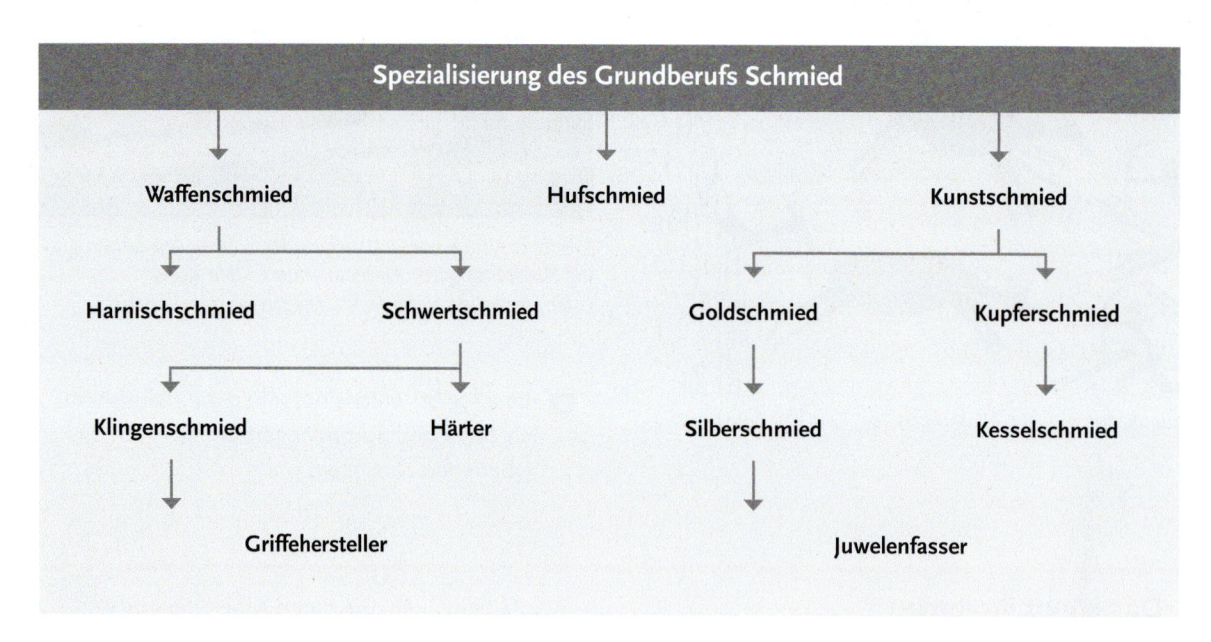

Spezialisierung des Grundberufs Schmied

- **Waffenschmied**
  - Harnischschmied
  - Schwertschmied
    - Klingenschmied
      - Griffehersteller
    - Härter
- **Hufschmied**
- **Kunstschmied**
  - Goldschmied
    - Silberschmied
      - Juwelenfasser
  - Kupferschmied
    - Kesselschmied

---

1 Beschreibe die Entstehung von Berufen.

2 Erklärt einem Partner, warum Spezialisierung und Arbeitsteilung notwendig sind.

3 Findet in Gruppenarbeit Beispiele für Berufe, die sich immer mehr spezialisiert haben. Nutzt die **Methode Gruppenarbeit**, S. 15.

4 Bereitet in Gruppenarbeit eine **Präsentation** vor. Informiert euch über die **Methode**, S. 18.

3 Handwerk und Manufakturen

Um sich und die Familienangehörigen zu unterstützen und für alle Mitglieder den gleichen Lebensstandard zu sichern, schlossen sich die Handwerksmeister eines Gewerbes zu Zünften zusammen. Sie wohnten meist in enger Nachbarschaft, oft in einer Straße, benannt nach ihrem Gewerbe. Die Lehrlinge lebten in der Familie des Meisters. Teilweise musste von den Eltern Lehrgeld bezahlt werden. Gesellen und Lehrlinge waren abhängig vom Meister. Ein Mitarbeiter durfte selbstständig arbeiten, wenn er seine Arbeit beherrschte. Der Verdienst war gering. Gesellen konnten keine Familie gründen.

Die Zunft regelte die Ausbildung, Arbeitszeit, Zulassung zum Gewerbe sowie die Anzahl der Beschäftigten. Sie überwachte Preis, Menge und Qualität der Waren. Jeder Meister sollte ein standesgemäßes Auskommen haben. ▶ Wettbewerb war verboten. Aus Angst vor Konkurrenz verlängerten die Meister die Lehr- und Gesellenzeiten. Die Herstellung und Verwendung neuer Werkzeuge war erst erlaubt, wenn alle Meister sie beherrschten. Auch durften die Meister nur auf Bestellung, nicht auf Vorrat arbeiten.

Im Laufe der Jahrhunderte wurde es für die Handwerker schwieriger, den zunehmenden Bedarf der wachsenden Bevölkerung zu decken. Reiche Fürsten und Kaufleute gründeten neue Produktionsstätten, die Manufakturen. Während die Handwerker auf Bestellung Waren herstellten, wurde in den Manufakturen auf Vorrat produziert.

So wurde z. B. in einer Kutschenmanufaktur in einem durchgehenden Arbeitsgang produziert. Jeder Handwerker führte bestimmte Arbeiten aus. Er spezialisierte sich und schaffte mehr als früher. Die Arbeit wurde jedoch eintöniger und einseitiger. Zeit- und Kostendruck nahmen zu, weil sich zwischen den Manufakturen ein ▶ Wettbewerb entwickelte. Die Produkte konnten schneller, preiswerter und in größeren Mengen hergestellt und auf Vorrat produziert werden.

Webstühle in einer englischen Tuchmanufaktur (um 1840)

🎲 1 Benenne die Aufgaben einer Zunft.

🎲 2 Beschreibt in Partnerarbeit, wie Waren im Handwerk und in der Manufaktur hergestellt wurden.

🎲 3 Erklärt die Unterschiede bei der Herstellung von Waren im Handwerk und in der Manufaktur.

🎲 4 Informiert euch in Partnerarbeit oder einer Arbeitsgruppe über die Aufgaben der Handwerkskammer oder der Industrie- und Handelskammer. Dazu kann auch der **WEBCODE** unten genutzt werden.

4 Phasen der Industrialisierung

Ab 1850 wurden Erfindungen vermehrt wirtschaftlich genutzt.

Die Produktion erfolgte in Fabriken mithilfe neu entwickelter Maschinen. Neue Industriezweige und Produktionsverfahren veränderten bestehende Berufe und führten zu neuen Berufen.

Die wirtschaftliche Entwicklung lässt sich in fünf Phasen gliedern:

> **1.** Verbreitung der Dampfmaschine, z. B. im Steinkohlenbergbau, und des mechanischen Webstuhls.
> **2.** Entwicklung der Stahlindustrie und Ausbau des Eisenbahnwesens.
> Durch die Beseitigung von Zollschranken zwischen den Staaten konnte der Handel erleichtert werden. Die in die Städte drängende Bevölkerung musste bei einem Überangebot an Arbeitskräften unter elenden Bedingungen für geringen Lohn arbeiten. Kinderarbeit war üblich.
> **3.** Entwicklung der Elektrizität, der Chemie und des Automobils. Die Arbeit in der Industrie wurde vermehrt als ▶ Fließbandarbeit organisiert. Massenprodukte wurden gefertigt und auch für Arbeiter bezahlbar.
> **4.** Kunststoffindustrie, Flugzeugbau, Elektronik, Steuerungstechnik und Unterhaltungsindustrie gewannen an Bedeutung. Die ▶ Infrastruktur, z. B. das Straßennetz, wurde ausgebaut. Facharbeiter spezialisierten sich. Die Produktivität stieg. Breite Bevölkerungsschichten konnten Güter kaufen.
> **5.** Alle Wirtschaftsbereiche und das private Leben werden bestimmt von neuen Technologien, wie Mikroprozessor- und Informationstechnik, Satelliten- und Glasfaserkommunikation, Bio- und Gentechnik, Sensor-, Laser-, Robotertechnik. Neuerungen erfolgen in kurzen Abständen. Die Produktion wird automatisiert und computergesteuert. Immer weniger menschliche Arbeit ist für die Produktion notwendig.

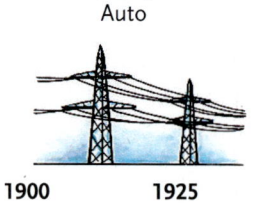

1 Kohle/Eisen Dampfmaschinen
2 Stahl Eisenbahn
3 Elektrizität/Chemie Auto
4 Kunststoff/Chip Flugzeug
5 Multimediatechnik

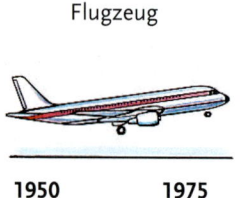

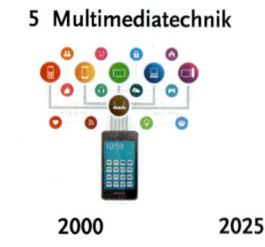

1825 — 1850 — 1875 — 1900 — 1925 — 1950 — 1975 — 2000 — 2025

Die Kunden fordern vermehrt Produkte, die auf ihre Bedürfnisse zugeschnitten sind. Große Betriebe fertigen auch kleine Stückzahlen mit Gewinn an. Produktvielfalt wird möglich. Arbeitsplätze und Betriebsabläufe verändern sich stetig. Von Facharbeitern werden neue Anforderungen, sog. ▶ Schlüsselqualifikationen mit der Fähigkeit verlangt, flexibel auf Veränderungen zu reagieren und Produkte und Produktionsverfahren dauernd zu verbessern. Die Entwicklungen gelten nicht für alle Betriebe. Handwerksbetriebe bestehen neben Industriebetrieben, die Produkte arbeitsteilig am Fließband fertigen. Neue ▶ Informations- und Kommunikationstechniken (IKT) ermöglichen eine weltweite Vernetzung. Der ▶ globale Handel nimmt zu und fördert den ▶ Wettbewerb. Es kommt vermehrt zu Unternehmenszusammenschlüssen.

🎲 1 Notiere zu den Phasen der wirtschaftlichen Entwicklung jeweils eine wichtige Erfindung.

🎲 2 Recherchiere im Internet, in welchem Jahr/Zeitraum die Erfindung entwickelt wurde.

🎲 3 Überlegt in Partnerarbeit, wie sich die Arbeitsteilung verändert hat. Nennt Beispiele.

🎲 4 Überprüft mit einem Partner, ob ihr zu den Phasen der wirtschaftlichen Entwicklung Beispiele nennen könnt.

5 Wandel zur Dienstleistungsgesellschaft

Die Tätigkeitsfelder der Wirtschaft werden in drei Wirtschaftsbereiche/-sektoren eingeteilt.

1. Dem ersten Wirtschaftsbereich sind die Land- und Forstwirtschaft, die Fischerei und der Bergbau zugeordnet. Hier werden die Rohstoffe für Produkte gewonnen, wie z. B. das Schlachten von Vieh, der Fischfang und der Abbau von Eisenerz.

2. Im produzierenden und verarbeitenden Gewerbe (Handwerk und Industrie) werden Rohstoffe zu Produkten verarbeitet. Aus dem Rohstoff Eisen werden z.B. Werkzeuge oder Maschinen erstellt.

3. Diese umfasst alle Dienstleistungen, z. B. Einzelhandel und Handwerk. Produkte und Tätigkeiten werden angeboten, wie z. B. im Supermarkt und Friseursalon.

Immer mehr Erwerbstätige üben Dienstleistungen aus. Selbst im produzierenden Gewerbe werden an mehr als 40% aller Arbeitsplätze Dienstleistungen erbracht. Dies betrifft besonders die Bereiche Beschaffung, Verwaltung, Vertrieb, Transport.

Der weltweite Wettbewerb verstärkt die Bedeutung von Bildung, Forschung und Entwicklung, z. B. von Software, sowie Beratung, z. B. bei EDV-Nutzung.

Zunehmend werden Arbeitsplätze im Bereich der Aus- und Weiterbildung angeboten. Dies liegt an den veränderten Anforderungen, die an Arbeitsplätze gestellt werden. Wenn neue Maschinen im Betrieb angeschafft werden, müssen die Mitarbeiter Fähigkeiten im Umgang mit ihnen erlernen.

Die steigende Lebenserwartung der Menschen führt zur Zunahme von Berufen im medizinischen Dienstleistungsbereich sowie in der Betreuung und Pflege. In Zukunft wird ein Tätigkeits- und Berufswechsel mit Phasen der Erwerbslosigkeit normal sein. Viele Tätigkeiten werden vermehrt als Teilzeitarbeit angeboten.

Entspricht das der Frisur, zu der ich Ihnen vor dem Schnitt am Bildschirm geraten habe?

Erwerbstätige im Inland nach Wirtschaftssektoren in %

Jahr	insgesamt 1000	Land- und Forstwirtschaft, Fischerei (primärer Sektor)	Produzierendes Gewerbe (sekundärer Sektor)	Übrige Wirtschaftsbereiche, Dienstleistungen (tertiärer Sektor)
1990	30 409	3,5	36,6	59,9
2000	39 382	1,9	28,7	69,4
2010	40 603	1,6	24,6	73,8
2012	41 619	1,6	24,7	73,7

Statistisches Bundesamt 2013
https://www.destatis.de/DE/ZahlenFakten/Indikatoren/LangeReihen/Arbeitsmarkt/lrerw013.html (10.09.2013)

1. Ordnet Berufe, die ihr schon kennt, den drei Wirtschaftsbereichen zu.

2. Sucht zu den drei Wirtschaftsbereichen jeweils drei weitere Berufe heraus. Nutzt Beruf Aktuell oder die **Methode Informationen gewinnen, Internet nutzen**, S. 51. Dazu kann auch der **WEBCODE** unten genutzt werden.

3. Nennt Betriebe in eurer Region aus den drei Wirtschaftsbereichen.

4. Begründet in Partnerarbeit, warum der Dienstleistungsbereich zunimmt.

WEBCODE: WI650101-043

Ohne Geld läuft nichts

1 Zahlungsarten

■ Die Menschen brauchen Güter für ihr tägliches Leben. Notiert die hier für den Kauf abgebildeten Zahlungsarten. Erstellt daraus eine Mind Map, die zeigt, was ihr schon darüber wisst.

Das könnt ihr lernen

Ihr könnt
- wichtige Schritte vom Warentausch bis zur Bezahlung mit Geld nennen.
- Funktionen des Geldes beschreiben.
- Symbole der Euro-Münzen und Euro-Banknoten verstehen.
- Vorteile eines Prepaid-Smartphone für Kinder und Jugendliche begründen.
- Standpunkte zu Verhalten und Umgang mit Geld entwickeln.
- über Einnahmen und Ausgaben Buch führen.
- die Verschuldung Jugendlicher hinterfragen und die Bedeutung der Taschengeldplanung begründen.
- die **Methode Befragung** (S. 17) zur Erörterung der Höhe des Taschengeldes nutzen.

2 Vom Tauschhandel zum Geld

Ware gegen Ware

In früher Zeit, Jahrtausende vor unserer Zeitrechnung, tauschten die Menschen Ware gegen Ware. Dieser Entwicklungsschritt wurde durch Arbeitsteilung und Spezialisierung möglich. Eine Familie oder Gruppe musste nicht mehr alles selbst tun, was zum Überleben notwendig war.

Immer mehr Händler zogen umher und organisierten den Tausch. Manchmal empfand der Tauschpartner die angebotene Ware nicht als angemessene Gegenleistung.

Wer erfand das Geld?

Die Lösung des Tauschproblems fanden viele Völker an verschiedenen Orten der Welt. Die Händler (Kaufleute) tauschten nicht mehr die Waren selbst, sondern einigten sich auf einen Gegenstand oder ein Tier. Es wurde zum Tausch-Symbol. Es galt als wertvoll (galt – gelten – Geld).

In bestimmten Gegenden Afrikas wurde zum Beispiel aller Reichtum in Rindern gemessen, in der Südsee wählte man Kaurimuscheln, in Osteuropa Felle, in China Papierzettel mit bemalten Schriftzeichen. Die Sumerer wählten Gold- und Silberbarren. Sie waren leicht zu transportieren und gingen nicht schnell kaputt.

Trotz aller Vorzüge waren die Gold- und Silberbarren unhandlich. Wer z. B. nur Brot kaufen wollte, hatte ein Problem. Die Gold- oder Silberbarren waren nicht klein genug.

Die entscheidende Problemlösung erfolgte ungefähr um 2700 vor Christus (v. Chr.). Man teilte das Edelmetall in unterschiedlich große Scheiben und legte das Gewicht der Stücke fest. Später markierte man die Stücke mit einem Stempel und prägte den Wert auf das Metall. Die ersten Prägungen erfolgten ungefähr 700 Jahre v. Chr. im Reich der Lydier in Kleinasien. Von dort breitete sich die Technik des Münzprägens über Persien und Griechenland in den Mittelmeerraum aus.

Nach **Nikolaus Piper**: *Geschichte der Wirtschaft, Verlag Beltz & Gelberg, Weinheim 2013, S. 33, 34 (Auszug)*

1 Beschreibt die Situation auf der Abbildung und überlegt, zu welcher Zeit der Tauschhandel stattgefunden haben könnte.

2 Notiert Vorteile des Tauschhandels mit Geld gegenüber dem „Ware gegen Ware"-Geschäft. Zieht dazu die Abbildung oben heran.

3 Überlegt euch eine Szene, die zeigt, wie so ein Tauschhandel abgelaufen sein kann. Führt sie als Rollenspiel (S. 36) vor.

4 Nennt Gründe für die jeweilige Wahl der Tauschsymbole in den unterschiedlichen Regionen der Welt.

5 Bringt fremde Münzen mit und haltet über Geschichte und Herkunft dieser Münzen einen Kurzvortrag.

3 Der EURO: Unser heutiges Zahlungsmittel

Die verschiedenen Gesichter der EURO-Scheine und -Münzen

Im Jahr 1990 wurden mit der Aufhebung der Beschränkungen des Kapitalverkehrs die Voraussetzungen für die Euro-Einführung geschaffen. Zwölf Jahre später wurde der Traum vieler Menschen Realität.
Seit 2002 ist in vielen Staaten der Europäischen Union (EU) der EURO das gültige Zahlungsmittel. Es gibt Münzen und Scheine (Banknoten).
Die Vorderseite der Münzen ist in allen Staaten einheitlich: 12 Sterne. Die Rückseite konnten die Nationalstaaten selbstständig gestalten. Die Banknoten sind in der EURO-Zone gleich.
Auf den EURO-Banknoten sind Baustile aus sieben Epochen der europäischen Kulturgeschichte dargestellt – vor allem Fenster, Tore und Brücken. Sie sind Symbole für Offenheit und Zusammenarbeit. Die Brücken sind auch ein Symbol für die Verbindung zu den anderen Nationen der Welt.

Die Funktionen des Geldes

Geld ist ein **Tausch-** bzw. **Zahlungsmittel**. Man kann mit Geld Waren und Dienstleistungen kaufen und verkaufen. Auch die Arbeit der Beschäftigten wird mit Geld entlohnt. Das Unternehmen zahlt ihnen ein Entgelt.

Geld ist ein **Wertmaßstab**. Es drückt den Wert eines Gutes aus. Man kann über den Preis eines Gutes den Wert der Güter vergleichen. Die Zahlen auf den Noten und Münzen benennen den Wert.

Geld ist ein **Wertaufbewahrungsmittel**. Wer sein Geld nicht nur für den Kauf von Gütern verwenden will, kann es sparen und dafür Zinsen erhalten. Der Wert des Geldes wird vom Staat garantiert. Er hat das Recht, Münzen zu prägen und Banknoten drucken zu lassen.

In der EU ist der Euro nicht nur ein wirtschaftliches Hilfsmittel. Er steht als Symbol für Zusammenarbeit, Frieden, politische Gemeinschaft sowie eine Ausweitung der europäischen Integration.

---

1 In den Beispielen wird jeweils eine Funktion des Geldes deutlich. Nennt die Funktion und begründet eure Entscheidung.
   A: Simon hat auf dem Sparkonto 320 Euro. Er spart für ein neues Fahrrad.
   B: Lydia arbeitet in einem Supermarkt. Sie bekommt am Ende des Monats 1 406 Euro als Entgelt.
   C: Anja vergleicht zwei Sonnenbrillen. Die aus Fensterglas kostet 20 Euro, die geschliffene und entspiegelte 120 Euro.

2 Findet weitere Beispiele für Funktionen des Geldes und erklärt diese.

3 Welche Bedeutung haben die Symbole auf den Münzen, die in Deutschland gestaltet wurden?

4 Stellt fest, ob ihr selbst, eure Eltern, Freunde oder Nachbarn CENT- und EURO-Münzen habt/haben, die in anderen Staaten geprägt wurden. Informiert euch, welche Bedeutung das gewählte Symbol hat.

Ohne Geld läuft nichts

4 Lukas in der Klemme

Da hast du dich wohl verplant!
Auf dem Schulhof geht es hoch her. Lukas wird bedrängt von Schulfreunden.

SIMONE: „Ich lieh dir vor drei Wochen zehn Euro. Du wolltest die in zwei Wochen zurückgeben."

MUSTAFA: „Und mir schuldest du fünf Euro. Die brauche ich jetzt."

ELKE: „Ich habe dir 15 Euro geliehen und will die sofort zurück."

Lukas ist verzweifelt
„Ich wollte unbedingt ein Smartphone haben wie ihr. Zum Geburtstag haben mir die Eltern eines geschenkt. Das war super. Ich weiß, ich habe es viel zu viel genutzt. Letzten Monat für 40 Euro. Ich wusste nicht, wie teuer das ist. Ich kann die Schulden nicht sofort zurückzahlen, aber ihr bekommt alles zurück."

Wer ist minderjährig?
Kinder und Jugendliche zwischen 7 und 18 Jahren sind beschränkt geschäftsfähig und dürfen nur Käufe tätigen, die sie mit ihrem frei verfügbaren Taschengeld bezahlen können. Ansonsten müssen die Eltern vorher zustimmen. Falls sie das nicht getan haben, kann man das Geschäft rückgängig machen (s. S. 94).

Mit dem Handy in die Schuldenspirale
Fragt man Jugendliche im Alter von 13 bis 17 Jahren, rangiert das Handy auf Platz zwei der „Taschengeldfresser". ... Denn neben den Gebühren fürs Telefonieren und Simsen fallen Kosten für neue Dienste, wie das Versenden von MMS-Bildnachrichten, das Herunterladen von Logos, Spielen und Videos sowie mobiles Surfen im Internet an. Für die Kids häufig völlig unüberschaubare Ausgaben – bis die erste Rechnung kommt. Die Eltern sind in der Pflicht, Kinder über die mit der Handy-Benutzung verbundenen Kosten genau zu informieren. Schuldnerberatungsstellen raten zu Prepaid-Karten bei Kindern und Jugendlichen. Doch auch hier ist Vorsicht geboten, denn mit Klingelton-Abos können sich unbemerkt monatliche Kosten ansammeln, die der Jugendliche nicht bezahlen kann. Die Gebühren für das Abo werden direkt von der Prepaid-Karte abgebucht. Ist die Karte leer, passiert scheinbar gar nichts – im Hintergrund sammeln sich Kosten an. Lädt der Besitzer die Karte auf, wird der Betrag vom Guthaben abgezogen und die Karte ist dauerleer. Wird die Karte nicht aufgeladen, summieren sich die monatlichen Kosten. Der Anbieter kann die Adresse des Kartenbesitzers über den Provider feststellen und irgendwann eine saftige Rechnung schicken."

Jenni Zwick: Jugendliche in der Schuldenfalle – ein Leben im Minus (Auszug) 06.11.2009
T-online: www.t-online.de ▶ Eltern ▶ Familie ▶ Jugendliche in der Schuldenfalle – ein Leben im Minus (25.08.2013)

---

1 Lest den Text „Da hast du dich wohl verplant!" Wie kann Lukas seine Finanzprobleme lösen?

2 Lest den Text rechts. Stellt Kostenrisiken zusammen. Vergleicht mit einem Partner eigene Erfahrungen. Wie könnt ihr Kosten überschaubar halten?

5 Aidin hält sein Taschengeld unter Kontrolle

Aidin, 13 Jahre, bekommt von seinen Eltern 15 Euro Taschengeld im Monat. Er passt einmal in der Woche auf einen kleinen Jungen auf und bekommt dafür vier Euro.

Meistens stecken ihm die Großeltern zweimal im Monat fünf Euro zu.

Früher ist es ihm oft passiert, dass er in der letzten Woche des Monats kein Geld mehr hatte. Er musste sich bei Freunden verschulden.

Jetzt plant Aidin seine Ausgaben. Kleidung, Schuhe und Schulsachen bezahlen seine Eltern.

Für das Handy geben sie ihm monatlich eine Karte über 10 Euro. Wenn er eine weitere Karte braucht, muss er diese selbst bezahlen.

Aidin geht von 51 Euro Einnahmen im Monat aus. Er überlegt zu Beginn des Monats, was er unbedingt braucht, z. B. Geld für Geburtstagsgeschenke, Kino oder Fußballkarten oder ein besonderes Fest. Eine zusätzliche Handykarte will er auf keinen Fall kaufen. Er bildet eine Rücklage, damit er für nicht vorhersehbare Ausgaben Luft hat. Für Oktober sieht Aidins Ausgabenplanung so aus:

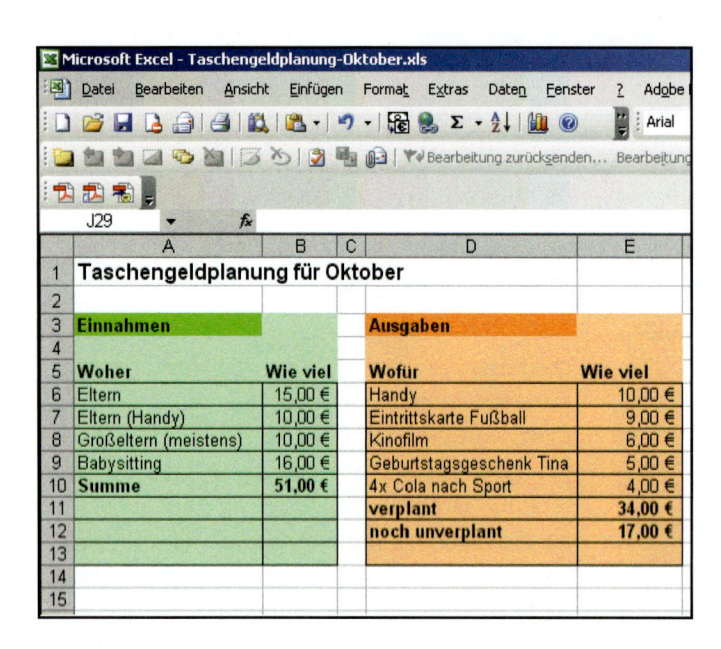

Taschengeldplanung für Oktober

Einnahmen		Ausgaben	
Woher	Wie viel	Wofür	Wie viel
Eltern	15,00 €	Handy	10,00 €
Eltern (Handy)	10,00 €	Eintrittskarte Fußball	9,00 €
Großeltern (meistens)	10,00 €	Kinofilm	6,00 €
Babysitting	16,00 €	Geburtstagsgeschenk Tina	5,00 €
Summe	**51,00 €**	4x Cola nach Sport	4,00 €
		verplant	34,00 €
		noch unverplant	17,00 €

1 Was würdest du Aidin raten? Begründe deine Meinung.

2 Welche Möglichkeiten gibt es in eurer Nähe, um das Taschengeld aufzubessern? Erstellt eine Übersicht zu Nebenjobs und Verdienst.

3 Geld und Haushalt, ein Beratungsdienst der Sparkassen, bietet kostenlos einen Web-Budgetplaner an. Testet ihn unter dem unten genannten **WEB-CODE**.

Aidins Buchführung

17 Euro sind noch nicht verplant. Was kann Aidin damit alles machen?

„Soll ich zunächst abwarten, ob unvorhergesehene Kosten anfallen?"

„Soll ich sofort den Bike-Computer für 13 Euro oder einen USB-Stick für 17 Euro kaufen?"

„Soll ich mir davon nach Lust und Laune Süßes und Getränke kaufen?"

„Soll ich 10 Euro sparen, damit ich in ein paar Monaten das Fifa-Computerspiel kaufen kann?"

Ohne Geld läuft nichts

WEBCODE: WI650101-048

Was raten Aidins Freunde?

JULIA: „Einen Bike-Computer finde ich cool. Spar bei süßen Sachen. Die sind schnell gegessen."

TARIK: „Das Fifa-Spiel ist doch super. Spar dafür jeden Monat zehn Euro."

TANJA: „Wenn du sparen willst, dann aber für gute Zinsen. Ich habe ein ▶ Online-Konto mit 1,5 Prozent Zinsen im Jahr. Früher hatte ich ein Sparbuch. Das brachte aber nur 0,5 Prozent Zinsen."

OLIVER: „Immer dieses Planen und Sparen! Sei locker und kauf, solange du Euros in der Tasche hast. Wenn nötig, kannst du dir Geld leihen."

ANKE: „Ich finde, du bekommst sehr wenig Taschengeld. Drück bei deinen Eltern eine Taschengelderhöhung durch."

Orientierungswerte für Jugendliche 2013

Was Jugendämter empfehlen	
25,– Euro/Monat	14 Jahre
30,– Euro/Monat	15 Jahre
35,– Euro/Monat	16 Jahre
45,– Euro/Monat	17 Jahre
70,– Euro/Monat	18 Jahre

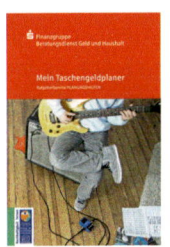

Geld und Haushalt – Beratungsdienst der Sparkassen-Finanzgruppe (Hrsg.):
www.geldundhaushalt.de ▶ Suche ▶ Taschengeld
(25. 08. 2013)

🎲 **1** Beurteilt die Meinungen von Aidins Freunden.

🎲 **2** Überprüft die Höhe der Zinsen auf einem Konto bei einem Geldinstitut in der Nähe und einem Online-Konto.

🎲 **3** Erörtert, was ihr für gerecht haltet (s. Artikel rechts).

Wofür gaben 10- bis 13-Jährige ihr monatliches Taschengeld aus?
Befragung von 858 Kindern aus dem Jahr 2013 – Ergebnisse in %

Süßigkeiten/Schokolade/Kaugummi	61
Zeitschriften/Magazine/Comics	55
Essen unterwegs/Fast Food	48
Getränke	44
Eis	38
Knabberartikel, Chips, Nüsse	25
Kino	21
Kosmetik, Körperpflege	20
Handy	20
Spiele/Spielzeug	19
Bekleidung, Schmuck	19

Egmont Ehapa Verlag:
Kids Verbraucheranalyse 2013, S. 60

Geld als Belohnung für gute Schulnoten?

Ein Großteil der Erziehungsexperten steht Geldprämien ... für besonders gute Noten ... skeptisch gegenüber. Ein Problem ist die Ungleichbehandlung der Schüler. Kinder mit schwächeren Noten werden ... doppelt bestraft: Zu Hause setzt es in vielen Fällen nicht nur eine Standpauke, sondern sie gehen zudem auch noch leer aus, während Mitschüler womöglich ... mit ihren Anschaffungen prahlen .... Noch kritischer sieht es in Familien mit mehreren Kindern aus: Gelingt es einem Kind ohne große Schwierigkeiten, Bestnoten zu erreichen, und das andere muss sich bereits für durchschnittliche Noten gehörig anstrengen, stellt sich die Frage, ob es fair ist, das erste besser zu belohnen. ...

Telekom Deutschland GmbH http://www.t-online.de/
▶ Eltern ▶ Erziehung ▶ Zeugnisse: Bloß kein Extra-Taschengeld für gute Schulnoten
(11.11.2013)

🎲 **4** Führt ein Rollenspiel (S. 36) zum Thema Taschengelderhöhung durch. Nutzt die Rollenkarten (M1, Folgeseite).

🎲 **5** Entwickelt eine Tabelle für die Einnahmen und Ausgaben eures Taschengeldes und füllt diese einen Monat lang aus.

6 Weiterführendes Material

M1 Rollenkarten „Ich möchte mehr Taschengeld"

AIDIN
Aidin meint, er bekommt zu wenig Taschengeld von seinen Eltern. Seine Schwester Selma, die 15 Jahre alt ist, erhält 30 Euro im Monat. Das findet er ungerecht. Jungen brauchen mehr Geld als Mädchen.

AIDINs Mutter
Sie würde Aidin mehr Taschengeld geben, wenn er in einem halben Jahr 14 Jahre wird. Sie möchte einen Familienurlaub machen. Sie findet, Aidin bekommt mit dem Geld der Großeltern genug.

AIDINs Vater
Er findet, dass Aidin genug Geld bekommt. Er erhielt in Aidins Alter von seinen Eltern nichts. Das Auto wird nicht mehr lange durchhalten. Er spart für einen Gebrauchtwagen. Der ist für die Familie wichtig.

M2 Jugend in der Schuldenfalle

Überschuldung
Nach Abzug der lebensnotwendigen Ausgaben reicht das Geld für die Zahlungsverpflichtungen nicht mehr aus.

Verschuldung
Es bestehen Geldforderungen, die man sofort oder in Zukunft (Raten) begleichen muss.

Wer hilft aus der Schuldenfalle?
Verbraucherzentralen, Wohlfahrtsverbände und Schuldnerberatungsstellen beraten die Schuldner. Sie entwickeln einen Finanzplan und vermitteln Haushalts-, Sucht- oder Familienberatung.

Arbeiten mit den Materialien

Zu **M2**, **M3**

- Sprecht über Gründe für die Verschuldung Jugendlicher. Überlegt Möglichkeiten, diese zu vermeiden.

M3 Jugendliche in der Schuldenfalle – ein Leben im Minus

Jugendliche unter 20 Jahren verschulden sich sehr viel stärker als noch vor fünf Jahren. Laut dem Schuldner Atlas 2009 von Creditreform können 128 000 junge Menschen ihren Zahlungsverpflichtungen nicht mehr nachkommen. Das sind 75 000 Betroffene mehr als noch 2004. Auch die Verschuldung in der Altersgruppe der 20- bis 29-Jährigen hat zugenommen. ... Sie wuchs gegenüber 2004 um 223 000. Denn die Versuchungen im Alltag sind groß: schicke Handys, iPods, Markenklamotten oder schnelle Autos. Obwohl Kindern und Jugendlichen immer mehr Geld zur Verfügung steht, lernen die wenigsten mit dem Geld zu haushalten. Der Weg in die Verschuldung wird ihnen leicht gemacht: Um Jungkunden zu gewinnen, geben Banken schon 18-Jährigen Dispokredite, Einzel- und Versandhandel bieten Ratenzahlungen an und die Eltern strecken ihren Kindern das fehlende Geld für den neuen PC vor. Der Schuldenberg wächst und wächst, ohne dass die Jugendlichen es merken – vorerst. Spätestens wenn der Gerichtsvollzieher den ersten Brief schreibt, werden sich die meisten Teenager der Problematik bewusst. Doch zu diesem Zeitpunkt ist es oft zu spät.

T-Online: www.t-online.de ▶ Eltern ▶ Familie ▶ *Jugendliche in der Schuldenfalle – ein Leben im Minus (25.08.2013)*

Methode Informationen gewinnen – Internet nutzen

Darum geht es

Manche Daten in diesem Schulbuch sind nicht (mehr) aktuell. Weitere Informationen benötigt ihr, die hier fehlen. Diese findet ihr in Lexika und Fachbüchern, in Presse, Rundfunk, Fernsehen und Internet.
Behörden, statistische Ämter, Parteien, Gewerkschaften, Wirtschaftsverbände und Unternehmen bieten eine Fülle an.

Das Internet enthält teilweise aktuelle und leicht zugängliche Informationen. Nützliche Adressen findet ihr auf dem hinteren Klappendeckel dieses Buches. Wer nach Themen oder Begriffen sucht, nutzt Suchmaschinen. Das lernt ihr hier.
Mit dem **WEBCODE** haben wir Internetbezüge zur Vertiefung des Schülerbuches verbessert.

So läuft es ab

Planung
Vereinbart in der Klasse, welche Informationen ihr benötigt. Untergliedert in Teilaufgaben. Bestimmt, wer was bis wann erarbeitet.
Wählt Informationsquellen aus, die ihr nutzen möchtet. Bezieht das Internet ein. Überprüft, was in eurer Schule möglich ist, was ihr als Hausaufgabe erledigen könnt.
Legt fest, wie die Informationen dargestellt (**Methode Statistiken und Schaubilder nutzen**, S. 60) und der Klasse vorgestellt werden sollen.

Durchführung, Auswertung und Präsentation
Bedenkt dazu Folgendes:
- Welche der Informationen werden gebraucht? Wie lässt sich aus der Fülle durch gezielte Sachwörter auswählen? Kann die Suche eingegrenzt werden?
- Welche digitalen Informationen sollen wo gespeichert werden (Festplatte, USB-Stick …)?
- Welche Medien stehen für die Präsentation bereit (z. B. Beamer und Präsentationsprogramm, Smartboard)? Zur **Methode Präsentation**, S. 18.
- Eure Arbeit solltet ihr gemeinsam auswerten (s. **Methode Gruppenarbeit**, S. 15).

Reflektiert Folgendes:
- Wobei traten Schwierigkeiten auf, z. B. Finden von Suchbegriffen, Auswahl von Suchergebnissen?
- Wie wirkt sich unterschiedliches Vorwissen aus? Welche Unterschiede zwischen Jungen und Mädchen gab es? Wie habt ihr euch gegenseitig unterstützt? Was sollte noch geübt werden?
- Wann lohnt das Internet zur Suche?

Ein Beispiel zur Nutzung von Suchmaschinen

Die Klasse 7b hat einen Suchauftrag:

„Höhe des Taschengeldes Jugendlicher"
Kleingruppen stellen Empfehlungen zusammen. Die Gruppe nutzt die Suchmaschine GOOGLE. Das Wissen aus dem Unterricht hilft, **Suchbegriffe** zu bestimmen.
Sie startet mit Taschengeld. Ergebnis: 3 340 000 Nennungen.

Die Schüler grenzen ein: **Taschengeld, Höhe**. Ergebnis: 306 000 Nennungen. Sie grenzen weiter ein: **Taschengeldtabelle**.
Einer der ersten Treffer ist: *www.arbeitsgemeinschaft-finanzen.de/soziales/taschengeld-tabelle.php* (04.06.2013). Die Tabelle enthält Taschengeldempfehlungen der Jugendämter.

Ohne Einkommen kein Leben

1 Was bestimmt die Höhe des Einkommens?

Ich verdiene als Verkäuferin weniger als eine Bankkauffrau. Das finde ich ungerecht.

Ich erbte von meinen Eltern ein Haus. Von den Mieteinnahmen finanziere ich das Studium meiner Kinder.

Ich bin seit meiner Kindheit viel krank gewesen. Ich kann nur einfache Arbeiten ausüben und verdiene wenig.

Nach der Meisterprüfung arbeite ich jetzt als Polier[1] und verdiene 4 Euro mehr die Stunde.

Ich bin schon länger arbeitslos, 48 Jahre alt und finde keinen neuen Job. Ich lebe von Hartz 4.

Ich habe studiert – auch im Ausland – und verdiene als Führungskraft sehr gut.

Der Tod meines Mannes hat mich aus der Bahn geworfen. Ich musste meinen Job aufgeben. Zurzeit lebe ich vom Arbeitslosengeld. Ich hoffe bald auf einen Neuanfang.

Ich habe meine Ausbildung gut abgeschlossen. Das war wichtig für meinen beruflichen Aufstieg. Heute verdiene ich überdurchschnittlich.

[1] Führungskraft auf einer Baustelle

▢ Notiert die Gründe für die Einkommenshöhe. Welche sind euch wichtig?

Das könnt ihr lernen

Ihr könnt

- Gründe für die Höhe der Einkommen beschreiben und Einkommensquellen unterscheiden.
- diskutieren, welche Höhe des Erwerbseinkommens gerecht ist.
- Gesichtspunkte entwickeln, die für eine Planung der Ausgaben wichtig sind.
- im Rollenspiel das Familieneinkommen planen.
- beschreiben, wie der Weg in die Überschuldung führen kann.
- Gruppen benennen, die in Deutschland von Armut betroffen sind, und Gründe dafür erklären.
- euch mit Folgen von Kinderarmut auseinandersetzen und Möglichkeiten zu ihrer Verringerung beschreiben.
- euch kritisch mit der Einkommensverteilung in der Gesellschaft auseinandersetzen und diese bewerten.
- die Darstellung von Statistiken und Schaubildern zur Struktur der Privathaushalte nachvollziehen und kritisch untersuchen.

2 Welche Arten des Einkommens gibt es?

Girokonto 123456789		Musterstädter Bank		DBA	Bankleitzahl 12345678
Buchungstag	Tag der Wertstellung	Verwendungszweck/Buchungstext	Buchungsnummer	EUR	alter Kontostand 120,81+
3107	3107	Rentenversicherungsanstalt Altersrente August 2014	111227		978,00+
0208	0208	Wohngeldstelle/Sozialamt Wohngeld August 2014	111010		80,00+

Frau Helga Schulte — EUR 1178,81+ neuer Kontostand
Int. Bank Account Number: DE58_1234_5678_0123_4567_89
SWIFT-BIC.: MUSTDEFFXXX — 03.08.2014 Kontoauszug vom — 8 Auszug — 1 Blatt

Girokonto 987654321		Musterstädter Bank		ÜSPA	Bankleitzahl 12345678
Buchungstag	Tag der Wertstellung	Verwendungszweck/Buchungstext	Buchungsnummer	EUR	alter Kontostand 21,37+
1506	1506	FamKasse Überall Kindergeld-Nr.111 Juli 2014	000111		164,00+
3006	3006	Schulthaus AG Gehalt 06/2014	000227		3415,00+
0107	0107	Werben & Kaufen Gehalt 06/2014	000010		1315,00+
0107	0107	Monika Reisog Dauerauftrag Miete Juli 2014	000222		730,00+

Malte und Gundula Müller — Dispo-Kredit EUR 5.000,00 — EUR 5645,37+ neuer Kontostand
Int. Bank Account Number: DE58_1234_5678_0987_6543_21
SWIFT-BIC.: MUSTDEFFXXX — 02.07.2014 Kontoauszug vom — 16 Auszug — 1 Blatt

Einkommensarten

Einkommen aus Erwerbsarbeit
- **Einkommen aus nicht selbstständiger Arbeit** z.B. ▶ Verdienst aus Lohn und Gehalt
- **Einkommen aus selbstständiger Arbeit** z.B. Honorar und Gewinn

Einkommen aus Vermögen
z.B. Zinsen, Miete, Pacht

Transfereinkommen
- **aus Steuermitteln** z.B. Sozialhilfe, Kindergeld, Erziehungsgeld, Arbeitslosengeld II
- **aus gesetzlicher ▶ Sozialversicherung** z.B. Altersrente, Arbeitslosengeld, Pflegegeld

Vermögenseinkommen
Zum Vermögen zählen Grundstücke, Häuser, Unternehmen und Anteile an Unternehmen (z.B. Aktien). Eigentümer eines Hauses können Miete erhalten, Inhaber von Bankkonten Zinsen. Wer Aktien besitzt, kann eine ▶ Dividende aus dem Gewinn erhalten.

Transfereinkommen
Es handelt sich um Einkommen, das der Staat an Bürger zahlt bzw. überträgt (Transfer = Übertragung).

🎲 1 Beschreibt, welche Einkommensarten ihr auf den einzelnen Abbildungen seht.

🎲 2 Erstellt eine Mind Map, bei der die Einkommen aus den Abbildungen dem Schema der Einkommensarten zugeordnet werden.

🎲 3 Ergänzt die Mind Map durch eigene Beispiele.

3 Die Höhe des Einkommens – was ist gerecht?

Blick auf den Gerechtigkeitsbrunnen mit der Justitia auf dem Römerberg in Frankfurt/Main

Justitia ist die römische Göttin der Gerechtigkeit. Sie hält eine Waage, als Symbol für das sorgfältige Abwägen der Sachlage. Manchmal trägt sie eine Augenbinde. Das bedeutet, es soll ohne Ansehen der Person geurteilt werden.
Gerechtigkeit wird z. B. gefordert:
- im Zusammenleben der Menschen
- beim Zugang zu Bildungschancen
- im internationalen Handel
- bei der Verteilung von Einkommen

Was ist gerecht?
Es wird unterschieden zwischen:

Bedarfsgerechtigkeit
Alle Menschen sollen ihre Grundbedürfnisse befriedigen können – auch wenn sie es mit eigenen Mitteln nicht schaffen. Das erfordert ihre Menschenwürde.

Leistungsgerechtigkeit
Die soziale Stellung und die Höhe des Einkommens sollen durch eigene Anstrengung und Leistung bestimmt sein.

Verteilungsgerechtigkeit
Wer viel verdient, soll denen, die wenig verdienen, einen Teil abgeben. Das ist für ein friedliches Zusammenleben wichtig. Der Ausgleich kann über ▶ Steuern erfolgen.

Teilhabegerechtigkeit
Alle Menschen sollten gleiche Chancen haben, am gesellschaftlichen Leben teilzuhaben, z. B. durch eine gute Ausbildung.

Schlagzeilen zur Frage nach Gerechtigkeit

(1) Ein Top-Manager in der Wirtschaft verdient zehnmal mehr als ein Bundesminister.

(2) Manche Spieler von Bayern München erhalten jährlich brutto mehr als 5 000 000 Euro, ein Elektroinstallateur rund 30 000 Euro.

(3) Bruttoverdienst monatlich: einer Verkäuferin/Einzelhandel rund 1 900, einer Bankkauffrau 2 200 Euro.

(4) Kinder von Migranten haben schlechtere Chancen, eine Ausbildungsstelle zu erhalten.

(5) Für einen Kitaplatz bezahlen Eltern teilweise viel Geld, für den Schulbesuch nichts.

---

1 Beschreibt die Abbildung der Justitia. Warum findet man ihr Standbild vor Gerichten?

2 Setze dich mit den Schlagzeilen auseinander. Formuliere dazu jeweils eine eigene Meinung.

3 Diskutiert mit der Klasse über eure Ansichten zur Gerechtigkeit.

4 Sucht Beispiele zu den Gesichtspunkten: Was ist gerecht? Ordnet auch die Schlagzeilen passend zu.

Ohne Einkommen kein Leben

4 Familie Reuter plant ihre Ausgaben

Kann das neue Auto finanziert werden?

Rita und Klaus Reuter sowie ihre Kinder Noah (12 Jahre) und Laura (14 Jahre) planen die Finanzen der Familie.

Die Eltern überlegen mit den Kindern, ob sie in diesem Jahr ein neues Auto kaufen sollen. Das würde bedeuten, dass sich die monatlichen Ausgaben für das Auto von 200 Euro auf 400 Euro erhöhen. Dieser Betrag müsste bei den anderen Ausgaben eingespart werden.

Es entwickelt sich ein heftiges Gespräch. Hier die wichtigsten Meinungen:

RITA: „Ich liebe schicke Autos. Wir könnten dieses Jahr auf Urlaub verzichten und an Kleidung sparen. Wir müssen dazu für alle das Taschengeld kürzen."

KLAUS: „Ich möchte nicht auf Urlaub verzichten und sogar noch mehr Taschengeld für Rita und mich. Der Spielraum zum Sparen ist eng."

NOAH: „Das Taschengeld für uns Kinder ist gering. Da darf nichts gekürzt werden. Andere bekommen mehr. Das alte Auto läuft doch gut. Ich würde lieber einen billigeren Urlaub machen und für 200 Euro Computer-Zubehör und eine neue Digitalkamera haben."

LAURA: „Ich finde ein neues Auto klasse und würde auf Urlaub verzichten. Mein Freund fährt auch nicht in Urlaub. Ich könnte Zeitungen austragen und zusätzlich Geld verdienen."

Einblick in das Kassenbuch

Rita und Klaus sind erwerbstätig, Rita in Teilzeit. Sie haben im Monat rund 3100 Euro zur Verfügung. Das Kindergeld ist eingerechnet.

Die Eltern führen ein Kassenbuch. Am Ende des Jahres errechnen sie die durchschnittlichen Ausgaben pro Monat. Damit planen sie für das neue Jahr.

Die Kinder sind erstaunt, wie teuer die Lebenshaltung ist.

Frau Reuter erklärt den Kindern, warum sie die Ausgaben in zwei Gruppen einteilen:
- feste Ausgaben,
- veränderliche Ausgaben.

	A	B	C	D	E	F	G	H	I	J	K	L	M
1	Datum	Lebensmittel, Verpflegung außer Haus	Betrag	Körperpflege, Gesundheit	Betrag	Kleidung, Schuhe	Betrag	Hobby, Bildung, Unterhaltung	Betrag	Wohnen	Betrag	Verkehr	Betrag
2	02.	Obst	4,60 €									Monatskarte	26,00 €
3	05.	Supermarkt	38,42 €	Drogerie	17,18 €	Reinigung	17,00 €						
4	06.					Schuhe	69,00 €	Kino	12,00 €				
5	07.	Pizzeria	22,00 €										
6	08.							Zeitschrift	3,00 €			Tanken	51,00 €
7	09.	Supermarkt	45,00 €							Glühlampen	5,50 €		
8	10.	Bäcker	4,50 €										
9													

Feste Ausgaben: lassen sich kurzfristig nicht ändern oder sollen nicht geändert werden.

Feste monatliche Ausgaben	Euro
Miete	600
Nebenkosten (für Müllabfuhr, Heizung, Wasser, Kabelanschluss)	250
Strom	60
Haftpflicht- und Hausratversicherung	15
Kfz-Steuer und -Versicherung	45
Rundfunk- und Fernsehgebühren	18
Taschengeld Rita und Klaus	120
Taschengeld Jürgen	20
Taschengeld Anja	25
Telefon/Internet	55
Tageszeitung	30
Sportverein Kinder	20
Sparen für Urlaub	250
Rücklagen für unerwartete Ausgaben	56
Summe	**1564**

Veränderliche Ausgaben: fallen unregelmäßig an, z. B. Ausgaben für Essen und Trinken, Kleidung, Schuhe, Geschenke, Bücher, Treibstoff, Waschmittel, Zeitschriften.

Veränderliche Ausgaben	Euro
Lebensmittel/Verpflegung außer Haus	560
Wasch- und Putzmittel	15
Körperpflege/Gesundheit	50
Kleidung/Schuhe	160
Wohnen/Haushaltsbedarf/Reparaturen	160
Hobby/Bildung/Unterhaltung	150
Verkehr (Auto bzw. öffentl. Verkehrsmittel)	250
Geschenke/Spenden/Porto	50
Sonstiges	100
Summe	**1495**

Taschengeld: Wie viel und wofür
Zur Höhe des Taschengeldes siehe Schülerbuch, S. 48.

1 Überlege dir eine eigene Meinung, die du als Kind der Familie bei dem Gespräch (S. 54) eingebracht hättest.

2 Nimm Stellung zu den Meinungen der Familienmitglieder. Setzt euch anschließend im Team zusammen. Vergleicht und besprecht eure Ansichten.

3 Erkläre anhand von Beispielen, welche Ausgaben eingespart werden können. Vertiefend könnt ihr eine Budgetanalyse mithilfe des **WEBCODE** unten durchführen.

5 Die Schuldenfalle

Sophie ist 18 geworden und macht eine Ausbildung zur Technischen Modellbauerin. Sie ist im 4. Ausbildungsjahr und verdient fast 900 € netto. Sie möchte ausziehen, weil sie Stress mit ihren Eltern hat.

Schnell ist eine günstige Wohnung für nur 350,– Warmmiete gefunden. Das Ersparte reicht aus, um die wichtigsten Möbel zu kaufen.

Sophie gönnt sich ein kleines gebrauchtes Auto und nimmt dafür einen Ratenkredit über monatlich 100 € auf.

Mit ihrer Freundin fährt sie übers Wochenende nach Berlin – ein teurer Spaß, denn die beiden gehen ausgiebig shoppen. Aber da die Bank ihr netterweise einen Überziehungskredit eingerichtet hat, macht sie sich keine Gedanken. Das Geld kann sie ja im kommenden Monat einsparen.

Leider hat Sophie nicht mit den hohen Versicherungskosten für das Auto gerechnet. Nun will sie auf jeden Fall sparen. Sie streicht Shoppen und Feiern von ihrer Liste. Sie muss sowieso für ihre Abschlussprüfungen üben. Dennoch schafft sie es nicht, ihr Minus auszugleichen, da eine hohe Werkstattrechnung anfällt.

Einen Monat vor den Prüfungen wird ihr mitgeteilt, dass die Auszubildenden nicht übernommen werden können.

Sophie fällt aus allen Wolken – schon bald wird sie arbeitslos sein. Neben dem ganzen Prüfungsstress schafft sie es noch nicht einmal, sich zu bewerben. Schon im kommenden Monat wird ihr Handy gesperrt, weil sie die Rechnung nicht bezahlen kann, und sie gerät mit den Ratenzahlungen in Rückstand. Nun droht ein Brief von der Bank mit der Einziehung des Autos.

Sophie ist verzweifelt. Sie hat schon keine Lust mehr, die ganzen Briefe, die nur noch schlechte Nachrichten enthalten, zu öffnen.

Endlich vertraut sie sich ihrer besten Freundin Anna an. Die rät ihr, sich von den Eltern helfen zu lassen sowie zu einer Schuldnerberatung zu gehen. Sophie fragt sich, wie es nur so weit kommen konnte.

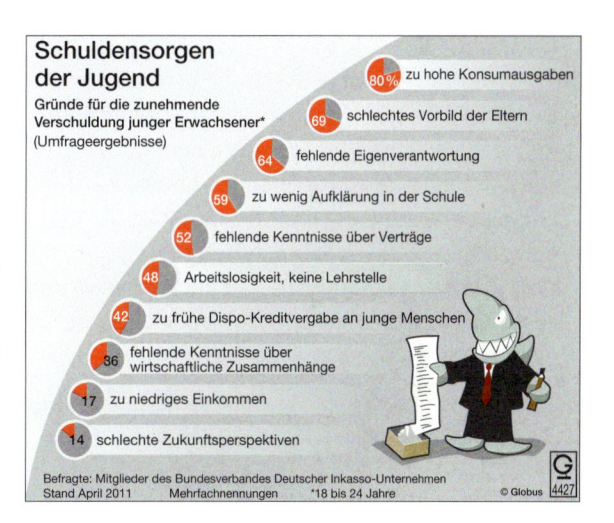

Schuldensorgen der Jugend
Gründe für die zunehmende Verschuldung junger Erwachsener* (Umfrageergebnisse)

- 80% zu hohe Konsumausgaben
- 69 schlechtes Vorbild der Eltern
- 64 fehlende Eigenverantwortung
- 59 zu wenig Aufklärung in der Schule
- 52 fehlende Kenntnisse über Verträge
- 48 Arbeitslosigkeit, keine Lehrstelle
- 42 zu frühe Dispo-Kreditvergabe an junge Menschen
- 36 fehlende Kenntnisse über wirtschaftliche Zusammenhänge
- 17 zu niedriges Einkommen
- 14 schlechte Zukunftsperspektiven

Befragte: Mitglieder des Bundesverbandes Deutscher Inkasso-Unternehmen
Stand April 2011   Mehrfachnennungen   *18 bis 24 Jahre   © Globus 4427

1. Ermittle Ursachen für Sophies Probleme.
2. Vergleicht die Ursachen und überlegt, wie Sophie besser gehandelt hätte.
3. Stellt das Gespräch mit Sophies Eltern mit der **Methode Rollenspiel** dar (s. S. 36).
4. Informiert euch über die Schuldnerberatung. Ladet evtl. einen Berater in den Unterricht ein. Sprecht mit ihm über die Gefahren von Überschuldung und wie die Schuldnerberatung helfen kann.

6 Armut in Deutschland – wie sie sich anfühlt

1 Wer kein Geld für Nachhilfe ausgeben kann, wird in der ARCHE beim Lernen unterstützt.

Gründe für die Armut
- Die Arbeitslosigkeit ist hoch. Unternehmen stellen nicht genügend Arbeitsplätze bereit.
- Die Anzahl der Alleinerziehenden nimmt zu. Nach einer Scheidung oder Trennung ist die finanzielle Lage besonders schwierig.
- Weil Ganztagskindergärten, Ganztagsschulen und Teilzeitarbeitsplätze fehlen, können Mütter oft nicht erwerbstätig sein.

2 Im Kinder- und Jugendwerk ARCHE werden Kinder und Jugendliche mit kostenlosem Mittagessen versorgt.

Langzeitarbeitslosigkeit – der Weg in die Armut
Jan A. hat als Pflasterer gearbeitet. Das ging mit dem Rücken nicht mehr. Er wurde arbeitslos.
Jan A. lebt mit seiner Lebensgefährtin – die auch arbeitslos ist. Er hat zwei Kinder (14 und 12 Jahre alt), sie haben ein weiteres Kind (2 Jahre). Wegen fehlender Kita leistet sie keine Erwerbsarbeit.
Die Familie hat knapp 2000 € im Monat – 1400 € Arbeitslosengeld II einschließlich Mietbeihilfe für die kleine Wohnung und 558 € Kindergeld. Am Monatsende wird es oft knapp.
Seine Kinder nahmen ihn mit in die ARCHE. Dort bekommen sie eine warme Mahlzeit und Betreuungsangebote. Da ist die Familie nun öfter.
Wenn eine Reparatur ansteht, ist das ein Riesenproblem – Rücklagen sind nicht mehr vorhanden. Gut, dass es bei Klassenfahrten Kostenerstattung von der Arbeitsagentur gibt. Hoffentlich klappt es bald wieder mit einer Arbeitsstelle. Vielleicht ist dann auch eine größere Wohnung drin.

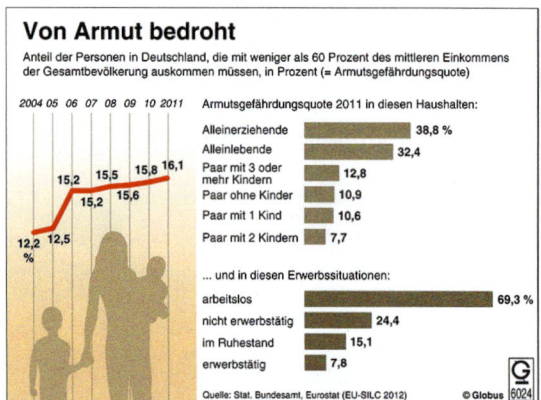

Von Armut bedroht
Anteil der Personen in Deutschland, die mit weniger als 60 Prozent des mittleren Einkommens der Gesamtbevölkerung auskommen müssen, in Prozent (= Armutsgefährdungsquote)

2004 05 06 07 08 09 10 2011: 12,2 % – 12,5 – 15,2 – 15,5 – 15,2 – 15,6 – 15,8 – 16,1

Armutsgefährdungsquote 2011 in diesen Haushalten:
- Alleinerziehende: 38,8 %
- Alleinlebende: 32,4
- Paar mit 3 oder mehr Kindern: 12,8
- Paar ohne Kinder: 10,9
- Paar mit 1 Kind: 10,6
- Paar mit 2 Kindern: 7,7

... und in diesen Erwerbssituationen:
- arbeitslos: 69,3 %
- nicht erwerbstätig: 24,4
- im Ruhestand: 15,1
- erwerbstätig: 7,8

Quelle: Stat. Bundesamt, Eurostat (EU-SILC 2012) © Globus 6024

1 Erklärt, was die Leistungen der ARCHE für bedürftige Kinder bedeuten.

2 Die ARCHE finanziert sich aus Spenden. Wie unterstützt sie arme Kinder?

3 Nennt Gruppen, die von Armut besonders betroffen sind, und die Gründe der Armut.

4 Welche Alternative könnte sich ergeben, wenn Jan A. das Kleinkind betreut?

Ohne Einkommen kein Leben

7 Weiterführendes Material

M1 Kinderarmut in reichen Ländern

Eine Studie hat Kinderarmut in den ▶ OECD-Staaten untersucht. Sie sieht die Armutsgrenze bei 50 Prozent des *Durchschnittseinkommens*.
In den meisten Industrieländern wächst der Anteil der Kinder, die in Armut leben.
Dringenden Handlungsbedarf sieht UNICEF[1] in Deutschland bei alleinerziehenden Müttern und ihren Kindern. Sie sind besonders stark von materieller Armut betroffen.
Besorgnis erregend ist, dass Jugendliche ihre beruflichen Perspektiven düsterer sehen als ihre Altersgenossen in allen anderen Industrienationen.

[1] Setzt sich weltweit für die Verwirklichung von Kinderrechten ein. Leistet in 150 Ländern Entwicklungshilfe. Ist eine Organisation der ▶ UNO.

Nach **UNICEF** (2010): UNICEF-Report 2010
http://www.unicef.de/en/presse/pm/2010/unicefreport2010 (24.08.2013)

Kinderarmut im Jahr 2008 (in %)

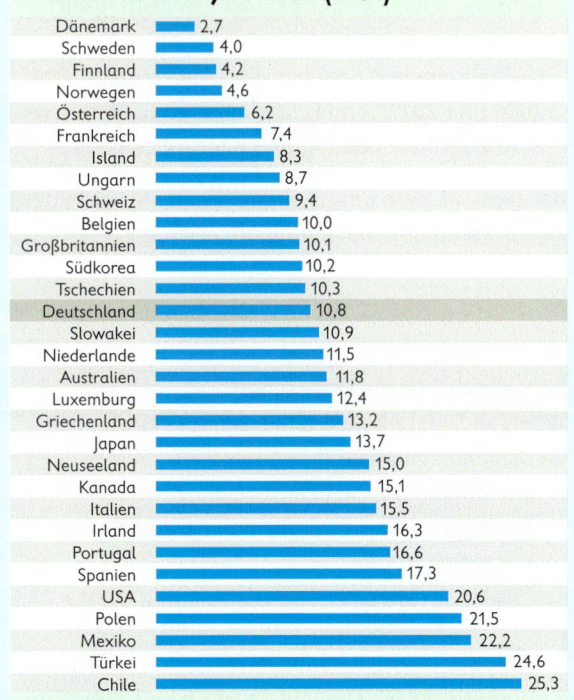

Land	%
Dänemark	2,7
Schweden	4,0
Finnland	4,2
Norwegen	4,6
Österreich	6,2
Frankreich	7,4
Island	8,3
Ungarn	8,7
Schweiz	9,4
Belgien	10,0
Großbritannien	10,1
Südkorea	10,2
Tschechien	10,3
Deutschland	10,8
Slowakei	10,9
Niederlande	11,5
Australien	11,8
Luxemburg	12,4
Griechenland	13,2
Japan	13,7
Neuseeland	15,0
Kanada	15,1
Italien	15,5
Irland	16,3
Portugal	16,6
Spanien	17,3
USA	20,6
Polen	21,5
Mexiko	22,2
Türkei	24,6
Chile	25,3

Bertelsmann Stiftung (o. J.): Soziale Gerechtigkeit in der OECD – Wo steht Deutschland?
http://www.bertelsmann-stiftung.de/bst/de/media/xcms_bst_dms_33013_33014_2.pdf (24.08.2013)

M2 Bruttomonatsverdienste vollzeitbeschäftigter Arbeitnehmer 2012

Wirtschaftszweige	Männer	Frauen
Produzierendes Gewerbe	**3 595 €**	**2 925 €**
Bergbau/Steine u. Erden	3 743 €	3 503 €
Verarbeitendes Gewerbe	3 732 €	2 831 €
Energieversorgung	4 649 €	3 789 €
Baugewerbe	2 882 €	2 647 €
Dienstleistungsbereich	**3 602 €**	**2 942 €**
Handel; Instandhaltung und Reparatur von Kraftfahrzeugen	3 464 €	2 658 €
Verkehr und Lagerei	2 900 €	2 726 €
Gastgewerbe	2 184 €	1 814 €
Information u. Kommunikation	4 766 €	3 517 €
Finanz- und Versicherungsdienstleistungen	5 055 €	3 660 €
Grundstücks- und Wohnungswesen	3 849 €	3 157 €
Erziehung und Unterricht	4 243 €	3 671 €
Gesundheits-/Sozialwesen	4 122 €	2 931 €

Statistisches Bundesamt (Hrsg.):
Statistisches Jahrbuch 2013, Wiesbaden 2013, S. 369

Arbeiten mit den Materialien

Zu M1
Erklärt die Grafik. Schreibt anschließend eine kurze Meldung zur Kinderarmut.

Zu M2
Nennt Gründe für die unterschiedlich hohen Bruttomonatsverdienste bei Männern und Frauen.

Methode Statistiken und Schaubilder nutzen

Darum geht es

Statistiken geben Beschreibungen von Sachverhalten in Zahlen wieder. Sie sollen Zahlen (Daten) mit dem Auge besser erfassbar machen. **Beispiel:**
Schüler, die im Schuljahr 2012/13 in Niedersachsen
- eine Hauptschule besuchten: 60 895
- eine Realschule besuchten: 143 891
- eine Gesamtschule besuchten: 93 366
- ein Gymnasium besuchten: 227 980
- eine Oberschule besuchten: 23 262

Landesbetrieb für Statistik und Kommunikationstechnologie (LSKN), Pressemitteilung Nr. 11/2013 v. 13.02.2013; *bildungsklick* http://bildungsklick.de/pm/86846/anzahl-der-schuelerinnen-und-schueler-geht-um-16-zurueck/ (23.10.2013)

Schüler, die im Schuljahr 2012/13 in Hamburg
- eine Stadtteilschule besuchten: 56 944
- ein Gymnasium besuchten: 53 788

Hamburger Schulstatistik Schuljahr 2012/2013
   http://www.hamburg.de/contentblob/3834202/data/vergleich-schueler.pdf (03.12.2013)

Ihr könnt lernen, ... grafische Darstellungsarten für Schaubilder mit der Nutzung von Farben zu verstehen und die unterschiedliche Größe von Zahlen und den Zusammenhang zwischen diesen einzuschätzen.
Ihr könnt erkennen, dass Schaubilder anschaulich informieren, aber auch zu falschen Sichtweisen führen können.
Ihr könnt für die Präsentation von Daten eine geeignete Darstellungsform auswählen.

So läuft es ab

Checkliste zur Beurteilung
- Ist eine Überschrift vorhanden? Enthält diese eine Bewertung der Daten? Wie kann das die Betrachtung beeinflussen?
- Ist die Quelle angegeben? Diese zeigt, wer die Daten zusammenstellte. Ist es eine unabhängige Stelle, z. B. Stat. Bundesamt, oder eine Interessengruppe, z. B. Arbeitgeberverband?
- Ist der Zeitpunkt/Zeitraum der Erhebung der Daten angegeben? Dieser kann Jahre zurückliegen.
- Sind, z. B. bei Kurvendiagrammen, die Achsen genau bezeichnet?
- Sind die Abstände auf den Achsen klein, groß, gleichmäßig? Zeichnet für Schaubild 4 einen Verlauf mit einem halb so großen Abstand für 2000, 2004 und 2012 vergleicht die Steigung der Kurve.
- Sind Begriffe eindeutig und nachvollziehbar?

Beispiel Bei dem Begriff Kinder in den Schaubildern 2 und 3 ist die Altersbegrenzung wichtig.

Wichtige Darstellungsformen verstehen

Statistiken
Die Zahlen können genannt werden
- als absolute Zahlen,
- als gerundete Zahlen (z. B. in 1000),
- als Anteile einer Gesamtmenge (z. B. in Prozent).

Schaubilder (siehe Folgeseite)
Wichtige Darstellungsmöglichkeiten sind:
① Balkendiagramme
② Säulendiagramme bzw. Blockdiagramme
③ Kreisdiagramme bzw. Tortendiagramme
④ Kurvendiagramme

Beispiele für Privathaushalte in Deutschland

Formt Daten des Textes in eine Tabelle und ein Schaubild um. Nutzt auch die Folgeseite:

Jedes dritte Baby nichtehelich geboren
In Ostdeutschland hatten 2010 ca. 60 % der Neugeborenen unverheiratete Eltern, in den alten Bundesländern ca. 25 %. Der Anteil nichtehelicher Kinder verdoppelte sich seit 1990. Er stieg besonders nach der Stärkung der Rechte nichtehelicher Kinder und der Väter nach 1998.

Nach **Süddeutsche Zeitung** *13.–15.8.2010, S. 1, 4*

Privathaushalte nach Anzahl der Personen (2012)

Angaben in 1 000

Haushalte insgesamt	40 656
Davon mit 1 Person	16 472
2 Personen	14 472
3 Personen	5 069
4 Personen	3 743
5 Personen und mehr	1 335

Statistisches Bundesamt: Bevölkerung und Erwerbstätigkeit, Mikrozensus, Fachserie 1, Reihe 3, 2013, S. 28

Privathaushalte nach Anzahl der Personen (2012) ❶

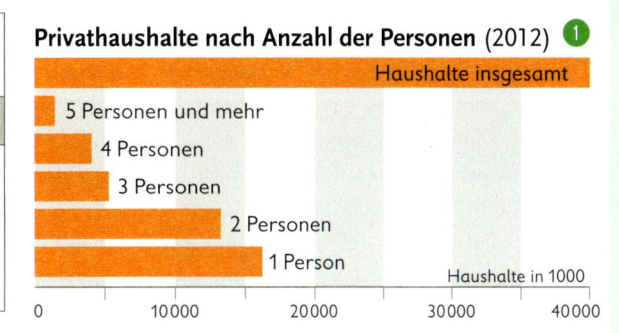

Statistisches Bundesamt: Bevölkerung und Erwerbstätigkeit, Mikrozensus, Fachserie 1, Reihe 3, 2013, S. 28

Alleinerziehende mit Kindern unter 18 Jahren (2012)

Angaben in 1 000

Insgesamt	1 575
Davon mit 1 Kind	1 109
2 Kindern	274
3 Kindern	79
4 und mehr	37

Statistisches Bundesamt: Statistisches Jahrbuch 2013, Wiesbaden 2013, S. 57

Alleinerziehende mit Kindern unter 18 Jahren (2012) ❷

- mit 1 Kind
- mit 2 Kindern
- mit 3 Kindern
- mit 4 und mehr Kindern

Angaben in 1000

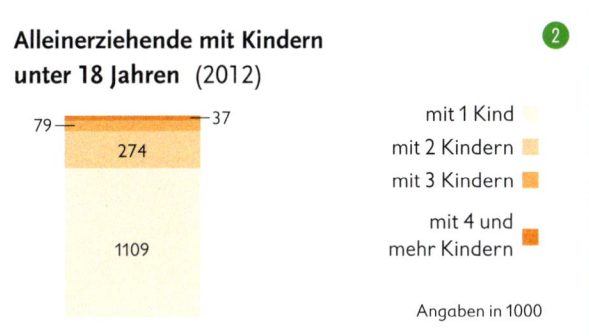

Statistisches Bundesamt: Statistisches Jahrbuch 2013, Wiesbaden 2013, S. 57

Familienhaushalte nach Anzahl der Kinder unter 18 Jahren (2012)

Angaben in 1 000

Insgesamt	8 093
Davon mit 1 Kind	4 304
2 Kindern	2 923
3 Kindern	693
4 und mehr	173

Statistisches Bundesamt: Bevölkerung und Erwerbstätigkeit, Mikrozensus, Fachserie 1, Reihe 3, 2013, S. 29

Familienhaushalte nach Anzahl der Kinder unter 18 Jahren (2012) ❸

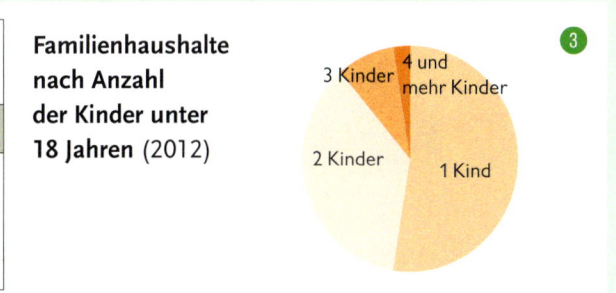

Statistisches Bundesamt: Bevölkerung und Erwerbstätigkeit, Mikrozensus, Fachserie 1, Reihe 3, 2013, S. 29

Entwicklung der Anzahl der Privathaushalte

Jahr	Haushalte in 1000
2000	38 124
2004	39 122
2008	40 076
2012	40 656

Statistisches Bundesamt: Bevölkerung und Erwerbstätigkeit, Mikrozensus, Fachserie 1, Reihe 3, 2013, S. 44

Entwicklung der Anzahl der Privathaushalte ❹

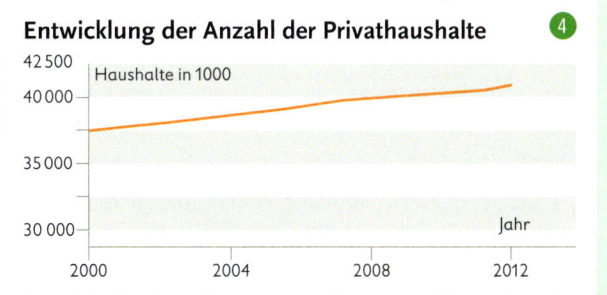

Statistisches Bundesamt: Bevölkerung und Erwerbstätigkeit, Mikrozensus, Fachserie 1, Reihe 3, 2013, S. 44

Nachhaltig handeln

1 Wirtschaftlich handeln ist mir wichtig

Das Angebot an Gütern (▶ Waren und ▶ Dienstleistungen) ist sehr groß – wie oft unsere Wünsche. Die meisten Menschen können nur einen kleinen Teil der angebotenen Güter kaufen. Für mehr reicht ihr Geld nicht. Sie müssen auswählen. Wer wirtschaftlich handelt, ist bestrebt, dass möglichst geringe Kosten beim Kauf einer Ware oder Dienstleistung entstehen.

1 „Lukas, frierst du bitte die Reste ein?"

2 „Ich lege Wert darauf, dass du den sparsamsten Materialzuschnitt berechnest."

3 „Wenn wir unsere jeweils vier Euro zusammenlegen, haben wir mehr davon."

4 „Die Bio-Tomaten kaufe ich diesmal nicht. Im Bio-Laden kostet 1 kg 2,48 Euro."

1 Beschreibe, wie die abgebildeten Menschen wirtschaftlich handeln.

2 Erkläre deinem Partner Vorteile und Gründe wirtschaftlichen Handelns.

3 Tauscht euch aus über eigenes wirtschaftliches Verhalten, hinterfragt und begründet dieses.

Das könnt ihr lernen

Ihr könnt
- an Beispielen nachhaltiges Verhalten erklären.
- an Beispielen wirtschaftliches, ökologisches und soziales Handeln erklären.
- im Rollenspiel, s. Methode S. 36, verschiedene Standpunkte einnehmen, Konflikte bearbeiten und Ergebnisse auswerten.
- mit der Methode Befragung, s. S. 17, Wissen über Nachhaltigkeitskennzeichen erheben und präsentieren.

2 Kluge Menschen handeln nachhaltig

1 Julian: *„Das Shirt kostet bei ‚Sportlife' in der City 14 Euro. Mit dem Rad bin ich schnell da."*

2 Anna: *„Ich brauche Hefte und einen Block. Ich will ökologisch handeln."*

3 Jonas: *„Was bedeutet nur das Sechseck auf der Milch? Und warum steht dort ein Datum?"*

🎲 **1** Benennt, welche Ausprägungen des wirtschaftlichen Prinzips in den Beispielen der Vorseite umgesetzt werden. Begründet eure Zuordnung in Partnerarbeit.

Wirtschaftlich handeln:
Kosten und Nutzen abwägen (wirtschaftliches Prinzip). Das kann bedeuten:
1 Mit vorhandenem Geld einen möglichst hohen Nutzen erzielen oder
2 einen bestimmten Nutzen mit *möglichst* wenig Geld erreichen.

Ökologisches Handeln:
Beim Kauf von Gütern auf den Schutz der natürlichen Umwelt achten, berücksichtigen, ob z. B. bei Milchprodukten die Tierhaltung artgerecht ist, **keine** Schadstoffe enthalten sind oder ein geringer Energieverbrauch angestrebt wurde, z. B. durch Nutzung regionaler Produkte.

Das Bio-Siegel:
Es garantiert
- artgerechte Tierhaltung,
- Verzicht auf chemische Pflanzenschutzmittel,
- Schutz von Wasser, Luft und Boden bei der Güterherstellung.

Mindesthaltbarkeitsdatum (MHD):
Es gibt an, bis wann ein Lebensmittel bei richtiger Lagerung den vollen Nährwert mindestens behält. Geschmack und Geruch sind ebenfalls wichtig. Viele Lebensmittel halten länger.

🎲 **2** Vollzieht nach, warum Julian mit dem Rad in die City fahren will.

🎲 **3** Welche Hefte und Blocks wird Anna kaufen?

🎲 **4** Vergleiche Preise abgebildeter Produkte mit herkömmlich produzierten, begründe Unterschiede (s. **Methode Preiserkundung**, S. 76).

🎲 **5** Erkläre Jonas das Bio-Siegel und das MHD am Beispiel Milch gegenüber einem Partner.

1 Janna: „Ich kaufe kein Holz aus Ländern, in denen Urwälder zerstört werden. Das schädigt u.a. das Klima und die Lebensbedingungen von Menschen und Tieren. Die Hälfte der Arten lebt im Regenwald. Er enthält 1/6 des Süßwassers der Welt."

2 Joel: „Wenn große Fischfangflotten auch die noch nicht geschlechtsreifen Fische fangen, werden wir bald nicht mehr genug Fische fangen können. Die denken nur an heute. Wir sind seit Generationen Fischer. Das können wir nur bleiben, wenn wir nachhaltig fischen."

3 Lena: „Warum soll ich die Schokolade mit dem Fairtrade-Siegel kaufen? Die ist doch teurer."

Soziales Handeln:
Wer sozial handeln will, beachtet beim Kauf von Gütern die eigenen Bedürfnisse und die anderer Menschen auf der Welt. Er berücksichtigt z. B., ob die Arbeiter bei der Herstellung von Gütern einen ausreichenden Lohn erhalten und keine Kinder arbeiten müssen.

Das Fairtrade-Siegel:
Es fördert für Produzentenorganisationen in Entwicklungsländern faire Handelsbedingungen. Oftmals erfolgt eine ökologische Herstellung der Güter.
Das Fairtrade-Siegel berücksichtigt u. a.:
- keine Kinderarbeit,
- höhere Löhne als landesüblich,
- eine zusätzliche Fairtrade-Prämie für z. B. Bildungsprojekte für die arbeitenden Menschen und ihre Familien.

Das Siegel für den Fairen Handel

Nachhaltiges Handeln:
Wer wirtschaftliche, ökologische und soziale Gesichtspunkte beim Kauf und bei der Herstellung von Gütern berücksichtigt, handelt nachhaltig. Er achtet auf die Bedürfnisse der Menschen weltweit jetzt und nachfolgender ▶ **Generationen.**

1 Hinterfragt Lenas Einschätzung.

2 Begründet in Partnerarbeit, warum Janna kein Holz aus Ländern, in denen Urwälder zerstört werden, kauft.

3 Erkläre, was Joel unter nachhaltigem Fischen versteht. Zieht die Begriffsbestimmung Nachhaltiges Handeln hinzu.

4 Plant in Partnerarbeit eine Befragung von Mitschülern oder Freunden, Nachbarn, Eltern zur Bedeutung des Bio-Siegels und des Fairtrade-Siegels (s. M 2, S. 66). Nutzt die **Methode Befragung**, S. 17, 163.

3 Nachhaltig handeln heißt Konflikte aushalten

Welches T-Shirt kaufe ich?

Lara und Adrian können sich T-Shirts kaufen. Sie haben jeweils 20 Euro zur Verfügung. ADRIAN: „Ich nehme die zwei Shirts für je 10 €. Der Preis ist für mich am wichtigsten. Trendy muss das Shirt sein. Zwei Shirts sind immer besser als eins. Da kann ich öfter mal wechseln. Ayse findet das bestimmt cool. Ob fair gehandelt oder nicht, ist nicht mein Ding. Dafür sind die Hersteller verantwortlich und nicht die Käufer." LARA: „Ich nehme das Shirt zu 18 €. Da weiß ich, dass es fair gehandelt ist und keine Kinder arbeiten mussten. Das ist mir wichtig, nicht nur der Preis, aber auch anderes. Auch ich hab gerne einige T-Shirts. Es macht mir Spaß, jeden Tag neu auszuwählen. Aber es geht nicht alles gleichzeitig. Felix wird das sicher nicht verstehen und leicht grinsen. Das halte ich schon aus."

1 Lea: „Ich bin es satt zu frieren. Im Auto wäre es warm. Mutter würde uns an kalten Tagen zur Schule fahren."
Anke: „Bist du unsportlich! Ich fahre weiterhin Rad. Nachhaltiges Handeln ist mir wichtig."

2 Rini: „Mein Lohn für 48 Stunden Arbeit pro Woche reicht nicht zum Leben mit meinen Kindern. Die Luft ist schlecht und mein Rücken schmerzt wegen der einseitigen Haltung. Das ist nicht gesund."

- 1 Nehmt Stellung zu den Aussagen von Lara und Adrian. Was würdet ihr tun, wenn ihr für 20 € T-Shirts kaufen könntet?
- 2 Erläutert den Konflikt von Lea und Anke. Was würdet ihr tun?
- 3 Alternative Bearbeitung von Aufgabe 1 und 2: Führt dazu ein Rollenspiel durch. Nutzt die **Methode Rollenspiel** (s. S. 36).
- 4 Bewertet in Partnerarbeit die Arbeitsbedingungen von Rini. Setzt diese in Beziehung zu nachhaltigem Handeln (s. Vorseite).
- 5 Nennt weitere Beispiele für Konflikte zwischen den ▶ Nachhaltigkeitsdimensionen wirtschaftliches, ökologisches und soziales Handeln. Erläutert, worin die Konflikte bestehen, und begründet, wie ihr euch entscheiden würdet. Bewertet eure Entscheidungen in Gruppenarbeit.

4 Weiterführendes Material

M1 Ich will Milch kaufen und nachhaltig handeln

Auf der Milchpackung müssen folgende Angaben stehen:
- die Verkehrsbezeichnung (Milch)
- die Milchsorte, z. B. Vollmilch
- der Fettgehalt, z. B. 1,5 % Fett
- das Mindesthaltbarkeitsdatum
- die Art der Haltbarmachung, pasteurisiert durch Erhitzung
- Name und Anschrift des Herstellers, Einfüllers oder Verkäufers
- Angaben, wo die Milch herkommt, z. B. DE – NW XYZ bedeutet:
  DE: EU-Land Deutschland,
  NW: Bundesland Nordrhein-Westfalen,
  XYZ: Molkerei
- die Füllmenge, z. B. 1 Liter

Fettarme Frischmilch im Test

Die Stiftung Warentest hat traditionell hergestellte und Bio-Vollmilch getestet. Sie veröffentlicht die Ergebnisse in der Zeitschrift „test". Als unabhängige Einrichtung finanziert sie sich aus Einnahmen ihrer Medien und staatlichen Mitteln (s. **M2**, S. 110).

Test der Stiftung Warentest 2011: Fettarme Frischmilch, 1 Liter*

	Fettgehalt in %	Mittlerer Preis in €	Qualitätsurteil
Bio Frische Alpenmilch, Berchtesgadener Land, traditionell hergestellt	1,5	1,15	gut (1,7)
Hansano, fettarme Landmilch, traditionell hergestellt	1,8	0,85	Sehr gut (1,5)
Schwarzländer Bio Milch, länger haltbar, kurzzeiterhitzt	1,5	1,19	gut (1,7)
Tuffi fettarme Milch	1,5	0,72	Sehr gut (1,5)

* Getestet wurden traditionell hergestellte und länger haltbare Vollmilch, 24 Bio- als auch Nicht-Bio-Produkte. Die besten getesteten Bio-Produkte siehe oben.
Stiftung Warentest (Hrsg.): test, Heft 5, 2011, S. 20–26

M2 Aus fairem Handel

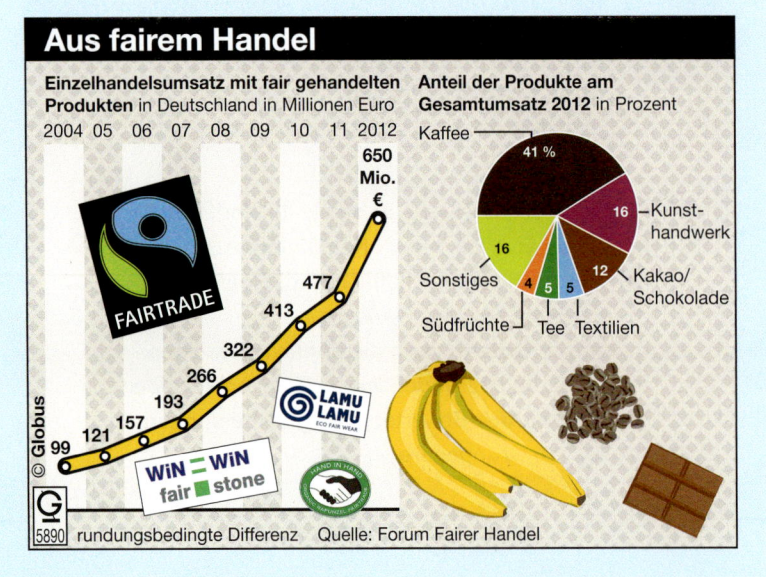

Aus fairem Handel

Einzelhandelsumsatz mit fair gehandelten Produkten in Deutschland in Millionen Euro
2004: 99, 05: 121, 06: 157, 07: 193, 08: 266, 09: 322, 10: 413, 11: 477, 2012: 650 Mio. €

Anteil der Produkte am Gesamtumsatz 2012 in Prozent:
- Kaffee: 41 %
- Kunsthandwerk: 16
- Kakao/Schokolade: 12
- Textilien: 5
- Tee: 5
- Südfrüchte: 4
- Sonstiges: 16

rundungsbedingte Differenz Quelle: Forum Fairer Handel

Zu M1

🎲 **1** Ayse und Nico wollen Bio-Milch kaufen. Nachhaltiges Handeln ist ihnen wichtig. Erläutere, worauf sie achten müssen.

🎲 **2** Vergleicht den Preis der Milch in Verbindung mit dem Qualitätsurteil. Welche würdet ihr kaufen? Tauscht eure Einschätzung mit eurem Partner aus.

Alles klar?

Entstehung von Berufen

1. Erkläre an einem Beispiel
   - zwei Vorteile von Arbeitsteilung,
   - wie die Arbeitsteilung zu einem Beruf führen kann.
2. Nenne drei Merkmale von Handwerksarbeit.
3. Frage in der Altersgruppe deiner Großeltern nach, an welche technischen Neuerungen sie sich erinnern. Frage auch nach den Entstehungsjahren. Stelle daraus in der Klasse eine Zeitleiste zusammen.
4. Erkläre am Beispiel die Veränderung der Arbeitsteilung durch technische Entwicklung.

7. Henry Ford, Firmengründer, träumte von einem billigen, zuverlässigen Auto für die breite Masse. 1913 führte er das Fließband ein und verdoppelte die Löhne seiner Arbeiter auf fünf Dollar pro Tag. Ford konnte damit die Preise senken und gleichzeitig den Autoabsatz steigern. Der Preis betrug bei Beginn der Fließbandproduktion 600 Dollar und vier Jahre später 360 Dollar. Begründe, warum die Fließbandproduktion die Verbreitung förderte.

1908 stellte Ford sein Universalauto, das Model T, der Öffentlichkeit vor.

Deutschland wird älter
Von je 100 Einwohnern sind/werden sein:

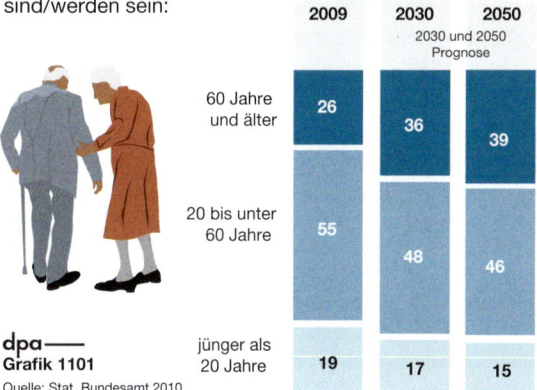

	2009	2030	2050
		2030 und 2050 Prognose	
60 Jahre und älter	26	36	39
20 bis unter 60 Jahre	55	48	46
jünger als 20 Jahre	19	17	15

dpa Grafik 1101
Quelle: Stat. Bundesamt 2010

5. Begründe, warum der Anteil Beschäftigter durch die Bevölkerungsentwicklung im Dienstleistungssektor steigt.
6. Nenne wichtige Verkehrsmittel:
   a) vor der Industrialisierung
   b) durch die Industrialisierung
   c) heute

Ohne Geld läuft nichts

8. Schreibe auf, welche Funktionen das Geld in den folgenden Beispielen hat:
   SONJA arbeitet als Auszubildende bei einer Versicherung. Sie bekommt jeden Monat eine Ausbildungsvergütung überwiesen.
   GÖNÜL will sich ein Top kaufen. In der Zeitung findet sie welche für 12, 10 und 18 Euro.
   ANNA spart für einen Urlaub. Auf ihrem Sparkonto sind 120 Euro.
9. Welchen Wert hat ein vollständiger Satz der Münzen der EURO-Währung?

10 Begründe Regeln für die Planung der Ausgaben.

11 Wovon sollte die Höhe des Taschengeldes abhängen?

12 Jonas, 12 Jahre, wünscht sich zu Weihnachten ein Smartphone. Er will unbedingt einen Mobilfunkvertrag haben: „Andere sind uncool."
Nimm Stellung und begründe deine Meinung.

17 Wie wird Armut gemessen?

18 Notiere wenigstens zwei Gründe für das Entstehen von Armut in Deutschland.

Nachhaltig handeln

19 Beschreibe an zwei Beispielen, was man unter wirtschaftlichem Handeln versteht.

20 Erkläre an einem Beispiel, was man unter ökologischem Handeln versteht.

21 Erläutere an einem Beispiel, was man unter sozialem Handeln versteht.

22 Erläutere an einem Beispiel, was man unter nachhaltigem Handeln versteht.

23 Überprüfe, ob die Warenkennzeichnung der Milchpackung links in Ordnung ist. Begründe.

24 Überprüfe, ob der Käufer des Regalbretts (s. S. 62) nachhaltig gehandelt hat. Begründe.

25 Erläutere den folgenden Konflikt um nachhaltiges Handeln. Wie würdest du dich entscheiden?
Familie Kayser braucht ein neues Auto – Herr Kayser möchte sich für ein kleineres Elektroauto entscheiden, bei dem sehr wenig CO_2 anfällt.
Frau Kayser hält die Größe bei einer vierköpfigen Familie nicht für ausreichend und sagt: „Bei dem Betrag, den wir ausgeben können, kommt nur ein größeres Auto mit Benzinantrieb mit einem günstigen CO_2-Wert infrage."

Ohne Einkommen kein Leben

13 Notiere wenigstens drei Gründe, die die Höhe des Einkommens beeinflussen.

14 Notiere drei Einkommensarten und nenne Beispiele dafür.

15 Notiere Beispiele für feste Ausgaben und veränderliche Ausgaben eines Haushalts.

16 Schreibe auf, was du unter Armut verstehst.

Klug und umweltbewusst einkaufen

1 Was Verbraucher beim Einkauf wünschen und erleben

Super, diese riesige Mall!

Die wollen schnell verkaufen. Ich brauche gute Beratung im Fachgeschäft.

Toll, hier gibt es alles, was angesagt ist – neueste Mode und Technik!

Wo finde ich LED-Lampen?

Das ist zu laut und stressig!

1 Beschreibt die Personen, zu denen die Worte passen könnten. Begründet eure Einschätzung.

2 Berichtet von eigenen Erlebnissen beim Einkauf.

Das könnt ihr lernen

Ihr könnt
- Gesichtspunkte von Händlern bei der Gestaltung eines Verkaufsgeschäfts benennen.
- eine Preis- und Qualitätserkundung in Supermärkten planen, durchführen und auswerten.
- Interessen von Verbrauchern beim Kauf im Supermarkt beschreiben.
- euer Verhalten beim Kauf an Beispielen reflektieren und beurteilen.
- Aussagen, Statistiken oder Schaubilder kritisch überprüfen.

2 Umweltbewusster Einkauf im Supermarkt

MHD 28.01.14 Almwind
Fruchtjogurt Almwind
125g 0,50 Euro

MHD 18.01.14 TANEL Himbeere
Fruchtjogurt Tanel
125g 0,49 Euro

MHD 08.02.08 Berghof
Fruchtjogurt Berghof
125g 0,45 Euro

BIO Briekäse Frischli
BIO Briekäse Frischli 40%Fett
100g 1,60 Euro

PROBIEREN SIE!
BIO Briekäse „Bergwiese" BIO
40% Fett, 100g 1,89 Euro

Camembert „Alpengold"
45% Fett, 100g 1,39 Euro

Duschbad Ringo
300 ml 1,19 Euro

Duschbad Rundo
300 ml 0,89 Euro

KÄSETHEKE

Probieraktion
Diesen BRIE vergisst man nie!

Supermarkt ***
Datum: 18.01.2014
Kasse 02   Verk. 17
Äpfel, kg 1×   3,49
Bananen, kg 1× 1,99
Briekäse 200 g   3,78
Fruchtgummi 1×   0,89
Fruchtjogurt 10× 3,90
Duschbad Rundo 2× 1,78
Apfelsinensaft
            2×   2,78
                17,61
Summe: 20,00
Gegeben:
Rückgeld: 1,39

Vielen Dank für
Ihren Einkauf!

70   Klug und umweltbewusst einkaufen

Bitte einkaufen!
1 kg Äpfel bio
1 kg Bananen
3 Fl. Apfelsinensaft bio
200 g Briekäse
10 Fruchtjogurt „Tauel"
2 Duschbad „Ringo" oder „Rundo"

◼ Beurteilt den Einkauf von Ben und Selma.

Umweltbewusster Einkauf im Supermarkt

3 Wie Experten einen Supermarkt planen

Die Einrichtung eines Supermarktes erfolgt genau nach Plan. Die Kunden sollen viel und oft kaufen. Experten der Verbraucherzentrale erkundeten, wie Supermärkte häufig gestaltet sind.

Am Eingang schnelle Schritte stoppen
Es ist angenehm kühl: ca. 19 °C. Im Eingangsbereich gibt es eine Bremszone damit schnelle Schritte abgebremst werden. Die Kunden sollen langsam gehen und möglichst viele Waren wahrnehmen.

Obst und Gemüse im Eingangsbereich
Das frische und leuchtende Angebot an Obst und Gemüse soll sofort für gute Stimmung sorgen, eine Marktatmosphäre fördern und zum Kauf verführen. Spiegel über den Waren verdoppeln scheinbar das Angebot.

Die oftmals bis zu 20 000 Waren werden nach Verbrauchsgruppen eingeteilt, z. B. Frühstück.

Lauftempo im Gang bremsen
Eine Gangbreite von zwei Meter gilt als ideal. Es können gerade zwei Einkaufswagen aneinander vorbei. Diese sind mitunter übermäßig groß, damit der Kunde nicht meint, schon zu viel gekauft zu haben. Sind die Gänge breiter, gibt es oft „Stopper", z. B. Grabbelkörbe oder Packpaletten mit Aktionsware.

In die teuren Bereiche locken
In den Gängen sind die Regalständer so angeordnet, dass die Kunden auf die teuren Produkte zulaufen, z. B. teure Kosmetika oder Pralinen in Geschenkpackungen.

Regalplätze unsichtbar in Zonen einteilen
Die Regale sind in eine Sichtzone (1,40 bis 1,80 Meter), Greifzone (0,60 bis 1,40 Meter), eine Bückzone (bis 0,60 Meter) und eine Reckzone (über 1,80 Meter) eingeteilt. In der Sichthöhe befinden sich auf Augenhöhe Produkte mit großen, in der Bück- und Reckzone die mit geringen ▶ Gewinnspannen.
Es gilt die Regel: Ein Artikel, der in Kniehöhe im Regal steht, wird 30-mal verkauft, in Hüfthöhe 70-mal und in Augenhöhe 100-mal.

Keine Abkürzungen zur Kasse
Die Regale sind oft so angeordnet, dass der Weg zur Kasse nicht abgekürzt werden kann.

> **Im Kassenbereich viel Teures platzieren**
> Hier stehen die Produkte, an denen die Händler am meisten verdienen.
> Bis zu 5 % des Umsatzes wird im Kassenbereich gemacht. Der Bereich umfasst nur 1,5 % der Ladenfläche. Die Anbieter hoffen, dass die Kunden während der Wartezeit in der Schlange noch einmal zugreifen.
> Der Kassenbereich heißt auch „Quengelzone". Viele Kinder „erquengeln" sich noch schnell einen Schokoriegel. Manchmal kosten die Riegel hier genauso viel wie im Dreierpack an anderer Stelle im Supermarkt.

Nach **Schwartau, S. & Valet, A.**:
Vorsicht Supermarkt, Hamburg 2007, S. 11–13

Siehe dazu auch das Online-Jugendmagazin der Verbraucherzentrale NRW: *www.checked4you.de/einkaufsfallen_im_supermarkt*: Einkaufsfallen im Supermarkt

Zur Zahl und zum Umsatz der Verbraucher- und Supermärkte siehe M1, M2, S. 75. Große Supermärkte und Discountunternehmen nehmen zu.

🎲 **1** Begründet die Anordnung des Warenangebots. Welche Interessen stecken dahinter?

🎲 **2** Haben sich Ben und Selma (s. Vorseiten) durch die Anordnung der Waren beeinflussen lassen? Tauscht eure Einschätzung mit einem Partner aus.

🎲 **3** Erkundet die Anordnung der Waren in einem Supermarkt. Nutzt die **Methode Betriebserkundung** S. 123. Vergleicht die Ergebnisse mit der Darstellung im Schülerbuch S. 70, 71.

4 Hülja und David interviewen eine Händlerin

Supermarkt Pinkow hat den Verkaufsraum neu gestaltet. Hülja und David interviewen Händlerin Schlöder.

Hülja: „Frau Schlöder, viele Kunden sind begeistert von dem neuen Verkaufsraum. Was war Ihnen bei der Gestaltung wichtig?"

Frau Schlöder: „In der Nähe sind zwei Geschäfte, die im letzten Jahr umgebaut haben. Da musste ich mitziehen und den Verkaufsraum nach neuesten Trends der Verkaufsförderung gestalten.
Bio ist im Trend. Wir bieten deshalb in der Obst- und Gemüseabteilung mehr Bio-Produkte an. Das spricht viele Kunden an. Der Verkauf läuft bestens."

David: „Der Verkaufsraum ist jetzt viel heller. Verbrauchen Sie jetzt nicht mehr Energie?"

Frau Schlöder: „Wir nutzen Energiesparlampen. Gutes Licht macht Laune und verbessert die Kauflust. Das ist besonders für die Fleischtheken wichtig."

Hülja: „Mir ist aufgefallen, dass jetzt im Eingangsbereich Backwaren verkauft werden."

Frau Schlöder: „Ja, das ist wichtig. Der Duft des frischen Brotes lockt Kunden an.
Experten haben uns gesagt, dass Kunden sich in gut duftenden Verkaufsräumen länger aufhalten. In der Vorweihnachtszeit locken z. B. Zimtgerüche und im Sommer Zitronen die Kunden an."

David: „Warum haben Sie die Abteilung für Süßwaren und Milchprodukte vergrößert?"

Frau Schlöder: „Diese Produkte sind im Trend. Unsere wichtigsten Ziele bei der Neugestaltung sind viele zufriedene Kunden, ein guter Umsatz und ein befriedigender Gewinn."

David und Hülja: „Vielen Dank für das Gespräch. Es war spannend, Ihnen zuzuhören."

---

1 Benennt, was Händlerin Schlöder bei der Neugestaltung des Supermarktes wichtig war.

2 Begründet, welche Interessen sie verfolgte.

3 Beurteilt, in welchen Bereichen die Interessen der Kunden berücksichtigt werden und in welchen nicht. Führt dazu eine Gruppenarbeit durch.

4 Welche Gesichtspunkte sind euch wichtig für die Gestaltung des Verkaufsraums?

5 Tarik und Lena interviewen eine Verbraucherin

Frau Reiners kauft oft im Supermarkt Pinkow ein. Tarik und Lena wollen wissen, warum sie das macht und wie sie die Umgestaltung des Verkaufsraumes beurteilt.

Lena: „Frau Reiners, wie gefällt Ihnen der Umbau des Supermarktes Pinkow?"

Frau Reiners: „Der gefällt mir prima. Das helle Licht spricht mich sehr an. Das größere Angebot an Bio-Produkten und Käse ist für mich wunderbar.

Zweimal in der Woche betreue ich meine kleine Enkelin. Die bekommt nur Bio-Produkte. Da habe ich jetzt mehr Auswahl. Leider gibt es nicht genug Produkte aus dem Umland. Das ist aus ökologischen Gründen nicht so gut.

Beim Käse gibt es jetzt weitere Sorten. Da kann ich noch mehr schlemmen als früher. Ich spare am Fleisch und genieße Käse und Jogurt."

Tarik: „Warum kaufen Sie oft im Supermarkt Pinkow?"

Frau Reiners: „Ich finde mich hier bestens zurecht. Keine langen Wege und nicht so viele Menschen. Das Angebot passt sehr gut zu meinen Konsumgewohnheiten. Bei den Produktgruppen, die mir wichtig sind, z. B. Käse, Obst und Gemüse, gibt es eine große Auswahl.

Ich habe oft Lust auf neue Produkte. Da ist eine gute Fachberatung notwendig. Die Verkäuferinnen hier sind gut geschult.

Bei den Discountern ist es mir zu hektisch. Das Angebot ist nicht breit genug. Beratung gibt es überhaupt nicht. Wenn ich einen großen Haushalt hätte, würde ich das vielleicht anders sehen."

Tarik: „Was gefällt Ihnen bei Pinkow nicht?"

Frau Reiners: „Die Preisauszeichnung bei den Milchprodukten müsste verbessert werden. Oft muss ich mich an der Theke bücken, um die Preisschilder lesen zu können. Außerdem sind sie den Produkten nicht klar zugeordnet."

Tarik und Lena: „Vielen Dank für das Gespräch. Es war spannend, Ihnen zuzuhören."

1 Benennt Interessen, die Frau Reiners beim Einkauf hat.

2 Überprüft bei den oben abgebildeten Produkten, welche Informationen zum Produkt der Produktname enthält.

3 Erkundet in einem Supermarkt
- die Theke mit Käse sowie
- die Regale mit anderen Milchprodukten und
- die Abteilungen für Obst und Gemüse.

Achtet auf Bio-Produkte.
Vergleicht euer Ergebnis mit dem von Frau Reiners. Nutzt die **Methode Betriebserkundung**, S. 123.

Klug und umweltbewusst einkaufen

6 Weiterführendes Material

M1 Lebensmittelhandel in Deutschland

Lebensmittel und Drogerieartikel:
Der Kunde hat die Wahl

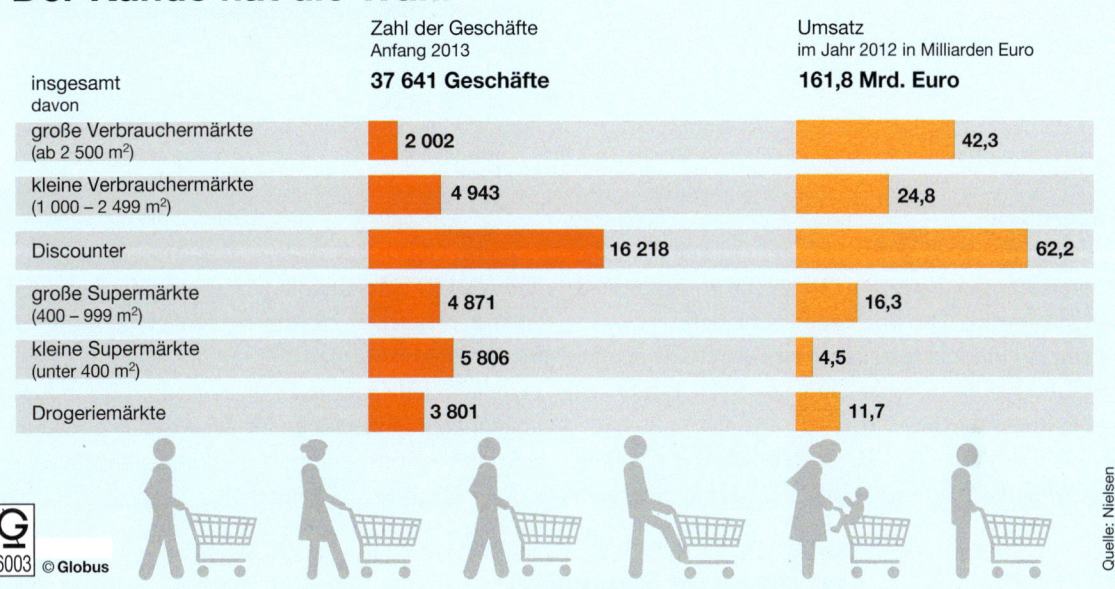

	Zahl der Geschäfte Anfang 2013	Umsatz im Jahr 2012 in Milliarden Euro
insgesamt	**37 641 Geschäfte**	**161,8 Mrd. Euro**
davon		
große Verbrauchermärkte (ab 2 500 m²)	2 002	42,3
kleine Verbrauchermärkte (1 000 – 2 499 m²)	4 943	24,8
Discounter	16 218	62,2
große Supermärkte (400 – 999 m²)	4 871	16,3
kleine Supermärkte (unter 400 m²)	5 806	4,5
Drogeriemärkte	3 801	11,7

Quelle: Nielsen
© Globus 6003

M2 Deutschlands größte ▶ Discounter

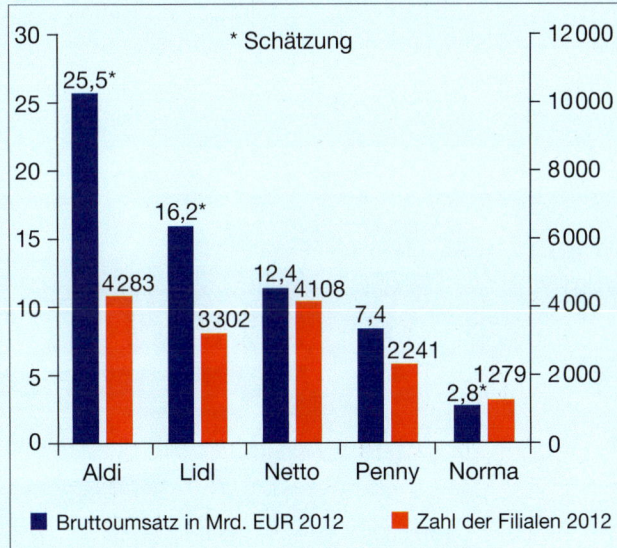

* Schätzung

	Aldi	Lidl	Netto	Penny	Norma
Bruttoumsatz in Mrd. EUR 2012	25,5*	16,2*	12,4	7,4	2,8*
Zahl der Filialen 2012	4283	3302	4108	2241	1279

Deutsche Lebensmittelzeitung, Discounter Welt 2013, Auszug.

http://www.lebensmittelzeitung.net/business/daten-fakten/rankings/Top-6-Discounter-Deutschland-2013_421.html (07.10.2013)

M3 Aufgepasst bei Preisvergleichen
Beispiel: Nutella zwischen 1,19 € und 1,89 €

Ende 2012 haben Judith und Regina in verschiedenen Geschäften eine Preiserkundung für Nutella durchgeführt.
Die Preise lagen zwischen 1,19 € und 1,89 €.

Geschäft	Preis für Nutella, 400-g-Glas	Besonderheit
1	1,89 €	
2	1,79 €	
3	1,89 €	Sonderangebot 400 g + 40 g
4	1,29 €	
5	1,19 €	Sonderangebot

Methode Preiserkundung

Darum geht es

Die Güterpreise in verschiedenen Geschäften können unterschiedlich sein. Preiserkundungen helfen, Verbraucherinteressen zu fördern. Diese können stattfinden:
- in den Geschäften selbst,
- durch Auswerten von Werbematerial oder
- mit einer Internetrecherche.

Manchmal ist ein Austausch mit Freunden wichtig. Ihr könnt lernen, eine Preiserkundung für einen günstigen Einkauf zu nutzen.

So läuft es ab

Vorbereitung

Wenn es nur um eine Preiserkundung geht, hat der Verbraucher sich bereits für ein bestimmtes Produkt und die gewünschte Qualität entschieden.

Ihr legt ein Produkt fest, das in wenigstens zwei oder drei Geschäften in eurer Umgebung zu kaufen ist (siehe Beispiel **M3**, S. 75).

Bei leicht verderblichen Waren ist es wichtig, das Mindesthaltbarkeitsdatum (MHD, s. S. 63, 66) zu beachten.

Manche Geschäfte senken den Preis für Produkte, deren MHD bald abläuft. Für eine Kaufentscheidung ist es dann wichtig zu entscheiden, ob die Ware kurzfristig verzehrt werden soll.

Erstellt für jede ausgewählte Ware einen Erkundungsbogen. Legt Einzelheiten für das Produkt genau fest, z. B. ein bestimmter Jogurt, Tiefkühlspinat, Orangensaft, H-Milch (3,5 % Fettgehalt), Olivenöl.

Preiserkundung für ... (Bezeichnung des Lebensmittels)

Geschäft/ Name	Produktname	Gewicht/ Volumen	MHD überschritten	Grundpreis pro kg/l/Stück	Sonderpreis ja/nein
Händler A					
Händler B					
Händler C					

Durchführung

Wählt in Partnerarbeit wenigstes zwei bestimmte Lebensmittel aus. Überlegt, ob diese Lebensmittel in verschiedenen Geschäften angeboten werden. Vergleicht die Preise in den Geschäften.

Auswertung

Tragt die Ergebnisse in der Klasse zusammen. Überlegt, ob ihr eure Erfahrungen beim Einkauf für den Hauswirtschaftsunterricht oder eure Familie verwenden könnt.

Methode Preis- und Qualitätserkundung

Darum geht es

Eine Preis- und Qualitätserkundung ist die Voraussetzung für einen verbraucherorientierten Kauf. Sie kann über eine Erkundung in Geschäften, Recherchen im Internet, in Fachzeitschriften und verbraucherorientierten Zeitschriften (z. B. „test", s. S. 110 oder „ökotest") oder durch die Analyse von Prospekten und Erfahrungen von z. B. Freunden, Eltern erfolgen. Oft werden Konflikte deutlich zwischen Anforderungen an die Qualität und den Geldmitteln.

Ihr könnt lernen, eine Preis- und Qualitätserkundung für die Auswahl richtiger Güter zum günstigen Preis zu nutzen.

So läuft es ab

Vorbereitung

Auswahl des Produkts
Ihr einigt euch auf ein Produkt, das in mehreren Geschäften in eurer Umgebung zu kaufen ist – evtl. auch über das Internet, z. B. eine Digitalkamera oder DVD-Rohlinge.
Ihr entscheidet, ob der Kauf sofort erfolgen soll und welchen Geldbetrag ihr ausgeben wollt.

Informationssuche
Ihr informiert euch
- über Erfahrungen von Eltern und Freunden,
- in der Zeitschrift „test" (Test zum gewählten Produkt?),
- bei Fachhändlern,
- in Fachzeitschriften.

Entscheidung über den Qualitätsstandard
Ihr entscheidet, welche Qualitätsanforderungen wichtig sind, schreibt dazu Kriterien auf und gewichtet sie.
Ihr trefft eine Auswahl von Produkten, deren Preis ihr in Geschäften und im Internet erkundet.

Durchführung

Entwicklung eines Erkundungsbogens
Ihr entwickelt einen Erkundungsbogen, der die genau bezeichneten Produkte enthält, die ihr erkunden wollt. Berücksichtigt dann Preis und Kriterien für die Bewertung der Qualität. Nehmt euch hierzu die Stiftung Warentest zum Vorbild (s. S. 66 **M1**).

Auswertung
Ermittelt, wo die ausgewählten Produkte am preisgünstigsten sind, und überlegt, wem, wie und wann ihr die Ergebnisse präsentieren wollt (die **Methode Präsentation**, S. 18).

Werbung – informieren und/oder beeinflussen?

1 Wie bringe ich andere dazu, nach meinen Interessen zu handeln?

Das könnt ihr lernen

Ihr könnt
- begründen, wie Werbung beeinflussen kann.
- Werbung aus der Perspektive von Information und Beeinflussung beurteilen.
- Gesichtspunkte dazu zusammenstellen, worauf ein kluger Verbraucher beim Kauf achten soll.
- begründen, warum Unternehmen um Kunden werben.
- die **Methode Pro-Kontra-Debatte** (S. 84) zur Bestimmung der Position von Kindern in der Werbung nutzen, die Ergebnisse auswerten und reflektieren.

1 Vergleicht in Partnerarbeit Einflüsse, denen der Rabe, Toms Freund und der Limokäufer ausgesetzt sind.

2 Analysiert Überlegungen des Fuchses, von Tom und dem Unternehmer für ihr Handeln. Begründet Gemeinsamkeiten und Unterschiede.

3 Wie könnt ihr fördern, die eigenen Interessen zu berücksichtigen, wenn versucht wird, euch zu beeinflussen? Erarbeitet Vorschläge in Gruppenarbeit.

4 Erstellt eine Skizze für ein Werbeplakat, z. B. für Fahrräder oder Kleidung, nach dem Muster der Limowerbung.

Wie bringe ich andere dazu, nach meinen Interessen zu handeln?

2 Werbung für Energy-Drinks im Unternehmen „Radewald"

POWER LEO energy drink
sofort verfügbare Energie
frisch
voll power
fitness

POWER LEO energy drink
für erhöhte Beanspruchung
cool
superaktiv
power 8

Teamsitzung der Werbeabteilung

Mike: „So, das sind die besten Dosen-Entwürfe der von uns beauftragten Agentur für die neue Marke POWER LEO.
Zu eurer Information: Die Verkaufszahlen für COOL-DRINK sind in den letzten Monaten weiter gesunken. Da müssen rasch ein neuer Name und ein neues Outfit her. Das Getränk bleibt gleich.
Wir entscheiden heute, wie die Dosen aussehen sollen. Anzeigen erscheinen dann in verschiedenen Kinder- und Jugendzeitschriften. Die Dose soll im Vordergrund stehen."

Hülja: „Drei unserer Wettbewerber (Konkurrenten) bieten eine Dose Power Drink um 10 Cent weniger an. Einer hat erst vor acht Tagen den Preis erneut um weitere 5 Cent gesenkt. Kommen wir da mit?"

Ronny: „Ihr kennt ja die Order des Chefs: ‚Der Preis wird nicht weiter gesenkt.' Entscheidend ist, einen Zusatznutzen herauszustellen, z. B. Fitness. Lasst euch was einfallen.
Die Dosen sind klasse Werbeträger. Es kommt auf das Styling und die Botschaft auf der Dose an. Das, was in der Dose drin ist – die Inhaltsstoffe –, interessiert die Kids eher nicht. Die sind keine kritischen Verbraucher."

Hülja: „Werbung muss zu einer Erhöhung des Gewinns führen. Das ist vorrangig. Dafür sprechen wir die Gefühle der Kids und ihre Träume an."

Mike: „Unsere Werbung muss unschlagbar sein. Welchen Entwurf findet ihr am besten?"

1 Stellt in Partnerarbeit Gründe dafür zusammen, warum das Produkt POWER LEO auf den Markt soll. Was ist neu an dem Produkt?

2 Was hält das Team bei der ▶Werbung für wichtig? Notiere Stichworte.

3 Erklärt den Zusatznutzen, den das Team sich einfallen lassen hat.

4 Entscheidet euch für einen der beiden Entwürfe. Tauscht in Gruppenarbeit eure Gründe aus.

5 Ronny meint, dass Kinder keine kritischen Verbraucher sind. Was antwortet ihr ihm? Arbeitet dazu mit der **Methode Pro-Kontra-Debatte**, S. 84.

3 Junge Verbraucher sind clever

WIEWOWAS
Die unabhängige Verbraucherberatung

Aufgepasst bei Energy-Drinks

Viele Jugendliche denken, Energy-Drinks sind prima für den Sport. Das ist nicht so – auch wenn es die Werbung verspricht. Wenn jemand beim Sport viel schwitzt, braucht er viel Flüssigkeit.

Der Körper kann am besten ungesüßte Flüssigkeit aufnehmen, z. B. Mineral- oder Leitungswasser.

Energy-Drinks enthalten meistens Koffein. In einer Dose von 250 ml steckt so viel Koffein wie in zwei Tassen Kaffee – je nachdem, wie stark er ist. Wenn zum Beispiel 1 Liter Energy-Drink getrunken wird, dann kann das problematisch werden: Zu viel Koffein kann zu Herzrasen, Schwindelattacken und Schlaflosigkeit führen. Wer will das schon?

Was ist besser?

Mischt euch einen Drink aus Mineralwasser und Apfelsaft. Nehmt 1 Teil Saft und 3 Teile Mineralwasser. Ihr könnt auch ungesüßte Tees verwenden.

Auf die Flüssigkeit kommt es an!
Außerdem: Ihr spart viel Geld.

Die Zeitschrift Ökotest hat im August 2007 einen Test von Energy-Drinks veröffentlicht. Schaut mal rein.

1) ÖKO-TEST http://www.oekotest.de/cgi/index.cgi?artnr=64990&bernr=04 (kostenfrei, ein neuerer Test von Erfrischungsgetränken 2013 ist kostenpflichtig).

Werbetricks mit Food-Styling

„Ob unschmelzbares Eis, rohes Huhn oder Burger mit Vaseline:

Wenn Lebensmittel zu Werbezwecken fotografiert werden, wird an ihnen mindestens so viel herumgeschminkt wie an weiblichen Supermodels ...

Will man Speiseeis für eine Werbekampagne fotografieren, hat man ein Problem: Egal, ob draußen bei sommerlichen Temperaturen oder drinnen im Studio, es ist immer viel zu warm. Und das Eis ist schneller geschmolzen, als man auf den Auslöser der Kamera drücken kann ...

Aus Frischkäse und Speisestärke wird eine ungenießbare Pampe angerührt, die einem leckeren Eis zum Verwechseln ähnlich sieht. Aus der Masse können Kugeln geformt werden, es entsteht aber auch diese typische geriffelte Eisstruktur ...

Oder zum Beispiel ein leckeres, knuspriges Brathähnchen. Kommt es direkt aus dem Ofen, sieht es noch einigermaßen fotogen aus, aber schon nach wenigen Minuten wird es schrumpelig, das Fleisch löst sich vom Knochen, Fett tropft heraus ... Mit so einem müden Flattermann kann man kein zweistündiges Fotoshooting machen. Also bastelt man sich das perfekte Brathuhn selbst ..."

Nach: **Online-Jugendmagazin der Verbraucherzentrale NRW** www.checked4you.de ▶ Trends + Shopping ▶ Werbung ▶ Food-Styling (25.01.2012)

Weitere Beispiele siehe:
www.checked4you.de/werbung (15.08.2013)

---

1 Begründet, warum Energy-Drinks viel teurer sind als das selbst gemixte Getränk. Tauscht euch in Partnerarbeit aus.

2 Wie schätzt ihr euer Sportgetränk vom Aussehen ein? Was könntet ihr noch ändern?

3 Stelle ein „fotogenes" Eis, das nicht schmilzt, her. Macht davon ein Foto.

4 Kauft z.B. eine Tiefkühlpizza, eine Dose Ravioli oder eine Tütensuppe. Vergleicht das Foto auf der Verpackung mit dem Produkt.

4 Stimmt die Werbung?

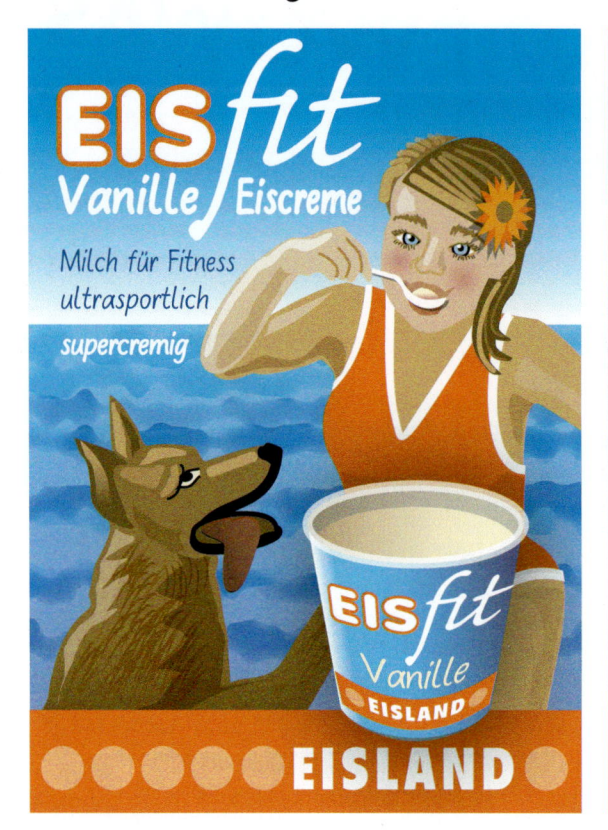

EISfit
Vanille Eiscreme
Milch für Fitness
ultrasportlich
supercremig
EISLAND

Naturliebe
Beste Bourbon-Vanille-Eiscreme
gesund wie nie
natürlicher Genuss
leicht bekömmlich
EISLAND

Hilfen zur Beurteilung der Werbung:

Die Zielgruppe
Meistens zielt Werbung auf eine bestimmte Zielgruppe, z. B. Kinder, junge Eltern, Großeltern.

Gefühle
Mit dem Kauf sollen gute Gefühle verbunden werden. Sie zielen z. B. auf Lebensfreude, Sportlichkeit, Gesundheit, Genuss, Kraft.

Sprache
Werbetexter arbeiten oft mit Übertreibungen, Steigerungsformen und Wörtern, die für die Zielgruppe typisch sind.

1 Beschreibt und vergleicht die Werbung. Nutzt Folgendes:

	Eisfit	Naturliebe
Zielgruppe		
Gefühle bei der ersten Betrachtung		
Gedanken bei der ersten Betrachtung		
Wirkung der Tiere		
Landschaft und Zielgruppe		
Farben und Zielgruppe		
Produktname und Zielgruppe		
Text und Zielgruppe		
Was fehlt/möchtet ihr noch wissen?		

2 Entwerft eine Eis-Werbung nach eigenen Ideen. Tauscht euch in Partnerarbeit zu den Ergebnissen aus.

3 Untersucht Werbebeispiele in Jugendzeitschriften. Führt diese in Gruppenarbeit durch. Zur Vertiefung der Werbeanalyse könnt ihr einen Film sehen (s. **WEBCODE** unten).

5 Weiterführendes Material

M1 Werbung: Information oder Verführung?

Ron, Chef einer Werbeagentur

„Ohne Werbung würde in unserer Wirtschaft nichts laufen.
Werbung informiert uns über neue Produkte, die unser Leben erleichtern und uns Spaß bringen. Woher wüssten wir sonst, welche Produkte energiesparend sind, wenn nicht für sie geworben wird?
Werbung ist für einen Wettbewerb der Unternehmen im Dienst der Verbraucher wichtig.
Durch die Werbung weisen die Unternehmen auf ihre Leistungen hin. Die Verbraucher können die Produkte vergleichen und die besten kaufen.
Die Vorstellung, dass Werbung zum Kauf verführe, ist unsinnig. Der moderne Verbraucher ist selbstbewusst und lässt sich nicht so leicht beeinflussen."

Reyhan, Verbraucherberatungsstelle

„Informative Werbung ist gut für den Verbraucher. Dagegen spricht nichts.
Leider ist sie jedoch oft nicht informativ. Es wird häufig nichts oder nur wenig über die Qualität des Produktes und den Preis gesagt. Die Angaben von Inhaltsstoffen bei Lebensmitteln findet man z. B. nur, wenn einer der Stoffe als gesund oder besonders geschmackvoll herausgehoben wird.
Werbung zielt meistens auf die Gefühle der Menschen. Es werden Sehnsüchte und Träume geweckt. Da wird ein Zusatznutzen vorgegaukelt, der sich selten einstellt. Ein Preis- und Qualitätsvergleich ist schwer möglich. Da brauchen Verbraucher Unterstützung, z. B. durch Informationen von unabhängigen Testinstituten.
Werbung will zum Kauf verführen – durch Farbe, Styling, Musik und gefühlvolle Worte."

M2 Grenzen der Werbung

Das Gesetz gegen den unlauteren Wettbewerb (UWG) schützt Verbraucher gegen unlauteren (unehrlichen) Wettbewerb. Unlauter sind Handlungen, die die Entscheidungsfreiheit der Verbraucher beeinträchtigen. Dazu gehören z. B. unzumutbare Belästigungen durch Telefonwerbung und bei Gewinnspielen oder irreführende Werbung. Verboten ist z. B. bei Preisausschreiben Folgendes:

Das UWG formuliert auch Verhaltensregeln für Unternehmen.
Unternehmen dürfen über ihre Mitbewerber keine falschen oder herabsetzenden Informationen verbreiten.

> **Verbraucher Spaß**
> Sie gewinnen bei diesem Preisausschreiben immer mehr, als Sie einzahlen. Lösen Sie das Rätsel, schicken Sie es uns zu und zahlen Sie 30 Euro auf unser Konto.

Zu M1

1. Notiert die Gesichtspunkte zur Leistung der Werbung von Ron und Reyhan.
   Wem stimmt ihr eher zu? Vergleicht die Gesichtspunkte mit den Werbeabbildungen auf den Seiten 80, 82.

Zu M2

1. Begründet das Kreuz auf der Abbildung.
2. Sprecht mit einem Partner über die Bedeutung des UWG für die Gestaltung der Werbung (s. auch S. 87).

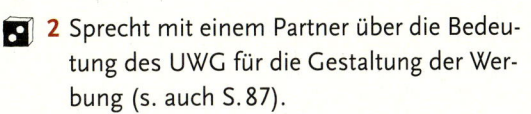

Methode Pro-Kontra-Debatte

Darum geht es

Die Pro-Kontra-Debatte verfolgt das Ziel, gegensätzliche Meinungen in einer Aussprache klar herauszuarbeiten. Das Verstehen der gegensätzlichen Argumente fördert die Einigung auf einen tragfähigen Kompromiss eher.

Ihr könnt lernen,
- die eigene Meinung klar und begründet zu vertreten,
- gegensätzliche Argumente zur Kenntnis zu nehmen und abzuwägen,
- eigene Einstellungen zu hinterfragen und ggf. zu verändern.

So läuft es ab

Vorbereitung
Formuliert eine strittige Aussage. Sie muss mit „Ja" oder „Nein" zu beantworten sein.

Auswahl der Spieler
Ordnet euch einer Pro-, Kontra- oder Beobachtergruppe möglichst freiwillig zu.

Abstimmung über den formalen Ablauf
- Legt Ort und Dauer der Gruppenarbeit fest.
- Die Pro- und Kontra-Gruppen erarbeiten ihre Standpunkte.
- Wählt jeweils drei Spieler, die als Pro- und Kontra-Gruppe die Debatte durchführen.
- Verteilt Beobachtungsaufgaben (Beobachtergruppe).
- Legt den Szenenaufbau für die Debatte und den Zeitrahmen (ungefähr 15 Minuten) fest.

Beobachtungsaufgaben
- Sprechen die Gruppen die wichtigen Argumente an? Welche fehlen?
- Welche der Gruppen erscheint stärker? Wie erlebt ihr das?
- Welche Argumente sind schwer zu widerlegen? Begründet.
- Sind die Spieler ihrer Gruppe kooperativ? Wie erlebt ihr das?
- Gibt es abwertende oder verletzende Argumente? Wenn ja, welche? Wie wirkt das auf den Verlauf?

Durchführung

Die Klasse während der Debatte zur Streitaussage: *„Kinder sind keine kritischen Verbraucher"*

Auswertung
- Die Vertreter der Pro- und Kontra-Gruppen äußern sich dazu, wie sie sich gefühlt haben und ob sie mit sich zufrieden sind.
- Die Beobachter sprechen in der Ich-Form ohne Bewertung über ihre Beobachtungen.
- Alle beteiligen sich daran, ein Ergebnis zu formulieren und die Streitfrage zu beantworten.
- Danach kann versucht werden, einen Kompromiss zu erarbeiten.

Strategien kluger Verbraucher

1 Kaufstrategien gesucht

Verbraucher brauchen gute Strategien, um ihre Interessen zu vertreten. Sie können das nicht so machtvoll wie Anbieter.

Ein Fahrradhändler kann sich z. B. auf den Produktbereich Fahrräder spezialisieren. Ein Verband unterstützt ihn durch neueste Informationen. Die Verbände der Hersteller und Händler versuchen, Parlamentarier und Ministerien für ihre Interessen zu gewinnen. Mehr als 2150 sind 2013 beim Bundestag verzeichnet.

Bei Verbrauchern ist es schwer, die Interessen zu bündeln. Sie beziehen sich auf verschiedenste Waren und Dienstleistungen.

Die **Verbraucherzentrale Bundesverband** unterstützt die Interessen der Verbraucher. Hilfreich ist auch die **Stiftung Warentest** mit ihren Zeitschriften „test" und „Finanztest".

■ Familie BARTH und SPORTBLITZ planen ihren Einkauf. Nennt Unterschiede.

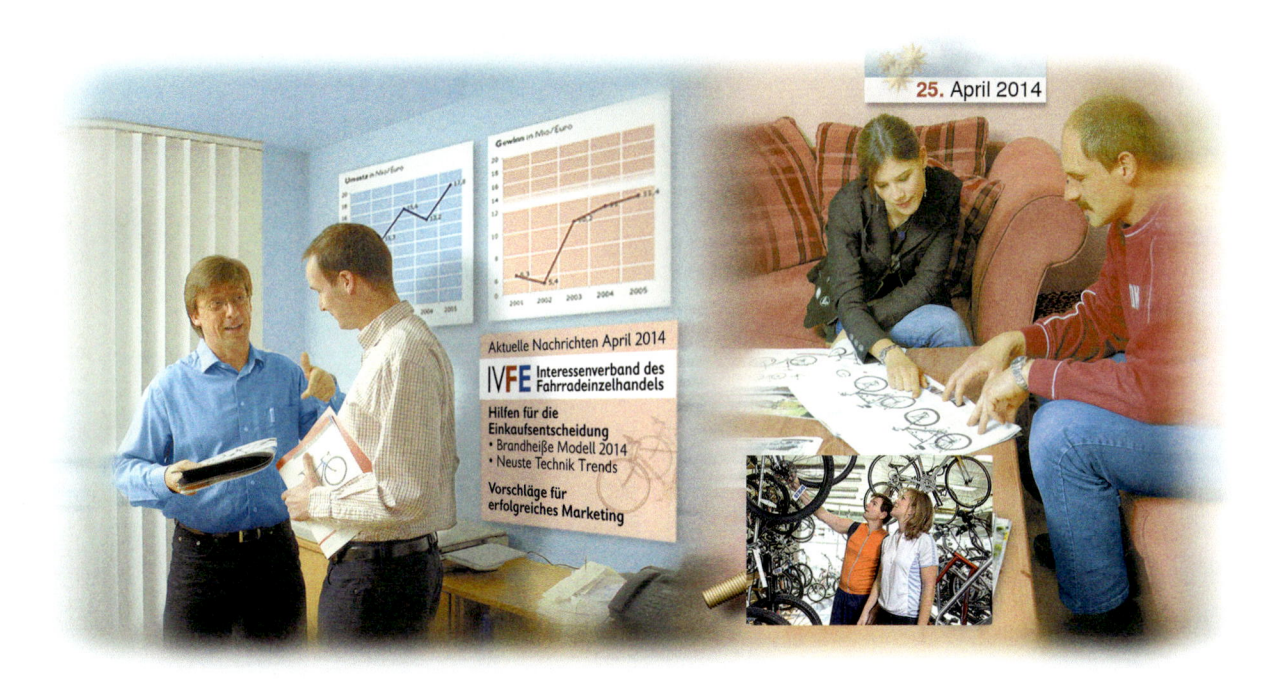

Das könnt ihr lernen

Ihr könnt
- Informationsquellen benennen, die für Verbraucher wichtig sind.
- Strategien eines vorteilhaften Kaufs von Waren und Dienstleistungen beschreiben.
- im Rollenspiel Preisverhandlungen beim Kauf erproben und Verbraucherinteressen vertreten.
- eine Preis- und Qualitätserkundung planen, durchführen und auswerten.
- erklären, warum Gesetze zum Verbraucherschutz notwendig sind.
- Möglichkeiten von Anbietern und Verbrauchern zur Wahrnehmung ihrer Interessen einschätzen und bewerten.

2 Hier werden Einkäufe vorbereitet

Gute Einkaufsstrategien sind eine Voraussetzung für erfolgreiche Käufe. Was ist wichtig?

Sich informieren: ALEV: „Ich informiere mich bei Händlern, der Zeitschrift ‚test', in Fachzeitschriften und der Verbraucherberatungsstelle über die Qualität."

Preise vergleichen: JONAS: „Wenn ich weiß, was ich kaufen will, vergleiche ich die Preise bei verschiedenen Anbietern und nutze Zeitungsanzeigen. So bin ich umfassend informiert."

Um Preise handeln: SERGIY: „Wenn ich im Internet gesehen habe, dass die Ware weniger kostet als hier beim Händler, versuche ich zu handeln. Meist kommt meine Freundin mit. Dann fühle ich mich stärker."

Sich engagieren: SOPHIA: „In der Klasse engagieren sich viele Schüler für den Kauf von **umweltverträglich** hergestellten oder **fair** gehandelten Waren. Ob wir mit folgender Meldung in unserer Stadt was erreichen?"

Überblick im Internet, z. B. *www.preisvergleich.de*

Fairtrade-Stadt in NRW
Als erste Kommune in NRW hat Neuss alle Kriterien der internationalen Kampagne Fairtrade Towns erfüllt, d. h., die acht ILO*-Kernarbeitsnormen wurden im Vergabewesen (für städtische Aufträge) verankert, darunter den Ausschluss ausbeuterischer Kinderarbeit.
*Internationale Arbeitsorganisation der UN, 185 Mitgliedsstaaten
Quelle: http://www.fairtrade-deutschland.de (29.07.2013)

1 Nehmt Stellung zum Kaufverhalten von Alev, Jonas und Sergiy.

2 Schätzt Sophias Vorhaben ein. Was könnte dieses bewirken?

3 Erprobt, wie man erfolgreich über den Preis verhandelt. Nutzt die **Methode Rollenspiel** (s. S. 36).

„Andere verkaufen das Modell für 219 Euro. Geben Sie einen Preisnachlass von fünf Prozent, dann kaufen wir bei Ihnen."

Rollenspieler: Verkäufer, Käuferin. Legt ein Produkt fest. Nehmt an, dass der Verkäufer einen Nachlass von 10 Prozent geben könnte, dies aber vermeiden will.

86 Strategien kluger Verbraucher

3 Damit keiner übers Ohr gehauen wird ...

1 „Unser Wahnsinnsangebot! Die Super-Crash-Sound-Kompaktanlage für 99 Euro. Doch leider ausverkauft... Überhaupt empfehle ich diesen Komfort-Musik-Center-Block für nur 1375 Euro."

2 „Bio ist im Trend: Der Kunde soll bekommen, was er möchte. Selbst die Ladenhüter lassen sich so gut verkaufen."

Gesetz gegen den unlauteren Wettbewerb (UWG)
Am Markt sind Anbieter mächtiger als Verbraucher. Der Staat schützt durch Gesetze die Interessen der Verbraucher gegen die Übermacht der Anbieter. Ein Beispiel ist das UWG. Es schützt auch die Mitbewerber.

Wichtige Bestimmungen des UWG
Unlauterer (unehrlicher) Wettbewerb ist verboten. Es geht u. a. um Folgendes:
- Irreführende Werbung
- Unzumutbare Belästigungen
- Teilnahmebedingungen bei Gewinnspielen
- Bedingungen für Verkaufsfördermaßnahmen
- Schädigende, falsche und herabsetzende Mitteilungen über Mitbewerber

Bei Verstößen kann das Gericht
- eine Unterlassung aussprechen (§ 8),
- zu Schadensersatz verpflichten (§ 9)
- oder die Herausgabe des Gewinns, der mit der unlauteren Wettbewerbshandlung erzielt wurde, verlangen (§ 10).

Mehr dazu im Internet unter
www.gesetze-im-internet.de/aktuell.html ▶ U ▶ UWG
(25.10.2013)

Verstöße gegen das UWG
Bei Verstößen kann der **Verbraucherzentrale Bundesverband** (vzbv) vor Gericht klagen. Er vertritt die Interessen der Verbraucher und macht Öffentlichkeitsarbeit bei Abgeordneten und Ministerien.

> **Verbraucherzentrale Bundesverband klagt erfolgreich wegen der Verkaufsförderungsaktion „Tony Taler"**
> Der Bundesgerichtshof hat die an Schüler gerichtete Werbeaktion „Tony Taler" untersagt (Urteil des BGH vom 12.07.2007, I ZR 82/05).
> Danach ist diese Art der Schulwerbung wettbewerbswidrig, weil sie den Gruppenzwang in einer Schulklasse ausnutzt und Kinder und Jugendliche gezielt als sogenannte Kaufmotivatoren einsetzt ... In einer Werbeaktion hatte ein Hersteller Schüler dazu aufgerufen, als „Tony Taler" bezeichnete Wertpunkte zu sammeln und über ihre Schule gegen Sportgeräte zu tauschen. Für beispielsweise 50 Taler erhielt die Schule ein Badminton-Set, für 300 Punkte eine Beach-Volleyball-Anlage ...
> Nach **vzbv**: Urteile zum Verbraucherrecht,
> www.vzbv.de/start/index.php?page
> =themen&bereichs_id=5&themen_id=24&klag_
> id=500&subthemen_id=4&task=klagen v.
> 15.07.2007 (29.02.2012)

Mit einem Fingertippen in die Abofalle

Unzählige Nutzer von Smartphones sollen bis zu 60 Euro zahlen. Wollen Sie sich ein App (Kurzform von Application) aufs Handy laden, sollten Sie höllisch aufpassen. Die meisten der kleinen Zusatzprogramme sind kostenfrei. Die Tücke liegt in den Werbebannern, die zur Finanzierung gern eingeblendet werden. Wer mit dem Finger versehentlich darauf tippt, sitzt bereits fest. Was folgt, ist ein Abonnement für Klingeltöne, Spiele, Musikvideos oder Ähnliches, häufig für ein oder zwei Jahre, zu Preisen zwischen 3,00 und 60,00 Euro pro Monat. ...Tippen Sie die Werbung bloß an, wird Ihre Handynummer registriert – und die Geschäftemacher stellen dann über den Mobilfunkanbieter eine Rechnung für den angeblichen Abovertrag. Aber: Durch das Antippen eines Werbebanners komme „niemals ein gültiger Vertrag zustande", so der Bundesverband der Verbraucherzentralen (vzbv). Anbieter müssen über Preise, Inhalt, Laufzeit, Widerrufs- und Kündigungsmöglichkeiten informieren.
Nach **Junge Welt** v. 25.01.2012, S. 14
http://www.jungewelt.de/2012/01-25/012.php
(24. 10. 2013)

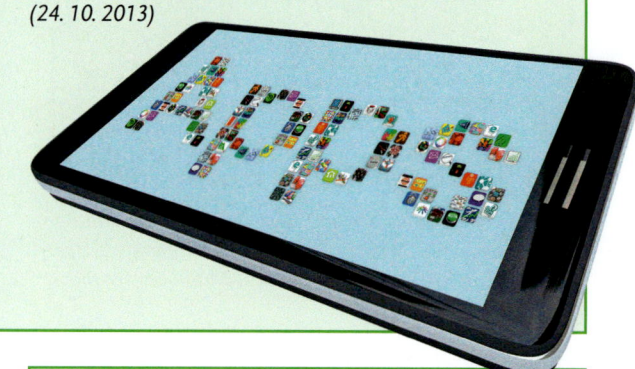

Aufdecken von Preiserhöhungen durch Mogelpackungen

Die Aktion der Verbraucherzentrale Hamburg „weniger drin – Preis gleich" deckte Mogelpackungen auf. Verbraucher nannten Produkte, die plötzlich eine geringere Füllmenge bei gleichem Preis enthielten.

Was sagt das Gesetz?

Ein Gesetzesverstoß liegt vor, wenn ein Produkt in **gleicher** Verpackungsgröße, aber mit einer **geringeren** Füllmenge angeboten wird.

Erfolg der Aktion:

Einige Unternehmen reagierten. Bei der Babykost „Milasan Pre Säuglingsnahrung" wurde z. B. die Preiserhöhung zurückgenommen.

- 1 Stellt Aspekte dazu zusammen, wie das UWG Verbraucher schützen kann. Vergleicht die Ergebnisse in Partnerarbeit.
- 2 Begründe, warum die Verkaufsförderung „Tony Taler" rechtswidrig ist.
- 3 Benenne, was beim Laden von Apps aufs Handy zu beachten ist.
- 4 Formuliere Interessen, die Anbieter mit Mogelpackungen verfolgen. Bewerte das Verhalten.

Klassische Mogelpackung:

Wird mehr Packungsinhalt vorgetäuscht, als tatsächlich drinsteckt, dann handelt es sich laut Eichgesetz um eine Mogelpackung. Das ist bei diesem Knäckebrot der Fall.

Geschrumpft: Die äußere Packung des Finn Crisp Multigrain blieb gleich groß. Drin sind aber nur noch 175 statt wie früher 200 Gramm.
Stiftung Warentest: test 10/2009

4 Weiterführendes Material

M1 Analyse der Homepage einer Verbraucherzentrale (VZ)

Diese behandeln auf ihrer Homepage auch Probleme, für die sich besonders Jugendliche interessieren. Die von Nordrhein-Westfalen (NRW) hat sogar ein Online-Jugendmagazin. Dort findet ihr für euch spannende Informationen zu verschiedenen Themenbereichen: www.checked4you.de . Nutzt die **Methode Informationen gewinnen – Internet nutzen**, S. 51.

Wer sich vertiefter damit beschäftigen will, kann das mit dem **WEBCODE** unten auf dieser Seite, der nähere Hinweise erhält.

M2 Geräteverschleiß: Hersteller planen die Lebensdauer von Produkten

Hersteller bauen keine gezielten Schwachstellen in ihre Geräte ein, damit sie vorzeitig kaputt gehen. Sie planen aber dennoch eine Lebensdauer für ihre Produkte. Dabei gilt häufig die Regel: Je teurer, desto langlebiger. Zu diesem Ergebnis kommt die Stiftung Warentest. ...

Der Verdacht, dass gezielt ein frühzeitiger Verschleiß von Produkten herbeigeführt wird, ... lässt sich laut test nicht belegen. Insbesondere Haushaltsgeräte gehen heute nicht schneller und nicht häufiger kaputt als früher. Dennoch gibt es Tricks, mit denen die Hersteller ihren Umsatz ankurbeln. ...
Stiftung Warentest: test 9/2013

Abgenutzte Bürsten

Vier von fünf Staubsaugern fallen wegen defekter Kohlebürsten aus – einem billigen Verschleißteil im Motor. **test** 9/2013, S. 59
* Basis: 25 defekte Geräte in den Dauertests der Stiftung Warentest zwischen 2003 und 2013.

Ingenieure planen die Lebensdauer

Also doch geplanter Verschleiß? In gewisser Weise ja. „Hersteller planen, wie lange ein Produkt halten soll", sagt Prof. Albert Albers, Leiter des IPEK Institut für Produktentwicklung …. Sie legen ein Nutzungsszenario für eine bestimmte Kundengruppe fest und ermitteln daraus eine Gebrauchsdauer. Dementsprechend planen die Konstrukteure die Einzelteile des Geräts: Wie dick müssen Kohlebürsten sein, ... damit sie die geplante Gebrauchsdauer einhalten?
Stiftung Warentest: test 9/2013

M3 Wie Unternehmen ihren Umsatz ankurbeln

Ging früher mal die Schuhsohle kaputt, nähte oder klebte der Schuhmacher eine neue an. ... Die angegossenen Kunststoffsohlen machen eine Reparatur nahezu unmöglich. Das ist nur eines von vielen Ärgernissen für Verbraucher. ...

Hohe Reparaturkosten. Ab 762 € ist die Bosch Waschmaschine WAS28840 ... erhältlich. Geht nach der Gewährleistungszeit der Motor kaputt, bietet Bosch den Austausch zum Festpreis von 299 € an. Fallen mehrere Bauteile aus, ... erscheint vielen Verbrauchern ein Neukauf sinnvoller.

Unzertrennlich
Fest eingebaute Akkus können Nutzer nicht selbst wechseln. Der Austausch durch Profis ist teuer.

Anteil mit fest eingebautem Akku

Auswertung aller 205 Handys, die seit 2010 ... geprüft wurden.
Stiftung Warentest: test 9/2013, S. 63

Jahr	2010	2011	2012	2013
Anteil	4	7	25	36

Fest eingebaute Akkus Für viele Produkte ... verwenden die Hersteller fest eingebaute Akkus. Gehen diese kaputt oder werden sie schwach, kann der Nutzer sie nicht selbst wechseln. Er muss das gesamte Gerät zum Kundenservice schicken und es dort abgeben. Besitzer des iPhone 5 zahlen für einen Ersatzakku 75 €. Das Handy ist tagelang fort und kommt ohne persönliche Daten zurück. Beim vergleichbaren Samsung Galaxy S III lässt sich der Akku leicht entnehmen. Ein Originalersatzteil kostet 24,90 € ...
Stiftung Warentest: test 9/2013, S. 63

M4 Schutz von Kindern und Jugendlichen vor der Kostenfalle Handy

Prepaid-Karten: Mindestumsatz darf nicht per SMS eingeführt werden, 26.04.2010
Ein Gericht hat einem Mobilfunkdienstleister untersagt, Kunden per SMS die Einführung eines Mindestumsatzes für Prepaid-Karten mitzuteilen. Das Unternehmen hatte Prepaid-Kunden folgende SMS geschickt: „E-Plus führt zum 1.9.2009 einen Mindestumsatz von mtl. 1 EUR bei Prepaid-Karten ein, die mind. 2 Monate nicht aktiv genutzt wurden. Details/Stop kostenlos: 77770". Unter der Kurzwahlnummer erfuhren die Kunden über eine Bandansage, dass die Vertragsänderung als angenommen gelte, falls sie nicht kündigen.
Dieses Verhalten sei unlauter, so die Richter, und gaben der Klage ... statt. Die Kurznachricht war so formuliert, als könne der Anbieter den Mindestumsatz ohne Zustimmung des Kunden einführen. Zu einer einseitigen Änderung ... war E-Plus aber nicht berechtigt.

Nach **Verbraucherzentrale Bundesverband**
http://www.vzbv.de/4838.htm ▶ *Themen*
▶ *Wirtschaft* ▶ *Wettbewerb* ▶ *Urteile*
(29.07.2013)

Zu M1

Beurteilt zusammen mit einem Partner einen ausgewählten Beitrag der Website unter folgenden Gesichtspunkten:
- Wie ist dieser gestaltet?
- Wie schätzt ihr den Text/die Abbildungen ein?
- Was findet ihr interessant? Warum?

Stellt die Ergebnisse in eurer Klasse vor. Nutzt die **Methode Präsentation**, S. 18.

Zu M2

Nehmt Stellung zu folgenden Aussagen:
Dirk: „Aus ökologischen Gesichtspunkten sollten Produkte langlebig und sehr haltbar sein. Das spart Rohstoffe und Energie."
Manuela: „Ich will mir neueste Technik, z.B. ein trendiges Smartphone, leisten können. Vieles veraltet so schnell, da lohnt es nicht, langlebig zu produzieren."

Zu M3

Beurteilt folgende Positionen:
Verbraucherin: „Zum Verbraucherschutz muss eine längere Gewährleistung und Garantie der Ersatzteilversorgung gehören."
Unternehmer antwortet: „Das würde die Güter verteuern und Neuentwicklungen behindern. Viele könnten sich neue Güter nicht leisten."

Zu M2 – M3

Lest noch einmal die ersten Sätze von M2. Welche Auffassung teilt ihr? Nutzt dazu die **Methode Pro-Kontra-Debatte**, S. 84.

Zu M4

Erklärt, warum ein Vertrag nicht einseitig geändert werden darf. (Siehe dazu S. 95.)

Alles klar?

Klug und umweltbewusst einkaufen

1. Was ist Händlern bei der Gestaltung eines Supermarktes wichtig? Nenne wenigstens vier Gesichtspunkte.

2. Was ist Verbrauchern bei der Anordnung der Waren im Supermarkt wichtig? Nenne wenigstens vier Gesichtspunkte.

3. Warum hat der Supermarkt Pinkow seinen Geschäftsraum neu gestaltet?

4. In vielen Fachgeschäften sind die Produkte teurer als in Verbrauchermärkten. Warum kaufen Verbraucher trotzdem dort?

5. Worüber informiert das Bio-Siegel?

6. Welche Information fehlt jeweils?

7. Erstelle ein Säulendiagramm für den Umsatz der größten Discounter. Ziehe M2, S. 75, heran.

8. Erstelle ein Kreisdiagramm für die Anteile der fünf größten Discounter an der Gesamtzahl an Filialen. Ziehe S. 75 heran. Beziehe die **Methode Statistiken und Schaubilder nutzen**, S. 60, ein.

Werbung – informieren und/oder beeinflussen?

9. Beurteile die Werbung zu PowerLeo. Nenne den Zusatznutzen, den sie verspricht.

10. Unternehmen geben viel Geld für die Werbung aus. Nenne Gründe.

11. Entwirf einen Werbetext für ein Smartphone (Zielgruppe: Jugendliche).

12. Entwirf einen Werbetext für Käse (Zielgruppe: Erwachsene ab 50 Jahre).

Strategien kluger Verbraucher

13 Wie können sich Verbraucher vor dem Kauf über Qualität und Preis informieren? Notiere wenigstens je drei Möglichkeiten.

14 Nimm Stellung zu folgenden Meinungen:
TIM: „Es gibt so viele Gesetze zum Schutz der Verbraucher. Da blickt ja keiner durch. Anbieter und Verbraucher können ihre Interessen am Markt selbst regeln."
KATJA: „Anbieter sind viel mächtiger als Verbraucher. Der Staat muss die Verbraucher durch Gesetze schützen und die Einhaltung der Gesetze stärker kontrollieren."

15 Was fehlt in der Werbeanzeige? Notiere.

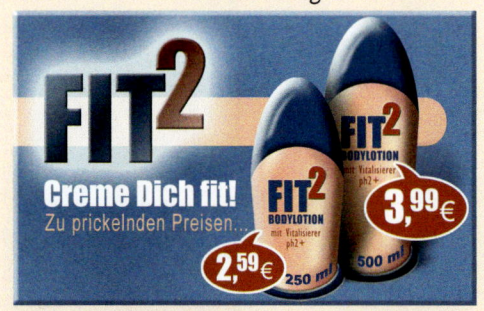

16 Bearbeite die Fragenstellungen zu M2, S. 89:
 a) Aus welchen Gründen planen Produzenten die Haltbarkeit der herzustellenden Produkte?
 b) Welche Bedeutung kann eine Verlängerung der Haltbarkeit der Produkte haben für
  – die ökologische Bewertung der Produktionsverfahren und der Produkte?
  – den Preis?
  Begründet eure Einschätzung.
 c) Wie könnte sich eine Verlängerung der Gewährleistung der Produkte auswirken?

17 Stelle die „Tricks" (s. rechte Spalte) zusammen. Beurteile diese. Welche Änderungen sind aus Verbrauchersicht notwendig?

8 Erstelle ein Kreisdiagramm für die Anteile der fünf größten Discounter an der Gesamtzahl an Filialen. Ziehe S. 75 heran. Nutze die **Methode Statistiken und Schaubilder nutzen**, S. 60.

Welche Tricks wendet die Lebensmittelindustrie an?

Das Lebensmittel soll besser erscheinen als seine Qualität ist. Und da sind die Wege vielfältig. Es gibt Würstchen, die als Kalbswiener angepriesen werden, dabei bestehen sie aus 47 % Schweinefleisch und nur 16 % Kalbfleisch. Oder ein Nudelprodukt, das vorne als Steinpilz-und-Trüffel-Variante beworben wird, entpuppt sich erst auf der Rückseite im Kleingedruckten als Mogelpackung, mit einem Trüffelanteil von 0,0006 %. Es wird den Verbrauchern etwas vorgegaukelt. Ich finde, die entscheidenden Merkmale eines Produktes müssen gleich vorne erkennbar sein. Etwa durch einen Aufkleber, der signalisiert, was drin ist.

Müssen Verbraucher mit der Lupe durch den Supermarkt laufen? Das ist in unserer schnelllebigen Zeit kaum zumutbar. Ich empfehle jedoch, wenigstens zu Hause zu gucken, was eigentlich gekauft wurde. Denn erst die Zutatenliste rückt mit der Wahrheit heraus. Also nicht nur auf die schöne Aufmachung schauen, sondern idealerweise vor den Kauf zuerst einmal die Rückseite studieren.

Aschmann, Regina: Nun bitte dringend wenden. Verbraucherschützer prangern Lebensmittel-Lügen an (Auszug). Buxtehuder Tageblatt v. 11.09.2013 B/S – Nr. 212

Verbraucherrechte beim Kauf

1 Alles, was recht ist

Täglich erfolgen riesige Mengen an Käufen und Verkäufen – direkt im Geschäft oder online. Die Beteiligten kennen sich selten. Trotzdem funktionieren die Käufe meist problemlos.

Eine Grundlage für dieses reibungslose Funktionieren ist unsere Rechtsordnung. Ohne die staatlichen Gesetze könnte eine Marktwirtschaft nicht erfolgreich sein.

Das Vertragsrecht im ▶ Bürgerlichen Gesetzbuch (BGB) sichert z. B. ab, dass

- Anbieter ihre Ware ordnungsgemäß herstellen und liefern und
- Verbraucher sie erhalten und bezahlen.

Gesetzliche Bestimmungen schützen Verbraucher bei fehlerhaften Waren. Das ist besonders wichtig bei technischen Geräten. Deren Funktionsfähigkeit kann nicht sofort beim Kauf überprüft werden.

🎲 Beurteilt die Aktionen der Personen auf den Fotos. Notiert Stichworte.

NORA: „Das will ich kaufen. Hier mein Geld."

VERKÄUFERIN: „Dafür möchte ich 2,50€ von dir haben."

MARTIN: „Die tausch ich um. Das ist mein gutes Recht."

Das könnt ihr lernen

Ihr könnt
- Voraussetzungen für die Rechts- und Geschäftsfähigkeit benennen.
- die Bedeutung des Schutzes von Kindern und Jugendlichen beim Kauf von Waren und Dienstleistungen einschätzen.
- an Beispielen erklären, was unter einem Kaufvertrag zu verstehen ist.
- an Beispielen Rechte von Käufern bei der Lieferung fehlerhafter Waren erläutern.
- gesetzliche Regelungen zum Jugend- und Verbraucherschutz beurteilen.

2 Rechts- und Geschäftsfähigkeit

Gesetze bilden die Grundlage unserer Rechtsordnung. Rechtspersonen können natürliche Personen (Bürger) und juristische Personen (Organisationen, Unternehmen) sein.

Jeder Mensch hat von Geburt an Rechte. Die **Rechtsfähigkeit** gehört zu seiner Menschenwürde. Sie ist festgelegt im Grundgesetz.

Die dreijährige Selma kann z. B. Eigentümerin eines Hauses sein.

Zu unterscheiden ist davon die **Geschäftsfähigkeit**. Es geht um die Fähigkeit, Rechte und Pflichten durch Rechtsgeschäfte zu erwerben.

Die Geschäftsfähigkeit hängt vom Alter ab.

Die dreijährige Selma ist nicht geschäftsfähig und kann z. B. keinen Kaufvertrag schließen.

Wer ist geschäftsfähig?
Jugendliche, die das 18. Lebensjahr vollendet haben, sind voll geschäftsfähig. Jüngere sind nicht oder nur beschränkt geschäftsfähig.

Geschäftsfähigkeit

	Minderjährigkeit		Volljährigkeit	
Geburt	Vollendung des 7. Lebensjahres		Vollendung des 18. Lebensjahres	Tod
nicht geschäftsfähig	beschränkt geschäftsfähig		voll geschäftsfähig	

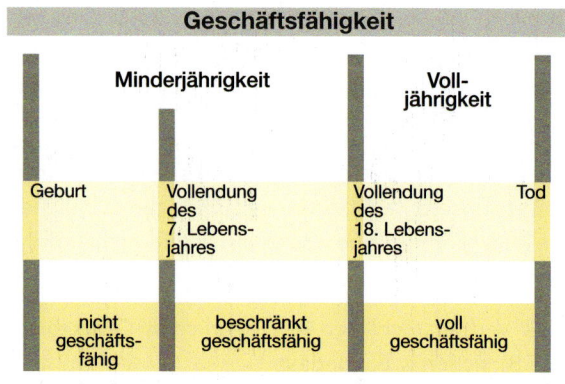

Schließen Minderjährige mit Zustimmung der gesetzlichen Vertreter (in der Regel der Eltern) einen Kaufvertrag, so ist er rechtswirksam.

Ohne Einwilligung der Eltern ist ein Kaufvertrag Minderjähriger unwirksam. Stimmen die Eltern nachträglich zu, ist er wirksam.

Käufe im Rahmen des Taschengeldes brauchen keine Zustimmung der Eltern.

VATER:
„Dieses Rad hat mein Sohn gestern hier für 750 Euro gekauft. Ich stimme dem Kauf nicht zu. Nehmen Sie das Rad zurück und geben Sie das Geld heraus!"

JENS:
„Ich kann das zahlen. Ich habe mir von Nicolas 300 Euro geliehen. Die zahle ich ihm in den nächsten Jahren bestimmt zurück."

HÄNDLER:
„Der Kauf gilt. Ihr Sohn ist 16 Jahre und weiß, was er will."

1 Begründet die Notwendigkeit einer Rechtsordnung an einem Beispiel. Tauscht euch dazu mit einem Partner aus.

2 Kann Jens' Vater die Rücknahme des Fahrrads verlangen? Begründet eure Einschätzung. Berücksichtigt dabei Alter und Geschäftsfähigkeit.

3 Julia, 10 Jahre, ist Eigentümerin eines Hauses (Wert 1,2 Mio Euro). Kann sie ohne Zustimmung der Eltern ein Fahrrad für 600 Euro kaufen? Begründet eure Auffassung.

3 Ein Kaufvertrag kommt zustande

Der Kaufvertrag ist ein zweiseitiges Rechtsgeschäft. Zwei Personen müssen eine Willenserklärung abgeben – mündlich oder schriftlich. Die eine Person macht einen Antrag, die andere erklärt die Annahme.

Ein Kaufvertrag kann mündlich oder schriftlich geschlossen werden, z. B. durch eine Geste (z. B. Handschlag) oder durch Schriftform. Der Kassenzettel ist ein Beleg dafür.

Der Kaufantrag muss so eindeutig sein, dass die Annahme durch ja, nein oder einverstanden bestätigt werden kann.

Aus dem Kaufvertrag ergeben sich Rechte und Pflichten. Der Käufer hat u. a. die Pflicht, den Kaufpreis zu zahlen. Der Verkäufer hat die Pflicht, die Ware in ordnungsgemäßem Zustand abzugeben.

Nicht gültige Kaufverträge:
- Verbotene und sittenwidrige Verträge, z. B. Verkauf von Alkohol an Jens, 8 Jahre
- Verträge mit Personen, die nicht geschäftsfähig sind, z. B. der Verkauf eines Buches an die 4-jährige Lena

Kauf im Internet
Der Verkäufer muss den Käufer u. a. auf sein Recht auf Widerruf und Rückgabe hinweisen. Den Widerruf kann der Verbraucher durch Rückgabe der Sache oder in Textform innerhalb von zwei Wochen erklären. Zur Wahrung der Frist genügt die rechtzeitige Absendung.

Beispiel 1
Der Verkäufer macht einen Antrag

Händler Schreiber: „Dieses Fahrrad Senta XP kostet 375 Euro."
1. Willenserklärung (Antrag)

Jörg: „Alles klar, das nehme ich."
2. Willenserklärung (Annahme)

Beispiel 2
Der Käufer macht einen Antrag

Judith: „Ich möchte dieses Handy zu 99 Euro kaufen."
1. Willenserklärung (Antrag)

Händlerin Schmitz: „Gerne, ich lasse es verpackt vom Lager holen."
2. Willenserklärung (Annahme)

---

1 Begründet, ob ein Kaufvertrag zustande kam:
A: Melanie zu ihrer Freundin im Rock-Center: „Ich kaufe diesen Rock zu 25 Euro."
B: Robbie, 20 Jahre: „Ich biete dir diesen Sattel zu 50 Euro." Anja, 18 Jahre: „Den nehme ich."
C: Claus: „Ich möchte sofort das Radio LS 18. Hier sind die 50 Euro." Händler Santer: „Ist vielleicht in drei Tagen da."
D: Wiebke: „Ich möchte den Haarschnitt ohne Waschen für 10 Euro."
Friseurin: „Geht klar."

2 Dirk hat im Internet vor einer Woche ein Handy gekauft. Sein Freund sagt ihm, dass er eine Quelle für 30 Euro günstiger kennt. Was kann Dirk tun? Erörtert den Fall in Partner- oder Gruppenarbeit.

4 Rückgabe und Umtausch

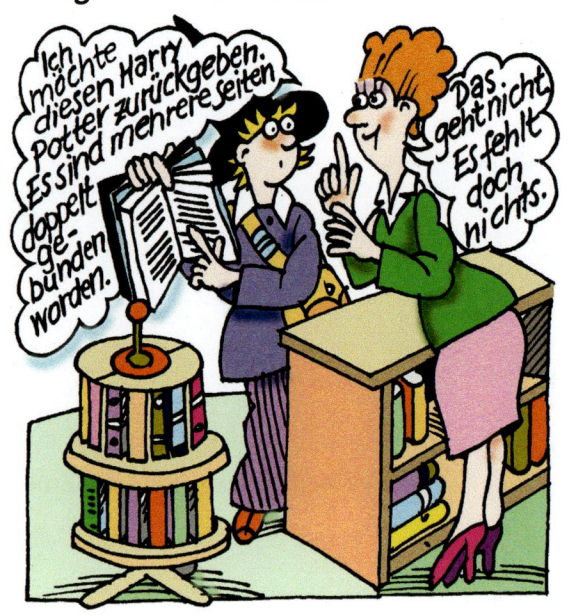

Die Rechte der Käufer

1 Verkäufer müssen ordnungsgemäße Waren und Dienstleistungen verkaufen. Sie sind verpflichtet, für einen Mangel (Fehler) zu haften. Man nennt das **Gewährleistung**. Einen Mangel hat z. B. eine verkratzte CD oder ein Buch, bei dem Seiten fehlen.

2 Käufer können fehlerhafte Waren zurückgeben, eine Nachbesserung oder eine Verringerung des Kaufpreises verlangen.

3 Käufer können Schadensersatz für entstandene Aufwendungen verlangen.

4 Die Gewährleistungsfrist beträgt zwei Jahre*, für gebrauchte Waren mindestens ein Jahr.

5 Verkäufer müssen fehlerhafte Waren nicht zurücknehmen, wenn der Käufer den Fehler beim Kauf kannte.

6 Verkäufer bieten oft die Rücknahme fehlerfreier Ware (Umtausch) gegen einen Kassenzettel freiwillig an.

Der Fußball platzt aus allen Nähten!

Dirk hat Geld für einen Fußball gespart. Endlich ist es so weit. Er geht zu „Sport-Winter".

Der Händler empfiehlt den Ball „Rondo 3" zu 25 Euro und betont, dass der Ball oft gekauft wird und die Qualität gut ist. Dirk ist froh und lädt sofort ein paar Freunde zum Spielen ein.

Nach zwei Spielen platzen die Nähte. Dirk geht sofort zu „Sport-Winter" und verlangt einen neuen Ball. Der Händler will den Ball nicht zurücknehmen, weil er Kratzer hat.

Die Hose will ich nicht mehr!

Ronny hat sich eine blaue Jeans gekauft. Die Hose sitzt perfekt und kostet wenig. Der Verkäufer weist ihn auf einen kleinen Farbfleck hin. Das ist der Grund für den günstigen Preis.

Der Fleck ist kaum zu sehen. Ronny ist zufrieden.

In der Schule findet sein Freund Burak, dass die Hose langweilig ist. Ronny verlangt die Rücknahme der Hose. „Sie hat einen Farbfleck", betont er. Der Verkäufer lehnt ab.

* In den ersten sechs Monaten wird davon ausgegangen, dass der Mangel beim Kauf vorhanden war. Danach muss das der Käufer beweisen.

Regine kauft einen Bikini

Regine geht zum Textilhaus Grote, um sich einen Bikini zu kaufen. Von ihrer Freundin Uta weiß sie, dass es da preiswerte Waren gibt. Sie findet einen schicken Bikini, probiert ihn an und kauft ihn.

Zu Hause zeigt sie ihrer Freundin den Bikini. Uta ist entsetzt. „Die Farbe ist nicht mehr modern. Tausch den Bikini schnell um. Meine Mutter hat auch eine Jacke bei Grote umgetauscht. Bei denen steht an der Kasse extra ein Schild, dass Umtausch möglich ist."

Regine geht am nächsten Tag mit dem Kassenzettel zu Grote, um den Bikini umzutauschen. Die Verkäuferin weigert sich.

Rechte beim Umtausch

Viele Geschäfte bieten freiwillig einen Umtausch von Waren an, die keinen Mangel haben.

Der Umtausch muss innerhalb einer bestimmten Frist, z. B. einer Woche, erfolgen. Außerdem muss man den Kassenzettel vorlegen. Man bekommt einen Gutschein für den bezahlten Geldbetrag oder den gezahlten Geldbetrag zurück.

Wird das Recht zum Umtausch freiwillig zugesichert, z. B. durch ein Schild an der Kasse, besteht ein Rechtsanspruch.

Nicht umgetauscht werden in der Regel
- Badebekleidung
- Unterwäsche
- Ware zu einem herabgesetzten Preis
- Einzelbestellungen

RICHARD: „Bei uns wird viel umgetauscht. Es gibt Kunden, die kaufen ohne jeden Verstand und tauschen dann am nächsten Tag die Ware um. Mich nervt das enorm."

GABI: „Aber das ist doch für uns super. Durch die Möglichkeit zum Umtausch werden die Kunden leichtsinnig und kaufen, was das Zeug hält.
Mit dem Gutschein, den sie bekommen, bleibt das Geld in der Kasse."

RICHARD: „Ich kenne Händler, die beim Umtausch das Geld zurückgeben. Ob sich das lohnt?"

---

1 Löst die beiden Fälle zur Rückgabe/zum Umtausch von einem Buch (Vorseite) in Partnerarbeit. Nennt Gründe.

2 Kann Dirk einen neuen Fußball verlangen? Begründet.

3 Kann Ronny die Rücknahme der Hose verlangen? Begründet.

4 Kann Regine den Umtausch des Bikinis verlangen? Begründet.

5 Bei vielen Händlern ist ein Umtausch möglich. Nennt Gründe.

6 Informiert euch über aktuelle Fragen zum Verbraucherrecht: Entscheidet euch für den Bereich ▶ Informationsrechte oder ▶ Vertragsrecht.
Wählt einen Fall als Hausaufgabe und bereitet eine Präsentation (s. Methode S. 18) mit einem Plakat vor.
Ihr könnt zur Vorbereitung auch den WEBCODE nutzen.

5 Weiterführendes Material

M1 Dürfen Jugendliche alles kaufen?

Auszug aus dem Jugendschutzgesetz

§ 9 Alkoholische Getränke
In Gaststätten, Verkaufsstellen oder sonst in der Öffentlichkeit dürfen
1. Branntwein, branntweinhaltige Getränke oder Lebensmittel, die Branntwein in nicht nur geringfügiger Menge enthalten, an Kinder und Jugendliche,
2. andere alkoholische Getränke an Kinder und Jugendliche unter sechzehn Jahren
   – weder abgegeben
   – noch darf ihnen der Verzehr gestattet werden.

§ 10 Rauchen in der Öffentlichkeit, Tabakwaren
(1) In Gaststätten, Verkaufsstellen oder sonst in der Öffentlichkeit dürfen Tabakwaren an Kinder oder Jugendliche weder abgegeben noch darf ihnen das Rauchen gestattet werden.
(2) In der Öffentlichkeit dürfen Tabakwaren nicht in Automaten angeboten werden. Dies gilt nicht, wenn ... durch technische Vorrichtungen oder durch ständige Aufsicht sichergestellt ist, dass Kinder und Jugendliche Tabakwaren nicht entnehmen können.

§ 12 Bildträger mit Filmen oder Spielen
Bildträger, die nicht oder mit „Keine Jugendfreigabe"... gekennzeichnet sind, dürfen einem Kind oder einer jugendlichen Person nicht angeboten, überlassen oder sonst zugänglich gemacht werden. ...

Bundesministerium für Familie, Senioren, Frauen und Jugend www.bmfsfj.de ▶ Gesetze ▶ Jugendschutzgesetz (23.10.2013)

---

1 Richard erledigte den Einkauf für die Familie. Er hat alles bekommen und ist froh, endlich an der Kasse zu stehen. Er: „Da werden die zu Hause zufrieden sein."
   Kassiererin: „Du ..."
   Was könnte sie einwenden?

2 Lara möchte ihrem Vater zum Geburtstag eine DVD schenken. Als der Kassierer ihr die DVD nicht verkaufen will, ist sie ärgerlich. „Ich darf die DVD kaufen, denn sie ist ein Geschenk für meinen Vater. Außerdem bin ich 16 Jahre alt." Hat Lara Recht?

3 Begründe die gesetzlichen Regelungen (s. oben).

Nachhaltig handeln in eurer Schule: ein Projektvorschlag

1 Wie kann eure Schule nachhaltig gestaltet werden?

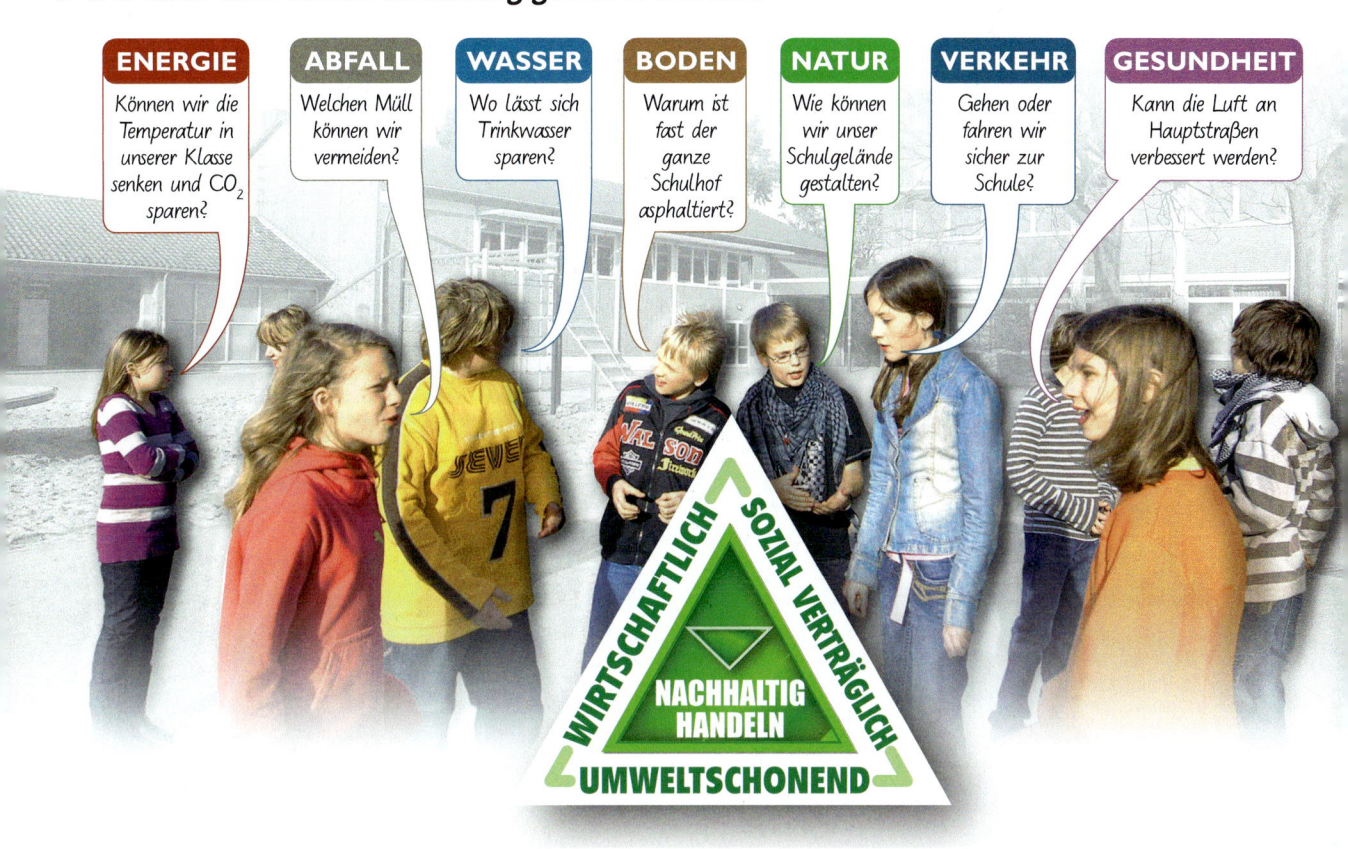

ENERGIE — Können wir die Temperatur in unserer Klasse senken und CO_2 sparen?

ABFALL — Welchen Müll können wir vermeiden?

WASSER — Wo lässt sich Trinkwasser sparen?

BODEN — Warum ist fast der ganze Schulhof asphaltiert?

NATUR — Wie können wir unser Schulgelände gestalten?

VERKEHR — Gehen oder fahren wir sicher zur Schule?

GESUNDHEIT — Kann die Luft an Hauptstraßen verbessert werden?

NACHHALTIG HANDELN — WIRTSCHAFTLICH, SOZIAL VERTRÄGLICH, UMWELTSCHONEND

Schule als Lebensraum

Ihr verbringt viel Zeit in der Schule. Sie ist euer Lebensraum. Ihr wollt euch wohlfühlen. Das Lernen soll Freude machen. Dazu kann eine Schule beitragen,
- die wir umweltgerecht gestalten,
- in der wir sparsam mit Energie und Wasser umgehen, Abfälle vermeiden bzw. entsorgen,
- in der wir Einrichtungen pfleglich behandeln,
- in der wir auf unsere Gesundheit achten,
- in der wir rücksichtsvoll miteinander umgehen.

🎲 Beantwortet die Fragen der Schüler für eure Schule. Ordnet diese dem Nachhaltigkeitsdreieck zu. Nennt Beziehungen zwischen den Bereichen.

Das könnt ihr lernen

Ihr könnt
- mit Beispielen verdeutlichen, was bei der nachhaltigen Gestaltung einer Schule zu bedenken ist.
- eine Erkundung zur Arbeit in eurer Schule planen, diese durchführen und auswerten. Ihr seid in der Lage, dabei zu berücksichtigen: umweltbezogene, wirtschaftliche, soziale und gesundheitliche Gesichtspunkte.
- eine Maßnahme zum nachhaltigen Handeln auswählen, planen, durchführen und auswerten.

2 Gestaltung unserer Schule: umweltschonend, wirtschaftlich, sozial

Projektideen werden konkreter

Auf der Vorseite wurde bereits angesprochen, was zur Förderung von Nachhaltigkeit in der Schule bearbeitet werden könnte.

Bei der Planung eures Projektes, also zur Festlegung der Ziele und Schwerpunkte sowie der Formen der Erarbeitung, hilft euch die **Methode Projektarbeit** (s. S. 104).

Ein Punkt wird hier herausgehoben: die Bedeutung der Unterstützung durch die Schulleitung und den Hausmeister.

Nachhaltiges Handeln – wo steht eure Schule?

Bearbeitet die Schwerpunkte in Gruppen:
- Energie und Wasser sparen
- Abfall vermeiden und verwerten
- Schule und Schulgelände naturnah gestalten
- Verkehrsbelastungen verringern und Schulwege sichern

Arbeitet innerhalb der Schwerpunkte einer Fragestellung. Beziehet diese noch mehr auf eure Schule.

Die folgenden Seiten enthalten Hinweise zu
- den Schwerpunkten und
- der Gewinnung von Informationen.

1. Informiert euch über die **Methode Projektarbeit** (S. 104).

2. Sprecht für euer Projekt über die Bedeutung der Unterstützung durch die Schulleitung und den Hausmeister. Überlegt, wie ihr diese für euer Projekt gewinnen könnt.

3. Stellt Informationen zusammen, die ihr für eine Entscheidung über Schwerpunkte des Projekts benötigt. Nutzt dazu die Folgeseiten sowie z. B.: *www.umweltschule-niedersachsen.de* und *www.agenda21-treffpunkt.de* ▶ Unterrichtsmaterialien. Wertet die Informationen für eure Fragestellungen in Gruppen aus.

4. Welche Methoden solltet ihr noch erarbeiten, um z. B. ausreichende Informationen zu eurer Schule zu gewinnen und aufzubereiten (s. Buchdeckel vorn, innen).

3 Wie können wir das Miteinander in unserer Klasse verbessern?

In der Schule arbeiten und lernen viele Menschen. Sie haben verschiedene Interessen und Fähigkeiten. Alle wünschen sich gesunde Arbeits- und Lernbedingungen. Schüler brauchen eine Lernumgebung, in der jeder Einzelne gefördert werden kann und Freude am Lernen entwickelt.

Wichtig sind: gute Zusammenarbeit mit Mitschülern, Verständnis für andere Lebensweisen, Aushalten und Lösen von Konflikten.

Wichtig ist auch, wie ihr mit Mitschülern und Lehrern umgeht und diese mit euch. Dazu wurden 750 Schüler befragt:

Verhalten von Lehrerinnen und Lehrern

Von 100 Schülerinnen und Schülern antworteten Erklärung: Die Summe einer Zeile beträgt weniger als Hundert, weil nur die beiden abgebildeten Spalten berücksichtigt wurden.	Das trifft zu	
	für alle bzw. die meisten	für keinen bzw. wenige
Meine Lehrer verstehen mich.	51	22
Meine Lehrer helfen mir, auch wenn ich keine guten Leistungen bringe.	53	24
Unsere Lehrer erklären gut.	56	13
Unsere Lehrer ermutigen uns, offen unsere Meinung zu sagen.	56	22
Unsere Lehrer behandeln uns wie kleine Kinder.	13	71
Unsere Lehrer behandeln uns ungerecht.	11	70
Es ist schwierig, mit unseren Lehrern über Dinge zu diskutieren.	23	47

Verhalten in der Klasse

Von 100 Schülerinnen und Schülern antworteten	Stimmt genau/ ziemlich genau	Teils/ teils	Stimmt eher nicht/überhaupt nicht
Die Schüler in meiner Klasse sind gerne zusammen.	53	41	6
Wenn jemand aus der Klasse traurig ist, gibt es immer jemanden, der sich um ihn kümmert.	63	23	14
Es gibt viele Schüler in der Klasse, die sich nicht mögen.	28	42	30
Die meisten Schüler in meiner Klasse sind nett und hilfsbereit.	53	34	13

Markus Freitag: *Was ist eine gesunde Schule?* Weinheim 1998, S. 129, 137 – Auszug

1. Sprecht in Partnerarbeit über eure Arbeits- und Lebensbedingungen.
2. Erklärt die Ergebnisse der Befragung.
3. Welche Bedeutung können die einzelnen Einschätzungen für das Lernen haben?
4. Führt eine Befragung zu Gesichtspunkten des Verhaltens in eurer Klasse durch. Nutzt die **Methode Befragung** (S. 17, 163).
5. Was könnt ihr tun, damit
   - sich mehr Schüler in der Klasse wohlfühlen?
   - ihr zufriedener seid mit euren Lehrern – und diese mit euch?
   Arbeitet dabei in Gruppen. Begründet eure Antworten. Präsentiert eure Ergebnisse. Nutzt die **Methode Präsentation** (S. 18).

4 Informationen zu möglichen Projektschwerpunkten

Umweltgerechtes Verhalten
Lindenpark-Schule 2014   7. Klassen

Wettbewerb 50 € Siegprämie

Punkte pro Termin:	Thema:		7a	7b	7c
4	Strom		5	6	7
6	Heizenergie		3	8	8
3	Abfall		2	3	2
5	Sauberkeit der Klasse		6	8	7
	Gesamtpunktzahl für 3 Prüftermine im Januar:		16	25	24
	Platzierung:		3.	1.	2.

Energie und Wasser sparen in der Schule

Ihr erarbeitet, was ihr tun könnt, um Energie zu sparen. Ihr spürt am eigenen Leib, wenn Räume nicht angenehm beheizt oder Arbeitsplätze unangemessen beleuchtet sind. Ihr stellt z. B. fest, ob Hähne tropfen, die Toilettenspülung leckt oder das Wasser in der Dusche der Sporthalle zu heiß ist.

Mit einfachen Mitteln lässt sich die Energie- und Wassernutzung bewerten und verbessern sowie die Umwelt entlasten und Geld einsparen.
- Notiert für eine Woche morgens und nach Schulschluss für jeden Strom- und Wasserzähler den Stand und ermittelt den Verbrauch. Erstellt dazu eine Tabelle.
- Besorgt euch von den letzten beiden Jahren Daten zum Strom- und Wasserverbrauch sowie zur Heizenergienutzung und zu den Kosten. Fertigt eine Übersicht als Poster an.

Im Folgenden findet ihr Vorschläge für Aktivitäten. Mehr Informationen bietet z. B. das Projekt „fifty/fifty" der Hamburger Schulen:
www.fiftyfifty-hamburg.de (05.08.2013)

Stromnutzung:
- Untersucht die Helligkeit in den Klassen (empfohlen: 300 Lux, Maßstab für Beleuchtungsstärke). Lasst diese durch Schüler einschätzen und/oder nutzt ein Lux-Messgerät. Informationen unter: *www.wikipedia.org/wiki/Lux_(Einheit) (24.10.2013)*.
- Erarbeitet, wie die Lichtstärke angepasst werden kann und ob Möglichkeiten dafür genutzt werden. (Meistens reicht das Lichtband an der Wandseite.)
- Werden besonders gute Energiesparlampen benutzt?
- Wird das Licht in den Pausen bzw. nach Schulschluss immer ausgeschaltet?
- Brennt Licht in nicht genutzten Räumen?
- Wurden PCs, Drucker und Monitore (!) nach der Benutzung ausgeschaltet (nicht im Stand-by-Betrieb belassen und möglichst ganz vom Stromnetz nehmen)?

Heizenergienutzung:
- Wird richtig gelüftet (Stoßlüften zu Beginn der Stunde/Pause statt Dauerlüften)?
- Sind Fenster und Türen dicht?
- Sind die Heizkörper auf die vorgesehene Temperatur in den Räumen eingestellt (Messungen in der Raummitte bei geschlossenen Fenstern zu Beginn und zum Ende des Unterrichts vornehmen)?
- Wie erfolgt die Absenkung der Temperatur über Nacht und in schulfreien Zeiten?
- Sind Boiler dauernd eingeschaltet?

Wassernutzung:
- Hat die Toilettenspülung eine Spartaste? Wird diese angemessen genutzt?
- Sollte die Durchflussmenge bei Wasserhähnen reduziert werden? Zum Händewaschen reicht wenig Wasser.
- Zeigen Wasserzähler, ohne dass Wasser genutzt wird, Verbrauch an (Leitungsleck)?

Erneuerbare Energien:
Wird z. B. Solarenergie genutzt für die Stromerzeugung bzw. als Beitrag zur Brauchwärme (Raumheizung, Warmwasser)?

Mit Wettbewerben Energie sparen:
Hamburger Schüler haben Wettbewerbe in der Schule zwischen Klassen und als Poker-Spiel zwischen Schulen durchgeführt. Über eine Heizperiode wurde das Sparverhalten bei Energie kontrolliert und bepunktet. Der Sieger erhält einen Gewinn. Näheres bei: fifty/fifty – Behörde für Schule und Berufsbildung (bsb) Hamburg
http://fiftyfifty-hamburg.de ▶ virtueller Schulrundgang (05.08.2013)

Beispielhafte
– *Schulprojekte des Bundesministerium für Umwelt, Naturschutz und Reaktorsicherheit,*
– *Bildung für nachhaltige Entwicklung*
siehe **WEBCODE**.

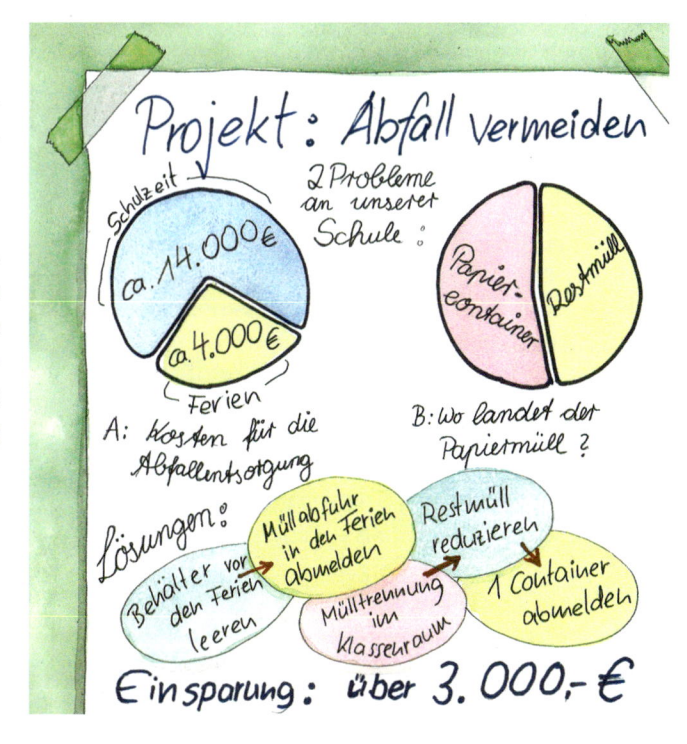

Solltemperaturen für Schulräume*

22 °C Wasch- und Umkleideräume

20 °C Unterrichtsräume, Aufenthaltsräume, Lehrerzimmer, Verwaltungsräume

17 °C Sporthallen

12 °C bis 15 °C Werkstätten

10 °C Toiletten, Flure, Treppenhäuser, Garderoben, Pausenhallen

* Die Temperaturangaben sind Richtwerte der „Heizungsbetriebsanweisung".

Abfall in der Schule vermeiden und verwerten
Bei diesem wichtigen gesellschaftlichen Problem sollte die Schule beispielhaft handeln:
- Wie viel Abfall fällt pro Jahr an (Restmüll, Papier, Glas, Verpackungen, ...)? Menge ermitteln (Behältergröße (in Liter) mit der Anzahl der Leerungen multiplizieren).
- Was kostet die Entsorgung pro Jahr?
- Was wird getrennt gesammelt (Wertstoffe, Schadstoffe)? Was geschieht damit?
- Welche Sammelbehälter sind in den Klassen?
- Wie werden diese genutzt?
- Welcher Müll könnte vermieden werden? Wie viel ließe sich dadurch einsparen?

Methode Projektarbeit

Darum geht es

In Projekten könnt ihr lernen, selbstständig zu handeln. Dies ist wichtig im Beruf und im Privatleben. Ihr plant ein Vorhaben in Gruppen, führt es durch und wertet es aus.

So läuft es ab

Vorbereitung

Ziele festlegen. Dabei klären,
- was ihr erreichen und dabei lernen wollt,
- wie viel Zeit zur Verfügung steht.

Um Ideen zu sammeln und eine Entscheidung zu treffen, nutzt die **Methode Kartenabfrage** (siehe S. 16).

Oft ist z. B. ein bestimmter Fachraum wichtig. Bedenkt auch, wobei ihr Unterstützung braucht (Zusammenarbeit mit anderen Lehrern und Klassen, Betrieben, Behörden und Verbänden).

Entwickelt einen Plan mit wichtigen Schritten und zum Zeitbedarf. Bestimmt Teilaufgaben und wer bzw. welche Gruppen dafür zuständig sind. Während der Planung wird deutlich, was ihr noch lernen müsst, z. B. zu Techniken der Beschaffung von Informationen, ihrer Dokumentation und Auswertung (**Methoden: Statistiken und Schaubilder nutzen**, siehe S. 60, **Befragung**, siehe S. 164, **Protokolle anfertigen, Plakate gestalten**).

Bei Bedarf sind weitere Fächer einzubeziehen, z. B. Deutsch (Briefe schreiben, Texte gestalten), Kunst (Gestaltung einer Präsentation, siehe auch **Methode** S. 18) oder Mathematik (**Methode Statistiken und Schaubilder nutzen**, S. 60).

Klärt bereits bei der Planung,
- wie ihr das Ergebnis und den Ablauf der Arbeit der Gruppen auswerten und beurteilen wollt (auch **Methode Gruppenarbeit**, S. 15),
- wie ihr die Ergebnisse notiert,
- wem die Projektergebnisse wie vorgestellt werden sollen (z. B. anderen Klassen, Eltern).

Durchführung

Für die Steuerung des Ablaufs können neben dem Lehrer auch Schüler wichtig sein. Dazu zählt z. B. der Umgang mit Schwierigkeiten, die Änderungen im Plan erfordern.

Auswertung

Bedenkt eure inhaltlichen Ziele und die Zusammenarbeit:
- Entsprechen eure Arbeitsergebnisse euren Zielen? Seid ihr eher zufrieden oder unzufrieden? Begründet.
- Wie wurden Arbeits- und Informationstechniken genutzt?
- Wie schätzt ihr die Gruppenarbeit ein?
- Wie habt ihr Vereinbarungen eingehalten?
- Was habt ihr gelernt?
- Was hat euch an der Begleitung durch den Lehrer gefallen bzw. nicht gefallen? Warum?
- Was hat eurem Lehrer bei eurer Begleitung gefallen/nicht gefallen? Warum?
- Was würdet ihr bei einer Wiederholung des Projektes verändern?

Kauft neue Fahrräder!

1 Was sich Verbraucher wünschen

Wer ein Fahrrad kaufen will, möchte z. B. wissen, wie haltbar der Rahmen ist, wie sicher Bremsen und Lenkung sind ...
Informationen von Händlern und Herstellern sind oft einseitig oder fehlen ganz.
Die ▶ Werbung zielt besonders darauf ab, Verbraucher gefühlsmäßig zu erreichen.

Wichtige Informationen zur Produktqualität fehlen oft.

Wie können Verbraucher beim Kauf von Waren ihre Interessen angemessen wahrnehmen?

🎲 Angenommen, du darfst dir eines der Räder als Geschenk aussuchen – als Herren- oder Damenrad. Notiere die Gründe für deine Entscheidung.

Das 24-Gänge-Mountain-Bike

Modell: Pro 007 / 24-Gang
Rahmen: Alloy 7005 (T4/T6)
Gabel: RST CAPA T5
Schalthebel: Shimano Acera / ST-EF29 Easy Fire
Bremshebel: Shimano Acera / ST-EF29
Bremsen: Wheeler TX-119 V-Brake
Pedalen: VP Steel
Sattelstütze: Wheeler Alloy/ 27.2x350mm
Sattel: Wheeler Proride
Vordere Nabe: Wheeler Alloy / 32H
Hintere Nabe: Shimano / FH-RM30 / 36H
Felge: Jalco / VP-20 / 36H
Reifen: Cheng Shin / 26 x 2.0

Ein Bike für SPORTLICHE Einsteiger...

▶ Rahmen pulverbeschichtet
▶ Ansprechende Federgabel
▶ Dämpfer auf Fahrergewicht einstellbar für ein optimales Set-up

---

Das könnt ihr lernen

Ihr könnt

- Marketingstrategien der Hersteller und Händler sowie ihre Ziele beschreiben.
- Werbemaßnahmen für Fahrräder beurteilen und dafür vorbereitend Werbematerialien analysieren und die **Methode Gebrauchsgüter testen** (s. S. 113) nutzen.
- eure Einstellung zur Bedeutung des Fahrrads aus ökologischer Sicht hinterfragen.
- ein „Fahrrad-Geschäft" für Menschen in anderen Ländern als Existenzgrundlage beschreiben.
- die **Methode Pro-Kontra-Debatte** (s. S. 84) zur Analyse der Marketingmaßnahmen zur Verkaufsförderung nutzen.

2 SCHMITZ-BIKE setzt auf Jugendliche

SCHMITZ-BIKE ist ein Fachhandel für Fahrräder. In der Stadtmitte liegt die Zentrale. In Stadtteilen der Großstadt gibt es drei Filialen. Seit dem letzten Jahr ist der ▶ Gewinn des Unternehmens leicht gesunken. In der Stadt hat ein weiteres Fachgeschäft eröffnet.

Krisengespräch bei SCHMITZ-BIKE

Die Inhaber, Herr Schmitz, seine Tochter Sandy und der Marketing-Berater, Herr Miller, beraten die Lage.

HERR SCHMITZ: „Wir müssen überlegen, wie wir den Gewinn steigern können. Das neue Fachgeschäft hat Kunden abgezogen."

SANDY: „Ich schlage vor, dass wir uns durch ▶ Werbung verstärkt um junge Kunden bemühen. Die Jugendlichen sind für uns wichtig. Immer mehr haben viel Geld und alle sind sportbegeistert."

HERR MILLER: „Einverstanden. Wir sollten die Gruppe weiter unterscheiden: Jugendliche, die über viel Geld verfügen, können hochwertige und teure Produkte kaufen.
Jugendliche mit wenig Geld brauchen günstige Produkte mit niedrigen Preisen."

HERR SCHMITZ: „Stimmt. Die müssen anders umworben werden. Bei dieser Gruppe ist auch das richtige Erscheinungsbild wichtig."

SANDY: „Wir könnten zwei Modelle mit unterschiedlichen Preisen in den Mittelpunkt unserer Werbekampagne stellen. Beide sportlich – das liegt im Trend."

Sandys Idee findet Zustimmung.

Vier Wochen später

Das Team hat die entwickelten Aktivitäten des ▶ Marketing zusammengestellt. Das Motto lautet: „Sportliche Fahrräder für Jugendliche".

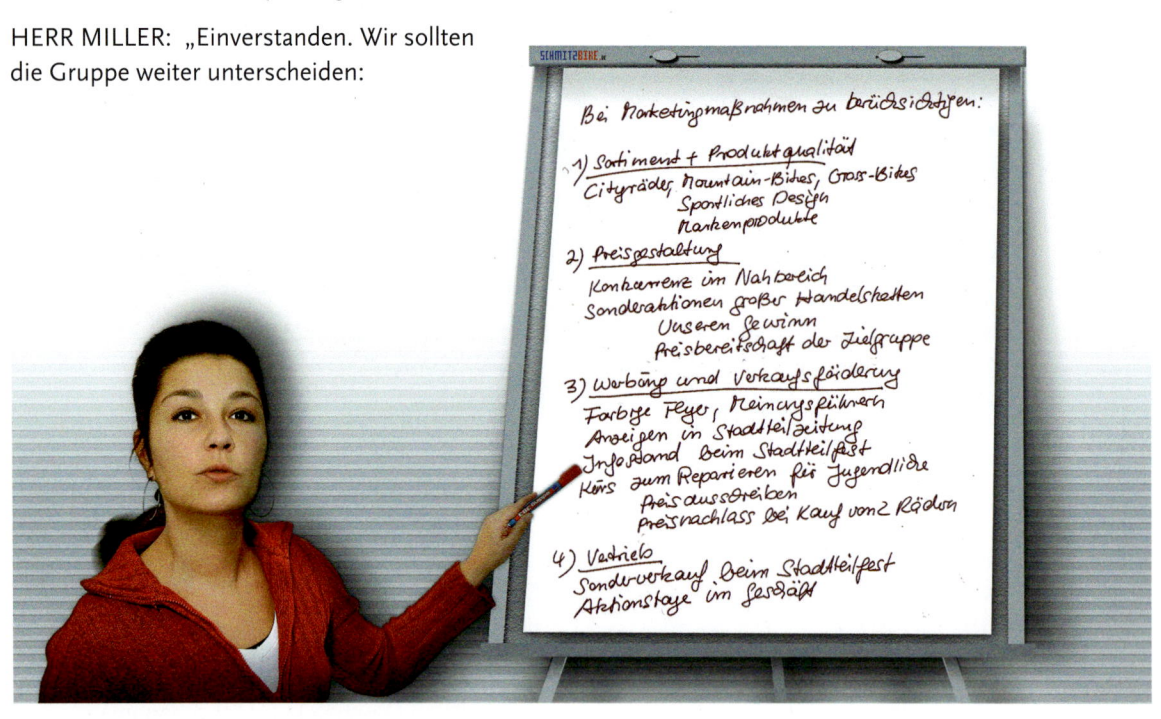

🎲 **1** Besprecht mit einem Partner die Stichworte der Tafel. Wählt drei Aspekte aus, die euch besonders wichtig sind. Begründet eure Wahl und verdeutlicht die Aspekte an selbstgewählten Beispielen.

🎲 **2** Setzt euch mit der Meinung von Sandy und Herrn Miller auseinander. Was erscheint euch aus Sicht des Fachhändlers angemessen? Führt dazu eine Gruppenarbeit durch und dokumentiert Stichworte für eine **Präsentation**, siehe Methode, S. 18.

3 Erfolgreiche Präsentation

Qualitätsmerkmale

Für die nächste Besprechung hat Sandy eine Übersicht zur Qualität eines Fahrrads ausgearbeitet. Bei den Marketingmaßnahmen sollen diese herausgestellt werden.

HERR SCHMITZ: „Es ist bekannt, dass Merkmale, wie z. B. Modefarbe, Styling, viele Gänge, für viele junge Kunden wichtiger sind als gute Bremsen und einhaltbarer Rahmen."

HERR MILLER: „Ja, dann stellen wir eben sportbetonte Räder mit auffälligem Styling und der Modefarbe heraus. Für die Technikfreaks bilden wir Besonderheiten im Großformat ab."

SANDY: „Ich meine, dass sich immer mehr Jugendliche gut informieren wollen und sich nicht durch z. B. Styling blenden lassen."

HERR MILLER: „Ich bin da skeptisch. Durch ihr Fahrrad drücken die Jugendlichen auch ein Lebensgefühl aus. Das soll sportbetont und risikofreudig sein."

Preisgestaltung

„Das wichtigste Ziel ist die Steigerung unseres Gewinns", so Herr Schmitz. Doch können die Preise nicht beliebig hochgesetzt werden. Viele Kunden vergleichen den Preis sehr genau mit der ▶ Konkurrenz. Es wird vereinbart, die Preisangebote für vergleichbare Fahrräder zu beobachten und auf Sonderaktionen – z. B. von Verbrauchermärkten – spontan zu reagieren. Jeden Monat soll es für einen Radtyp ein Sonderangebot geben, um Kunden ins Geschäft zu locken.

1 Stellt ▶ Qualitätsmerkmale für Fahrräder zusammen. Mehr findet ihr dazu in M2, S. 110. Welche sind euch besonders wichtig?

2 An welche Zielgruppen wendet sich die Abbildung? Begründet. Wodurch könnten die Interessen junger Verbraucher deutlicher werden?

3 Stellt Aspekte zusammen, die für SCHMITZ-BIKE bei der Preisgestaltung wichtig sind. Begründet die Auswahl.

4 Erörtert Möglichkeiten und Grenzen von SCHMITZ-BIKE, mit höheren Preisen den Gewinn zu steigern.

5 Beurteilt Sandys Meinung über junge Verbraucher. Wie ist eure Sichtweise?

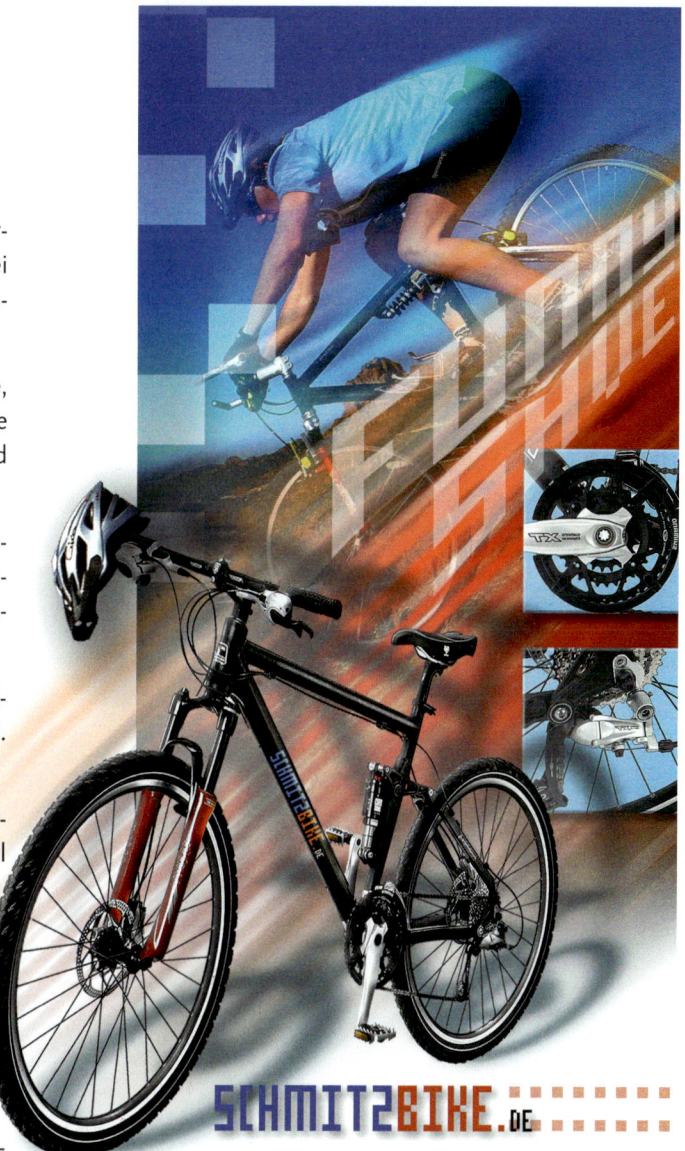

4 Werbung und Verkaufsförderung

Flyer als gedruckte Werbung

In Kürze findet die „Lange Nacht des Shopping" statt. Viele Geschäfte öffnen bis Mitternacht, auch SCHMITZ-BIKE. Flyer, die in der Fußgängerzone verteilt werden, sollen Kunden in die Filialen locken. Eine Werbeagentur soll einen Flyer gestalten.

Das soll den Verkauf fördern

Sandy schlägt vor, jeden Samstag einen „Self-Service" mit fachlicher Unterstützung für fünf Euro vor dem Geschäft einzurichten. Der Service soll nur für Jugendliche gelten, um sie ins Geschäft zu locken. Sandy ist sicher, dass das den Gewinn steigert.

Herr Miller widerspricht: „Wir haben zusätzliche Arbeitskosten. Unser Zweiradmechaniker muss zur Verfügung stehen. In viele Arbeiten können junge Leute nicht mal eben eingewiesen werden. Da bleiben wir dann drauf hängen. Vielleicht verlieren wir sogar Kunden."

1 Beschreibt die Werbung mit dem Flyer.

2 Untersucht den Flyer in Partnerarbeit. Vergleicht ihn mit dem Plan zur Präsentation auf der Vorseite. Wie wurde dieser umgesetzt?

3 Gestaltet einen eigenen Flyer für SCHMITZ-BIKE und präsentiert ihn. Erläutert eure Gestaltung.

4 Wie werden junge Verbraucher durch gedruckte Werbeträger zum Kauf angeregt? Nutzt dafür M4, S. 112.

5 Sandys Vorschlag des „Self-Service" war umstritten. Arbeitet Vor- und Nachteile mit der **Methode Pro-Kontra-Debatte** heraus (S. 84).

108 Kauft neue Fahrräder!

5 Weiterführendes Material

M1 „Fahrrad-Geschäfte" global – ein Blick in die weite Welt

Für viele Menschen dient das Fahrrad der Sicherung ihrer Existenz.

Ein Fahrradkurier in Deutschland

Ein Kleinsthändler in China

Ein Kokosnussverkäufer in Tansania

Ein Lastenfahrer in Thailand

Ein Transportunternehmer in Indien

Weiterführendes Material **109**

M2 Fahrräder für Verbraucher getestet

Die Stiftung Warentest untersucht die ▶ Qualität von Waren und Dienstleistungen. Sie ist vom Geld privater Unternehmen unabhängig. Deshalb kann ihr niemand vorschreiben, was und wie sie testet. In ihren Zeitschriften „test" und „Finanztest" wird nicht geworben. Diese gibt es im Zeitschriftenhandel und die Ergebnisse im Internet (www.test.de). Außerdem ist „test" in Bibliotheken einzusehen.

Im „test"-Heft 5/2007 wurde der Test von 15 Trekkingrädern um 500 € veröffentlicht. Hier ein Auszug. In Heft 5/2009 stehen Ergebnisse für Trekkingräder der Preisgruppe um 1000 €.

Siehe auch zu vielen Fragen des Fahrradverkaufs und der -nutzung „Fahrrad: Ran an die Pedalen"

www.test.de ▶ Freizeit + Verkehr ▶ Spezials ▶ Fahrrad

adfc: www.adfc.de ▶ Technik (jeweils 02.09.2013)

Bewertungsschlüssel der Prüfergebnisse:
- ++ = Sehr gut (0,5 – 1,5)
- + = Gut (1,6 – 2,5)
- O = Befriedigend (2,6 – 3,5)
- ⊖ = Ausreichend (3,6 – 4,5)
- – = Mangelhaft (4,6 – 5,5)

*) Führt zur Abwertung
1) Bremswirkung bei Nässe mangelhaft

test Trekkingräder

	Epple Cross Cat Alivio 24	Puch Country 300	Stevens Jazz	Pegasus Avanti
Mittlerer Preis in Euro ca.	500	500	550	400
Anzahl der Gänge	24	24	24	21
Gewicht in kg	17,4	18,1	17,1	17,5
Lieferbare Rahmenhöhen in cm	47, 52, 57, 62	49, 53, 57, 61	48, 52, 55, 58, 61	48, 53, 58
Alle haben	Aluminiumrahmen, Federgabel, Nabendynamo, Hercules hsydraulisch), 28-Zoll-Reflexbereifung, Schutzbleche, Gepäckträger	andlicht hinten, V-Brem edersattelstütze (außer	(Diamand und ger), Seitenständer,	
test-QUALITÄTSURTEIL 100%	**GUT (2,5)**	**GUT (2,5)**	**AUSREICHEND (3,9)**	**MANGELHAFT (5,0)**
FAHREN 50%	gut (2,4)	gut (2,4)	gut (1,7)	befried. (2,8)
Bergauf	O	+	++	+
Bergab	+	+	+	O
Befestigte Wege	+	+	+	+
Mit Gepäck (ca. 5 kg, hinten)	+	O	+	O
Wendigkeit	+	+	+	+
Komfort	+	+	+	O
Schaltung	+	+	+	O
Abstellen	O	O	+	O
SICHERHEIT UND HALTBARKEIT 35%	befried. (2,9)	befried. (2,8)	ausreich. (4,4)*)	mangelhaft (5,0)*)
Sicherheit von Rahmen, Gabel, Lenker, Vorbau und Sattelstütze	++	++	⊖	⊖
Schäden (nach km)			Rahmen angerissen (11 000).	Rahmen angerissen (16 800)
Haltbarkeit einzelner Teile	⊖*)	⊖*)	O	–
Schäden (nach km)	Sattelstütze verbogen (6000) und rutscht in das Sattelrohr	Vorbauverstellung rutscht (9000), Sattelstütze ohne Federwirkung (10 000), Gepäckträgerbruch (3900)	Sattelstütze ohne Federwirkung (2000) und Spannerschraube abgeschert. Hinterrad Seitenschlag	Sattelklemmung am Kolben nicht ausreichend. Hinterrad Seitenschlag. Reifen aufgerissen (8200).
Bremsen	+	++	+	–*)1)
Verarbeitung	O	+	+	+
Licht	+	+	+	+
EINSTELLEN UND REPARIEREN 10%	gut (2,2)	befried. (2,6)	gut (2,3)	befried. (2,7)
Bedienungsanleitung	+	+	++	++
Einstellen	+	+	O	+
Reparieren	+	O	+	O
SCHADSTOFFE IN DEN GRIFFEN 5%	sehr gut (1,0)	sehr gut (1,0)	sehr gut (1,0)	sehr gut (1,0)

test, Heft 5/2007, S. 78, 79

M3 Aktionen rund ums Rad

Radwege im Umfeld der Schule – Schüler überprüfen, welche es gibt und wie gut sie sind

- Gibt es genug Radwege?
- Sind die Radwege breit genug? (Informiert euch bei der Polizei über Standards.)
- Wie sicher sind die Straßenübergänge für Radfahrer (Ampel, Zebrastreifen)?
- Welche Radwege müssen ausgebessert werden?
- Wo schlagt ihr zusätzliche Radwege vor?

Gemeinsamer Rad- und Fußweg

Fahrradstraße: Hier dürfen nur Radfahrer fahren.

Radweg für beide Richtungen

Getrennter Rad- und Fußweg

Diese Einbahnstraße darf mit dem Rad in beiden Richtungen befahren werden.

Fahrräder dürfen durchfahren

Fahrräder verboten

Mit dem Fahrrad das Klima schützen!

Bei der Verbrennung von Kohle, Gas und Erdöl entsteht ▶ **Kohlenstoffdioxid** (CO_2). Dieses Gas trägt zur Erwärmung des Klimas auf der Erde bei. Die Verringerung des CO_2-Ausstoßes dient dem Klimaschutz.

Hier die Zahlen

Bei der Herstellung und Verbrennung von
- 1 l Benzin (Normal und Super) entstehen 2,85 kg CO_2
- 1 l Diesel entstehen 3,06 kg CO_2

Bayerisches Landesamt für Umwelt – Infozentrum UmweltWirtschaft
www.izu.bayern.de/download/xls/berechnung_co2_emissionen.xls

Der Durchschnittsverbrauch eines Pkw liegt bei ca. 6,6 Liter Treibstoff pro 100 km und die Besetzung beträgt Ø ca. 1,2 Personen. Der Verbrauch eines Linienbusses, pro beförderter Person, beträgt bei guter Busauslastung ca. 0,5 Liter auf 100 km.

Nahverkehr-Info.de 2009: Vergleiche Linienbus und Pkw http://nahverkehr-info.de/buspkw.php (25.07.2013)

Das eigene Fahrtenbuch

Notiert 14 Tage lang alle Wege und Kilometer, die ihr mit Fahrrad, Pkw oder Bus zurückgelegt habt. Legt dazu eine Tabelle an (s. u.).
Wertet eure Fahrten unter dem Gesichtspunkt „Klimaschutz" aus.

Welche Fahrten wären zu vermeiden gewesen/hätten klimaschonender erfolgen können? Vergleicht den CO_2-Ausstoß.

	Montag	Dienstag	...
Rad Start/Ziel km			
Pkw Start/Ziel km			
Bus Start/Ziel km			

M4 Hilfen zur Werbeanalyse

▶ **Werbung** soll Menschen dazu bringen, bestimmte Güter zu kaufen. Sie soll Aufmerksamkeit erregen und bestimmte Gefühle, Gedanken und Meinungen mit den entsprechenden Gütern verbinden.

Die Zielgruppe
In der Regel erfolgt die Werbung für eine Zielgruppe, z. B. für Jugendliche, für junge Familien, für Rentner. Häufig werden Menschen abgebildet, die eine bestimmte Ausstrahlung haben. In der Fahrradwerbung findet man je nach Fahrradtyp mutige und leistungsstarke Menschen.

Die Gefühle
Mit dem Kauf von Gütern werden gleichzeitig angenehme Gefühle versprochen:
Glück, Spaß und Anerkennung
Sicherheit, Wohlsein, Gesundheit
Fantasien von Größe und Ruhm
Lust, z. B. Geschwindigkeit, Abenteuer

Prominente als Meinungsführer
Oft werden bekannte Persönlichkeiten (bei Fahrrädern: Radsportler) als Meinungsführer dargestellt. Sie bekommen dafür eine Gage (Vergütung).

Die Sprache
Werbetexter arbeiten mit
Übertreibungen (ultraleichte Felgen, ultimative Einstellungsmöglichkeiten)
Betonungen (aggressiv und unwiderstehlich)
Begriffen aus dem englischen Sprachraum
Steigerungsformen (Genius RC Bikes sind die leichtesten Suspension Race Bikes …)

Die Sachinformation
Informationen zur Qualität des Produkts, die auch einen Preis- und Qualitätsvergleich erleichtern, sind oft dürftig. Technische Angaben, Gebrauchsanleitungen usw. sind meist ungeeignet als Werbebotschaft.

Zu M1
1 Erklärt den Begriff Fahrrad-Geschäft.
2 Sucht im Atlas die Staaten der Verkäufer und Transportunternehmer. Erhebt Informationen über das Klima und die Arbeitsbedingungen. Nutzt dazu das Internet. Diese Aufgabe könnt ihr mit einem Partner lösen.

Zu M2
1 Auf welche Eigenschaften haben die Fahrrad-Tester besonderen Wert gelegt?
2 Wie errechnet sich die Gesamtwertung?
3 Überprüft, ob ein neuer Fahrrad-Test vorliegt. Seht in den „test"-Heften, Stichwort „Themen" nach oder recherchiert im Internet: *www.test.de*.
4 Erarbeitet Fragen des Fahrradkaufs und der Nutzung als **Projektarbeit** (S. 104). Nutzt auch die **Methode Gruppenpuzzle** (S. 131).

Zu M3
Überprüfung der Radwege im Schulumfeld.
Legt das Gebiet und die Straßen fest.
Entwickelt Gesichtspunkte zur Beurteilung.
Informiert euch dazu bei der Polizei.
Allgemeiner Deutscher Fahrradclub,
www.adfc.de ▶ *Verkehr und Recht (25.10.2013)*
Prüft, wen und wie ihr über eure Ergebnisse informieren wollt (u. a. andere Schulklassen, Lokalpolitiker).

Zu M4
Analysiert Werbematerial für Sportartikel. Nutzt das Schema:

Sportartikel	Zielgruppe	Gefühle	Art und Inhalt der Produktinformation
■	■	■	■

Kauft neue Fahrräder!

Methode Gebrauchsgüter testen

Darum geht es

Als Verbraucher nutzen wir Gebrauchsgüter, z. B. Haushaltsgeräte. Bei der Anschaffung sind z. T. schwierige Entscheidungen zu treffen. Auf die sind wir oft nicht angemessen vorbereitet.
- Die Nutzung der Methode Gebrauchsgüter testen kann euch helfen, begründet zu entscheiden.

Ihr könnt klären,
- welches Gut für euch bzw. eure Familie richtig ist,
- ob das Preis-Leistungs-Verhältnis stimmt,
- aber auch, ob ihr das Gut überhaupt braucht.

Auswertung
Die Ergebnisse werden nach den Testkriterien zusammengestellt und ausgewertet. Im Anschluss wird eine Präsentation aufbereitet und durchgeführt (siehe **Methode Präsentation**, S. 18).

So läuft es ab

Vorbereitung
- Welches Gebrauchsgut möchtet ihr testen?
- Welche Ziele verfolgt ihr dabei?
- Ist das Gebrauchsgut/die darauf bezogene Kaufentscheidung geeignet, es im Unterricht zu testen?
- Welche Zeit ist notwendig/verfügbar?
- Kann es in ausreichender Anzahl für den Unterricht beschafft werden?
- Wie könnt ihr die benötigten Informationen beschaffen? Ist eine Erkundung notwendig?
- Welche Testkriterien sind wichtig?
- Welche Voraussetzungen für den Test lassen sich herstellen? Sind z. B. eine Werkstatt, Küche oder ein Labor verfügbar?
- In welche Teilaufgaben lässt sich die Untersuchung aufgliedern?
- Wie sollen die Testbögen aussehen?
- Was ist zur Arbeitssicherheit an den Testarbeitsplätzen zu bedenken?
- Wie wollt ihr die Ergebnisse dokumentieren, auswerten, veröffentlichen, über das Vorhaben reflektieren (siehe dazu **Methode Gruppenarbeit**, S. 15)?

Durchführung
Die Testdurchführung wird genau beobachtet und die Ergebnisse nach den Testbögen protokolliert. Bei Bedarf an zusätzlichen Informationen werden diese beschafft, z. B. durch Expertenbefragung (siehe **Methode Befragung (Interview)**, S. 17).

Ein Beispiel
Eine Klasse testet Dampfbügeleisen

Das wurde vorher entschieden:
Als Testgegenstand dienten Geräte mit Gebrauchsanleitungen, die von Schülern mitgebracht wurden. Andere lieferten Bügelbretter.

Vorbereitung

Bildung von sechs arbeitsgleichen Gruppen.
Sechs verschiedene neuere Geräte wurden ausgewählt und für diese die Preise erhoben.
Zu Prüfkriterien für den Test siehe weiter unten bei Durchführung. Maßstäbe für die Bewertung werden auf einer Skala von 1–5 erarbeitet.

Dabei orientierte sich die Klasse an einem Test der Stiftung Warentest (test, H. 12/2012, S. 68–73), wählte Testbereiche aus und ergänzte dazu auch eigene Überlegungen. Sie besorgte sich das Unterrichtsmaterial: „Markt & Warentest", 3. aktualisierte Auflage 2012.
www.test.de ▶ Über uns ▶ Jugend + Schule
▶ Unterrichtsmaterialien (04.06.2013)

Durchführung

1. Bügeln: Vier unterschiedliche Stücke Bügelwäsche wurden von jeder Arbeitsgruppe gebügelt (vorher wurde Bügeln geübt).
Daneben wurde die benötigte Zeit und erreichte Qualität geprüft.

2. Handhabung: Jedes Mitglied der Gruppe beurteilte die Bügeleisen auf
- Handlichkeit,
- Übersichtlichkeit der Bedienungselemente,
- Einfüllen und Ausgießen des Wassers,
- Anforderungen an die Wasserqualität,
- Dichtheit beim Abstellen,
- Wasserstandskontrolle,
- Qualität der Sprühstrahlen und Dampfabgabe sowie Dampfmenge,
- Gleiten der Bügelsohle.

3. Verständlichkeit der Gebrauchsanleitung.

4. Preis-Leistungs-Verhältnis: Dabei wurde die Bedeutung von Sonderausstattungen für den „normalen" Haushalt bedacht. Dazu wurden erfahrene Hausfrauen und -männer eingeladen.

Während des Tests wurden die Ergebnisse sorgfältig protokolliert.

Auswertung

Zwischen den Gruppen wurden die Ergebnisse verglichen und Unterschiede ermittelt.
Es zeigte sich, dass diese Maßstäbe zu 1.–3. unterschiedlich interpretierten. Das Verständnis wurde hinterfragt.
Bei 4. bestand Uneinigkeit, welche Ausstattung ein Dampfbügeleisen haben muss.
Auf Postern wurden die Ergebnisse dargestellt und in der Pausenhalle ausgestellt.

Alles klar?

Verbraucherrechte beim Kauf

1. Menschen sind von Geburt an rechtsfähig. Begründe.

2. Der 15-jährige Miro kauft ein Fahrrad für 450 Euro. Der Vater ist mit dem Kauf nicht einverstanden. Er fordert vom Händler die Rücknahme des Rades und die Herausgabe des Kaufpreises. Der Händler protestiert und entgegnet, dass Miro bar gezahlt hat.

3. Wer hat Recht? Begründe.
   Annalena hat am 15. Juni 2012 eine Kamera gekauft. Da die Belichtung nicht mehr funktioniert, will sie ihre Kamera kostenlos reparieren lassen. Der Verkäufer weigert sich und stellt fest, die Gewährleistungsfrist sei abgelaufen. Nimm Stellung.

4. Schätzt aus Verbrauchersicht die Fußnote auf S. 96 ein.

5. Umtausch ist immer möglich.
   Ist die Aussage richtig? Begründe.

6. Der 16-jährige Richy soll für den Vater zwei Packungen Zigaretten mitbringen. Die Kassiererin weigert sich, sie ihm zu verkaufen. Darf sie das? Begründe.

Nachhaltig handeln in eurer Schule: ein Projektvorschlag

7. Erkläre, wie ein Raum energiesparend gelüftet werden sollte.

8. Beurteile folgende Einstellung:
   „Wir sollen in der Schule Energie sparen sowie Müll vermeiden und trennen. Das ist mir aber völlig egal. Ich habe nichts davon." Begründe deine Aussage.

Kauft neue Fahrräder!

9. In der Nähe von SCHMITZ-BIKE eröffnet ein neues Fahrrad-Geschäft. Stelle vermutliche Folgen zusammen.

10. Erkläre drei Marketingaktivitäten, die den Verkauf von Fahrrädern fördern können.

11. Auf welche Qualitätsmerkmale sollte man beim Kauf eines Fahrrades achten? Begründet.

12. Beurteilt folgende Meinung:
    „Wenn ich teure Technik kaufe, lese ich die Prospekte der Händler genau. Das reicht."

13. Begründe folgende Meinung: „Rad fahren schützt die Umwelt und die Gesundheit."

14. Schätze folgenden Trend ein. Begründe deine Bewertung.

    Immer beliebter wird das Fahrrad:

    Aktuell nutzt es etwa ein Drittel der Menschen in Deutschland wöchentlich. Dabei nimmt der Anteil der mit dem Fahrrad zurückgelegten Wege zu, von etwa 10 % in 2002 auf beinahe 15 % 2013.
    Deutsches Institut für Urbanistik gGmbH – Im Auftrag des BMVBS http://www.nationaler-radverkehrsplan.de/neuigkeiten/news.php? id=3958 (25.10.2013)

Fallstudie: Auch Bio-Landwirte müssen mit Gewinn wirtschaften

1 Ökologisch produzieren – warum?

Niemand möchte Lebensmittel essen, die krank machen. Die meisten Verbraucher vertrauen beim Einkauf auf die Einhaltung staatlicher Vorschriften. Diese sollen sicherstellen, dass Lebensmittel schadstoffarm erzeugt und angeboten werden.

Immer mehr Verbrauchern geht das nicht weit genug. Sie wollen z. B. völlig pestizidfreies Obst und Eier von Hühnern, die Biofutter und keine chemischen Medikamente erhalten und nicht aus der ▶ Massentierhaltung (s. auch S. 126) kommen.

Landwirte stellen ihre Betriebe auf ökologische Produktion um. Als Unternehmer müssen sie weiterhin mit Gewinn wirtschaften, um ihren Betrieb entwickeln zu können, z. B. mit arbeitssparenden Maschinen. Darum sichern sie ihre Zukunft.

Ökologisch erzeugte Lebensmittel kosten mehr als herkömmlich produzierte. Die Arbeitskosten sind höher und die Erträge pro Hektar niedriger. Immer mehr Konsumenten leben nach dieser Ernährungsform und beziehen ökologisch erzeugte Produkte völlig oder teilweise ein.

> Stellt Aspekte zu ökologisch erzeugten Lebensmitteln zusammen, die für euch als Verbraucher bedeutend sind.

> Was auf meinem Hof erzeugt wird, soll der Verbraucher ohne Bedenken essen und trinken können.

> Unser Betrieb hat mit dem Hofladen für Ökoprodukte auch in Zukunft Chancen.

> Warum haben Sie Ihren Betrieb auf ökologische Produktion umgestellt?

> Meine Tiere sollen artgerecht gehalten und gesund ernährt werden.

Das könnt ihr lernen

Ihr könnt

- Vorteile ökologischer Lebensmittel beschreiben.
- begründen, warum sich Landwirte für ökologische Erzeugung entscheiden.
- wirtschaftliche Gesichtspunkte beschreiben, die ein Landwirt als Unternehmer bedenken muss.
- Grundsätze erklären, nach welchen in der ökologischen Landwirtschaft produziert wird.
- eure Einstellung zu ökologisch erzeugten Lebensmittel reflektieren.
- eine Betriebserkundung eines ökologisch wirtschaftenden Betriebs planen, diese durchführen und auswerten.

2 Was heißt ökologisch produzieren?

Familie Hatz ist vom Öko-Landbau überzeugt. Wir Autoren sprachen mit Herrn Hatz über das ▶ Bio-Siegel und was das für seine Arbeit bedeutet:
„Das Bio-Siegel fordert, dass ich bei der Erzeugung Richtlinien einhalte. Gern will ich dazu etwas sagen."

Pflanzenschutz und Artenvielfalt
„Durch ▶ Fruchtfolge statt ▶ Monokultur und die Hege von Nützlingen verhindern wir, dass Schädlinge auftreten. Mein Anbauverband BIOLAND fordert, dass wir auf chemische Pflanzenschutzmittel (▶ Pestizide) verzichten. So muss Unkraut mechanisch entfernt werden. Kartoffelkäfer werden mit Mitteln auf natürlicher Basis bekämpft."

Natürliche Düngung
„Pflanzen brauchen Stickstoffdünger, um zu wachsen. Wir bauen als Zwischenfrucht nach der Getreideernte Pflanzen an, die Stickstoff aus der Luft sammeln. Diese werden in den Boden eingearbeitet, zersetzen sich und liefern Gründünger."

Artgerechte Tierhaltung
„Tiere brauchen die Möglichkeit zur Bewegung. Dazu brauchen wir ausreichend Platz in den Ställen und verzichten auf Massentierhaltung. So verringern wir auch das Risiko von Infektionen."

Artenvielfalt
„Durch neue Pflanzenzüchtungen, evtl. in Verbindung mit ▶ Gentechnik, besteht die Gefahr, dass die Artenzahl weiter zurückgeht. Das kann die Züchtung gesunder Ertragspflanzen behindern, die aus bisherigen Sorten gezüchtet wurden. Letztere sind mir wichtig."

Das neue Bio-Siegel

Das Bio-Siegel garantiert, dass die Produkte durch eine Landwirtschaft erzeugt werden, die
- Pflanzenschutz auf vorbeugende Maßnahmen konzentriert.
- auf mineralischen Stickstoffdünger verzichtet.
- Tiere artgerecht hält.
- Boden, Luft und Wasser schützt.
- hilft, die Artenvielfalt zu erhalten.
- den Energieverbrauch vermindert und die Rohstoffreserven schont.
- eine Kreislaufwirtschaft mit möglichst geschlossenen Nährstoffzyklen anstrebt.
- Sicherheit durch Richtlinien und Kontrollen garantiert.
- Transparenz bei der Erzeugung und Herstellung von Lebensmitteln bietet.
- auf Gentechnik verzichtet.

© Globus   Quelle: BMELV

Geschlossener Nährstoffzyklus: Nährstoffe, welche dem Boden über die Wurzeln bzw. die Ernte von Früchten entzogen werden, zurückführen. (s. M1, S. 121)

Sparsamer Umgang mit Energie und anderen Produktionsgütern
„Wir versuchen, wenig Energie zu nutzen. Auf den Anbau von Gemüse im Treibhaus verzichten wir. Außerdem gehören wir einem Maschinenring an. Wir nutzen einen Mähdrescher zu mehreren.
Durch Fruchtfolge, Fütterung der Tiere mit selbst erzeugten Produkten und Verwendung von Stalldung ersparen wir ▶ Mineraldünger."

Vertrauen durch Kontrolle
„Wer das Bio-Siegel für seine Produkte nutzt, wird von staatlichen Stellen kontrolliert. Unsere Kunden haben Vertrauen in die Qualität von Bio-Produkten. Zwischen uns Anbietern gibt es fairen Wettbewerb. Jeder weiß, wie der andere produziert."

---

1 Unterscheidet die Bedeutung des Bio-Siegels für
   a) die ▶ Qualität der Produkte (s. M 5, S. 122),
   b) die Umweltbedingungen (s. M 1, S. 121).
   Verdeutlicht das an mindestens drei Aspekten. Vergleicht eure Ergebnisse mit einem Partner.

2 Bearbeitet in der Gruppe (s. Methode S. 15) folgende Fragestellung:
   Welche Unterschiede ergeben sich zwischen ökologischer und herkömmlicher wirtschaftlicher Landwirtschaft beim Einsatz von Arbeitskräften. Begründet Auswirkungen auf die Verkaufspreise (siehe auch die Vorteile und M 4, S. 121).

3 Wie stehst du heute zu Bio-Produkten? Wie hat sich deine Einstellung verändert?

3 Soll Lena Hatz den Bio-Betrieb ihrer Eltern übernehmen?

Herr und Frau Hatz wollen ihren Betrieb aus Altersgründen an ihre Tochter Lena übergeben. Sie ist Agraringenieurin und hat in Ökobetrieben gearbeitet. Sie möchte den Betrieb übernehmen, diesen aber auf zukünftige Anforderungen ausrichten, um ein gutes ▶ Einkommen zu erwirtschaften. Mit einem Betriebsberater untersucht sie die ▶ Kennzahlen des Betriebes.

Gewinn- und Verlustrechnung (GuV)

Die GuV stellt ▶ Ertrag sowie ▶ Aufwand gegenüber. Die Differenz, der ▶ Gewinn oder auch der ▶ Verlust, zeigt, wie erfolgreich das Unternehmen gewirtschaftet hat.

Ertrag aus ... (Vorjahr, in 1000 €)		Aufwand für ... (Vorjahr, in 1000 €)	
Pflanzenproduktion	40	Pflanzenproduktion	7
Tierproduktion	60	Tierproduktion	16
Handel, Dienstleistungen[1]	16	Handel[2], Dienstleistungen, Reparaturen, Abschreibung	20
staatliche Zuschüsse (z. B. Milchprämie)	24	Versicherungen	15
sonstiger Ertrag (z. B. Habenzinsen)	7	sonstiger Aufwand (z. B. Sollzinsen)	20
Summe	147	Summe	78
Gewinn	69		

[1] Dienstleistungen, z. B. Erlös aus Pflügen beim Nachbarn
[2] Handel, z. B. Zukauf einer Kuh

🎲 **1** Warum prüft Lena Hatz, ob es sinnvoll ist, sich für den Betrieb zu entscheiden?

🎲 **2** Überlegt in Partnerarbeit: Was könnten die Eltern ihrer Tochter sagen, damit sie den Betrieb weiterführt?

🎲 **3** Erkläre, welche Informationen die Gewinn- und Verlustrechnung enthält.

🎲 **4** Erläutert Maßnahmen zur Steigerung des Gewinns. Wodurch könnte sich dieser verringern?

Zur Situation des Betriebes

Familiäre Situation – Arbeitskräfte	Agraringenieurin (29 J.), Lebensgefährte arbeitet außerbetrieblich; Vater (63 J.) will halbtags, Mutter (58 J.) aushilfsweise mitarbeiten, sie hat Teilzeitstelle außerbetrieblich
Betriebsfläche	33 ha Acker, 15 ha Grünland, mittlere Bodenqualität
Fruchtfolge	Kleegras/Feldfutter – Dinkel – Roggen mit Kleeuntersaat, Sommergerste/ Hafer – Dinkel
Tierhaltung	20 Milchkühe, Milchleistung: 140 000 kg Milch/Jahr, 8 Mastbullen
Aufstallung	Milchkühe – Laufstall/Mastbullen – Laufstall
Fütterung	Silofutter in Ballen von Hand
Vermarktung	Milch an Bio-Molkerei; Getreide an Bäckereien und Naturkostläden; Fleisch von Mastbullen an Endverbraucher
Finanzielle Situation	schuldenfrei, Rücklagen vorhanden, Geschwister: Erbe ausgezahlt, Betriebsnachfolgerin zahlt Altenteil[3]

[3] Unterhaltsbetrag (Leibrente) an Eltern, die auch Rente erhalten (2013: höchstens 1224 €)

4 Für mehr Gewinn: Betriebsentwicklung

Ausblick auf die nächsten Jahre

Lena Hatz scheint der jährliche Gewinn von 69 000 Euro zu gering. Er muss reichen für: Kosten ihres Haushaltes, Versicherungen, insbesondere Alterssicherung, Steuern, Reparaturen des Wohnhauses und den Altenteil. Diese Privatentnahmen betragen ca. 46 000 Euro. Es verbleiben etwa 23 000 Euro zur Entwicklung des Betriebes, z. B. für ▶ Investitionen. Bei den Maschinen und Gebäuden rechnet sie in den nächsten Jahren mit ▶ Ersatzinvestitionen für zu erneuernde Geräte. Da ihr Vater in einigen Jahren als Arbeitskraft ausfällt, ist zu überlegen, statt Milchviehhaltung nur noch Bullenmast zu betreiben.

Lena Hatz entwickelt Pläne zur Erweiterung

Bei ihren Plänen (gutes Einkommen, Familiengründung und Absicherung des ▶ Lebensstandards der Eltern durch ein Altenteil) braucht der Betrieb ein zusätzliches Standbein.

Lena Hatz hat Berufserfahrungen mit der Legehennenhaltung gesammelt. Sie denkt in einem ersten Schritt an 3000 Legehennen. Ein Teil des erzeugten Getreides könnte an diese verfüttert werden. Es besteht Nachfrage nach Bio-Eiern durch einen Großhändler. Ein Teil könnte direkt an Endverbraucher und Wiederverkäufer (Hofläden und Einzelhandel) vermarktet werden.

Dabei entstehen Kosten für die Sortierung (Lohnkosten) und für Verpackung sowie Transport der Eier zu den Kunden. Diese Direktvermarktung erfordert Zeit. Es können aber höhere Preise als beim Verkauf an den Handel erzielt werden, und der Betrieb hätte feste Kunden.

Beim Futtergetreide ließe sich auch ein Tauschhandel mit einem anderen Bio-Bauernhof absprechen: Geflügelmist gegen Futtergetreide.

Investitions- und Finanzierungsbedarf	(in Euro)
Gebäude inkl. Sortier- und Abpackraum	63 700
Betriebseinrichtungen, ibs. Voliere, Legenester, Lüftung, Futtersilos, Zaun	43 100
Vermarktung, ibs. Eierstempelgerät	2 500
3000 Junghennen	24 000
Futter für 8 Wochen	9 000
Reserve für Unvorhergesehenes	14 000
Insgesamt	**157 000**

Finanzierungskonzept	(für 157 000 Euro)
Privatvermögen	42 000
Eigenleistungen beim Bau	15 000
Bankdarlehen	100 000
Zinsen und Tilgung für Bankdarlehen pro Jahr (Laufzeit 15 Jahre, Zinssatz 5 %, davon: Tilgung 6666 €, Zinsen 2967 €)	9 634

Erwartete Leistungen und Kosten	(pro Jahr/Euro)
Geplante Erträge (Umsatz aus Eier- und Fleischverkauf)	120 000
Geplante Aufwendungen[1], insbesondere Kosten für Legehennen, Futter, Tierarzt, Versicherungen, Energie, Wasser, Schlachtung, Vermarktung	78 000
Überschuss	**42 000**

[1] ohne Finanzierung (s. Finanzierungskonzept)

🎲 **1** Beschreibt Gründe, die für ein weiteres Standbein des Betriebs sprechen.

🎲 **2** Schätzt in Partnerarbeit die Überlegungen zur Vermarktung der Eier ein.

🎲 **3** Berechnet den geplanten Gewinn der Legehennenhaltung. Ermittelt dazu die Differenz zwischen Überschuss und Finanzierungskosten (Zinsen + Rückzahlung). Vergleicht eure Ergebnisse mit einem Partner.

🎲 **4** Worin liegt das Risiko bei der Entscheidung für die Erweiterung des Betriebes?

🎲 **5** Soll Lena Hatz den Biohof übernehmen? Erörtert Gründe, die dafür bzw. dagegen sprechen. Nutzt die **Methode Pro-Kontra-Debatte**, S. 84.

5 Erkundung eines Bio-Bauernhofes

Hinweise zur Vorbereitung
Bei der Auswahl eines Betriebes hilft euch das Informationsportal von ÖKOLANDBAU:
www.oekolandbau.de ▶ Verbraucher ▶ Demonstrationsbetriebe Ökologischer Landbau (05.08.2013):
Wenn ihr einen Betrieb gefunden habt, könnt ihr die Erkundung vorbereiten. Informiert euch auf den Methodenseiten Betriebserkundung (S. 123) und Befragung (Interview) (S. 17).
Im Folgenden erhaltet ihr Anregungen für die Auswahl von Schwerpunkten zur Befragung und Beobachtung. Beachtet Verhaltensregeln und angemessene Kleidung. Gibt es Schüler mit speziellen Allergien?

Arbeits- und Umweltbedingungen

Beispiel: Milchviehhaltung
- Wie werden die Kühe gehalten? Wann sind sie draußen/im Stall?
- Wie verhalten sie sich untereinander?
- Welche Art Futter erhalten sie? Welche Bodenfläche für Futtererzeugung ist notwendig? Wird Futter zugekauft?
- Wie viel Milch gibt eine Kuh am Tag/im Jahr?
- Wie werden die Kälber aufgezogen?
- Welche Anforderungen stellt das Melken?
- Wie werden die Tiere gesund gehalten?
- Wie wird eine Kuh bei Krankheit behandelt?
- Was kennzeichnet die ökologische Tierhaltung?

Beispiel: Landbau
- Was sind Schädlinge, was sind Nützlinge?
- Mit welchen Anbau- und Pflegemaßnahmen hält der Öko-Bauer die Pflanzen und den Boden gesund? (Das Material **M5**, S. 122, hilft euch bei der Vorbereitung.)
- Wodurch wird die Artenvielfalt gefördert?
- Wie wird der Boden gedüngt?
- Warum wird auf Düngemittel und chemisch-synthetische ▶ Pestizide verzichtet?
- Welche Bedeutung hat das Verbot gentechnisch veränderter Pflanzen?

Arbeitsanforderungen an Landwirte
- Wie sind die Arbeitszeiten in der Woche/am Wochenende/im Jahresverlauf? Wie ist Urlaub möglich?
- Welche Arbeiten fallen im Stall an?
- Welche Arbeiten sind auf dem Feld zu erledigen?
- Welche Werkzeuge, Geräte und Maschinen müssen bei der Arbeit bedient werden?
- Was müssen Landwirte über Umwelt- und Tierschutz wissen?
- Welche Büroarbeiten fallen an?
- Was ist an der Arbeit anstrengend, was bereitet Freude, was belastet? Warum?
- Welche Arbeiten werden wofür eingesetzt?

Ökologische Produktion – wirtschaftliche Bedingungen
- Warum wird ökologisch produziert?
- Welche Produkte werden auf dem Hof hergestellt?
- Auf welchem Wege erfolgt die Vermarktung?
- Zu welchem Anbauverband gehört der Betrieb (s. **M3**, S. 115)? Wie unterstützt der Anbauverband den Betrieb?
- Wie wird die Einhaltung der Vorschriften zur ökologischen Betriebsführung kontrolliert?
- Was ist zu bedenken, wenn Energie und Rohstoffe verwendet werden?
- Wie sind die Absatzmöglichkeiten, Preise und Gewinn zu bewerten?
- Wie werden Bio-Bauern vom Staat gefördert?
- Was erfolgte in den letzten Jahren, um den Betrieb auszubauen, was wird geplant?

6 Weiterführendes Material

M1 Öko-Betriebskreislauf

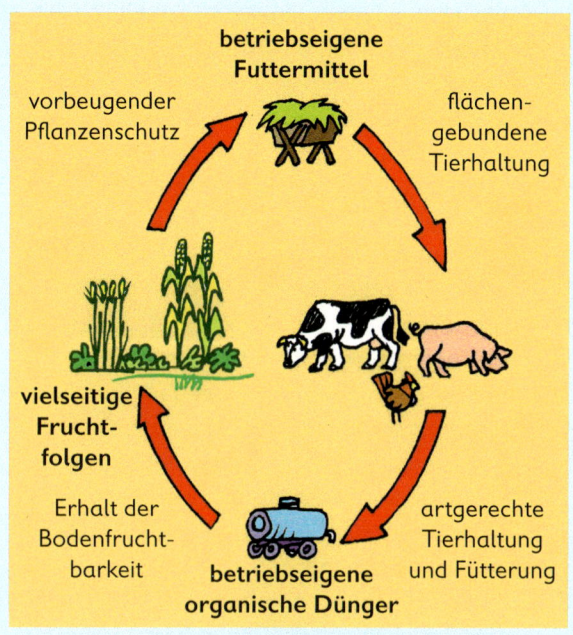

betriebseigene Futtermittel
vorbeugender Pflanzenschutz
flächengebundene Tierhaltung
vielseitige Fruchtfolgen
Erhalt der Bodenfruchtbarkeit
betriebseigene organische Dünger
artgerechte Tierhaltung und Fütterung

Nach **AID** Unterrichtsmaterial zum Ökolandbau
www.aid.de/data/pdf-eif/eif_2005_12_forum.pdf
(28.10.2013)

M2 Betriebe des ökologischen Landbaus

Jahr	Zahl	Anteil an Betrieben	Fläche in ha	Anteil an Gesamtfläche
1996	7353	1,3 %	354 000	2,1 %
2000	12 740	2,8 %	546 000	3,2 %
2012	22 932	7,7 %	1 034 000	6,2 %

BMELV: www.bmelv.de ▶ Landwirtschaft ▶ Nachhaltige Landnutzung ▶ Ökologischer Landbau ▶ Ökologischer Landbau in Deutschland (22.12.2013)

M3 Ökologische Anbauverbände

Strenger als die Vorschriften zur Vergabe des *Bio-Siegels* sind die Richtlinien der Anbauverbände.
Die meisten Bio-Betriebe sind in einem der folgenden organisiert: **Bioland** www.bioland.de;
Biokreis www.biokreis.de;
Demeter www.demeter.de;
Naturland www.naturland.de;
Biopark www.biopark.de
(05.08.2013)

M4 Vergleich konventionell und ökologisch wirtschaftender Betriebe

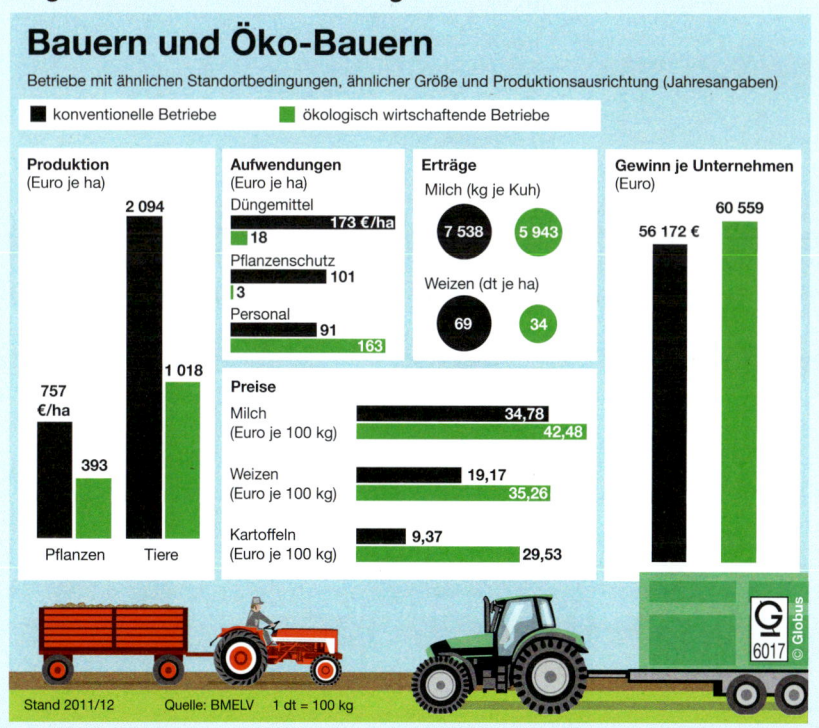

Bauern und Öko-Bauern
Betriebe mit ähnlichen Standortbedingungen, ähnlicher Größe und Produktionsausrichtung (Jahresangaben)

■ konventionelle Betriebe   ■ ökologisch wirtschaftende Betriebe

Produktion (Euro je ha)
- Pflanzen: 757 €/ha / 393
- Tiere: 2 094 / 1 018

Aufwendungen (Euro je ha)
- Düngemittel: 173 €/ha / 18
- Pflanzenschutz: 101 / 3
- Personal: 91 / 163

Preise
- Milch (Euro je 100 kg): 34,78 / 42,48
- Weizen (Euro je 100 kg): 19,17 / 35,26
- Kartoffeln (Euro je 100 kg): 9,37 / 29,53

Erträge
- Milch (kg je Kuh): 7 538 / 5 943
- Weizen (dt je ha): 69 / 34

Gewinn je Unternehmen (Euro): 56 172 € / 60 559

Stand 2011/12   Quelle: BMELV   1 dt = 100 kg

M5 Gesundheit fördern – durch ökologisch erzeugte Lebensmittel?

Ob eine Ernährungsweise die Gesundheit fördert, hängt von der Auswahl und Menge der Lebensmittel ab – unabhängig davon, ob diese ökologisch oder herkömmlich erzeugt wurden. Viele essen zu energie-, fett- und zuckerreich. Für eine gesundheitsfördernde Ernährungsweise sollten vor allem pflanzliche Lebensmittel mit einem geringen Verarbeitungsgrad gegessen werden. Hierzu gehören vor allem rohes oder kurz gegartes Gemüse, Obst und fettarme Kartoffelzubereitungen. Besonders ballaststoffreich sind Vollkornprodukte und Hülsenfrüchte.

Ökologisch erzeugte Lebensmittel unterscheiden sich von herkömmlichen:

- Die Stickstoffversorgung der Böden von Öko-Betrieben erfolgt nicht durch leicht lösliche mineralische Düngemittel, sondern durch Ausbringen von organisch gebundenem Stickstoff, vorwiegend in Form von Mist oder Mistkompost, Gründüngung durch Stickstoff sammelnde Pflanzen (Leguminosen) und Einsatz langsam wirkender natürlicher Düngestoffe. Überdüngung durch leicht löslichen ▶ Mineraldünger wird so vermieden. Überdüngung kann zu überhöhten Nitratgehalten führen. Ökologisch erzeugtes Gemüse enthält in der Regel weniger Nitrat. Aus Nitrat können im Körper krebsfördernde Nitrosamine gebildet werden.

- Mit geeigneten Fruchtfolgen, Förderung von Pflanzengemeinschaften und Förderung von Nützlingen geht man im Öko-Landbau gegen Schädlinge vor. So wirtschaftet man ohne chemisch-synthetische Pflanzenschutzmittel.

- In der ökologischen Tierhaltung soll die Tiergesundheit vor allem durch die Förderung der natürlichen Widerstandskräfte erhalten werden. Es wird weitgehend auf Antibiotika verzichtet, und wenn sie angewendet werden, ist die Wartezeit zwischen der letzten Verabreichung und dem Gewinn von ökologischen Lebensmitteln von dem behandelten Tier gegenüber der gesetzlich vorgeschriebenen Wartezeit zu verdoppeln. Rückstände können dazu führen, dass Antibiotika der gleichen Wirkungsklasse bei einer notwendigen Therapie zur Krankheitsbekämpfung beim Menschen unwirksam sind.

- Einige Untersuchungen weisen auf höhere Trockenmassegehalte ökologischer Erzeugnisse im Vergleich zu konventionellen Produkten hin. Der niedrigere Wassergehalt ergibt höhere Anteile an wertgebenden Inhaltsstoffen bei Bio-Produkten. Pflanzliche Bio-Produkte haben oft höhere Gehalte an wertvollen ▶ sekundären Pflanzenstoffen.

- Im Vergleich zu konventionellen Lebensmitteln ist die Zahl der im Produkt möglicherweise vorkommenden verwendeten Zusatzstoffe erheblich geringer (etwa ein Sechstel der erlaubten).

Nach **BMELV** *2011:*
www.oekolandbau.de ▶ Lehrer ▶ Unterrichtsmaterialien ▶ Berufs- und Fachschulen Ernährungswirtschaft ▶ Hauswirtschaft und Ernährung

Gründüngung durch Physalia

- Zu **M1** Beschreibt den ökologischen Betriebskreislauf. Zieht dazu Informationen aus dem Schulbuch, S. 121, heran.

- Zu **M2** Verfolgt die Entwicklung von Anzahl und Fläche ökologischer Betriebe.

- Zu **M4** Vergleicht Kennzahlen konventionell und ökologisch wirtschaftender Betriebe. Begründet Unterschiede (vgl. S. 121).

- Zu **M5** 1 Schreibt eine Rede zum Thema: „Vorteile ökologisch erzeugter Lebensmittel". Tragt diese in der Klasse vor.

  2 Recherchiert bei Wikipedia weitere Möglichkeiten und Vorteile von Gründüngung.

Methode Betriebserkundung

Darum geht es

Ihr erhaltet einen Einblick in die Arbeitswelt und könnt nach verschiedenen Schwerpunkten erkunden:
- Arbeitsanforderungen, z. B. im Arbeitsablauf an einem Arbeitsplatz
- Arbeits- und Umweltbedingungen bei der Produktion
- Güterangebot, z. B. nach Qualität, Umwelteigenschaften, Preis
- Handeln im Unternehmen, z. B.
  - Organisation des Produktionsablaufs
  - Aufbau des Betriebes
  - Einkauf von Werkstoffen, Betriebsmitteln
  - Absatz der Produkte
  - Entwicklung des Unternehmens
- Berufe, die hier gefragt sind

So läuft es ab

Vorbereitung
- Ziele festlegen, also klären, warum ihr den Betrieb erkunden möchtet
- Erkundungsschwerpunkt(e) bestimmen (s. o.)
- Informationen zum Schwerpunkt beschaffen und auswerten, s. Methode Arbeitsplatzerkundung, S. 28
- Betrieb auswählen (Branchenverzeichnis, Internet, ▶ Kammer, Verbände, Innungen)
- Kontakte durch Schüler/Lehrer herstellen; evtl. Vorerkundung durchführen, Schwerpunkte, Zeitrahmen, Ablauf vereinbaren, Erlaubnis für Befragung, Fotografieren ... einholen
- Aufgaben auf Einzelne und Gruppen aufteilen
- Verhalten im Betrieb abstimmen
- festlegen, auf welche Weise Informationen gesammelt werden sollen (Befragung, Beobachtung ...), s. Methode Befragung, S. 17
- übernommene Aufgaben vorbereiten, ggf. Technik organisieren (z. B. Camcorder)
- Genehmigungen einholen (Schulleitung), Versicherungsfragen klären
- Vorüberlegungen zur Auswertung und Präsentation sowie Reflexion des Vorhabens anstellen (s. Methode Gruppenarbeit, S. 15), evtl. dazu Experten aus dem Betrieb einladen

Durchführung
- Erkundungsaufgaben erledigen, Ergebnisse aufschreiben, ggf. in Bild und Ton festhalten
- auch ungeplante Eindrücke einbeziehen
- im Abschlussgespräch offene Fragen klären

Auswertung
- Ergebnisse zum Schwerpunkt in der Gruppe ordnen, aufbereiten und auswerten
- noch fehlende Informationen besorgen (auf der Website, im Betrieb, durch Telefonat ...)
- Dank an Betrieb aussprechen, evtl. auf Präsentationstermin verweisen und dazu einladen
- Technik zur *Präsentation* einüben durchführen (s. Methode Präsentation, S. 18)
- Ergebnisse bewerten (inhaltlich und auf die Darstellung, den Vortrag bezogen)
- Vorbereitung, Durchführung und Auswertung inhaltlich und bezogen auf die Zusammenarbeit reflektieren (s. Methode Gruppenarbeit, S. 15)

Fleischkonsum und Tierhaltung

1 Was ist nachhaltige Tierhaltung?

Robert und Corinne stehen vor der Fleischtheke eines Schlachters, da sie für das anstehende Grillfest in ihrer Klasse Fleisch einkaufen sollen.
„Corinne, schau doch mal, das Fleisch hier sieht genauso aus wie das andere. Es ist aber unterschiedlich teuer", sagt Robert zu Corinne.

„Stimmt, hast du eine Ahnung, woran das liegen könnte?", entgegnet Corinne.

1 Beschreibt die Fotos und ordnet die Tierhaltungsformen den Fleischprodukten zu. Betrachtet die Preisunterschiede auf den Fotos. Was fällt euch auf? Nennt mögliche Gründe, weshalb Fleisch zu unterschiedlichen Preisen angeboten wird.

2 Überlegt im Team, ob wir Verbraucher beim Verzehr von Fleisch Bedenken haben sollten.

Das könnt ihr lernen

Ihr könnt
- verschiedene Formen der Tierhaltung beschreiben.
- Vor- und Nachteile der Fleischerzeugung mit Massentierhaltung und Bio-Mast benennen.
- die herkömmliche und die biologische Fleischproduktion vergleichen und diese aus ökonomischen und ökologischen Gesichtspunkten beurteilen.
- mit der **Methode Gruppenarbeit** (S. 15) eine **Präsentation** (s. **Methode** S. 18) planen, durchführen und auswerten.
- eine **Pro-Kontra-Debatte** (S. 84) vorbereiten, durchführen und auswerten.

2 Fleischkonsum und -produktion in Deutschland

In Deutschland, wie auch in anderen Industrieländern, geht der Konsum von Fleisch- und Wurstwaren zurück. Es liegt vor allem an sinkenden Bevölkerungszahlen bei gesättigten Märkten und der Veränderung von Ernährungsgewohnheiten.

Der durchschnittliche Pro-Kopf-Verbrauch sank in Deutschland von 1990 bis 2012 von jährlich 90 kg auf 89 kg.

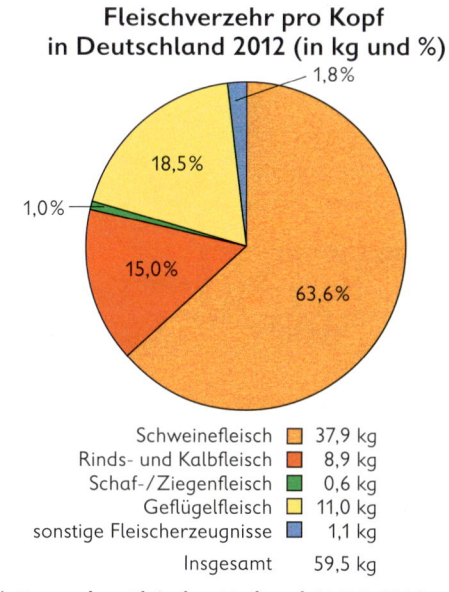

Fleischverzehr pro Kopf in Deutschland 2012 (in kg und %)

- Schweinefleisch — 37,9 kg — 63,6 %
- Rinds- und Kalbfleisch — 8,9 kg — 15,0 %
- Schaf-/Ziegenfleisch — 0,6 kg — 1,0 %
- Geflügelfleisch — 11,0 kg — 18,5 %
- sonstige Fleischerzeugnisse — 1,1 kg — 1,8 %
- Insgesamt — 59,5 kg

nach Deutscher Fleischer-Verband (DFV) 2013

Im Gegensatz dazu ist in vielen Entwicklungs- und Schwellenländern der Fleischverbrauch angestiegen. Gerade in Ländern mit einem starken Wirtschaftswachstum steigt mit zunehmendem Wohlstand der Fleischkonsum, da hier verstärkt ein Ernährungsmuster der westlichen Industrieländer praktiziert wird.

So erhöhte sich z. B. der Fleischkonsum in China, der noch in den 1960er-Jahren bei unter 4 kg jährlich pro Einwohner lag, auf über 53 kg pro Jahr. Deutschland profitiert von der steigenden Nachfrage des Auslandes. Seit 2005 ist der ▶ Export von Fleisch und Wurstwaren um mehr als 60 % gestiegen auf 4 Mio. t im Jahr 2012. In der deutschen Fleischindustrie wird bereits jeder fünfte Euro durch den Export erlöst. Es wurden Fleisch- und Fleischwaren in einem Wert von 8,9 Mrd. Euro ausgeführt und im Wert von 6,1 Mrd. nach Deutschland eingeführt. Der Wert dieser Produkte stieg bis 2012 gegenüber dem Jahr 2000 um etwa 200 %.

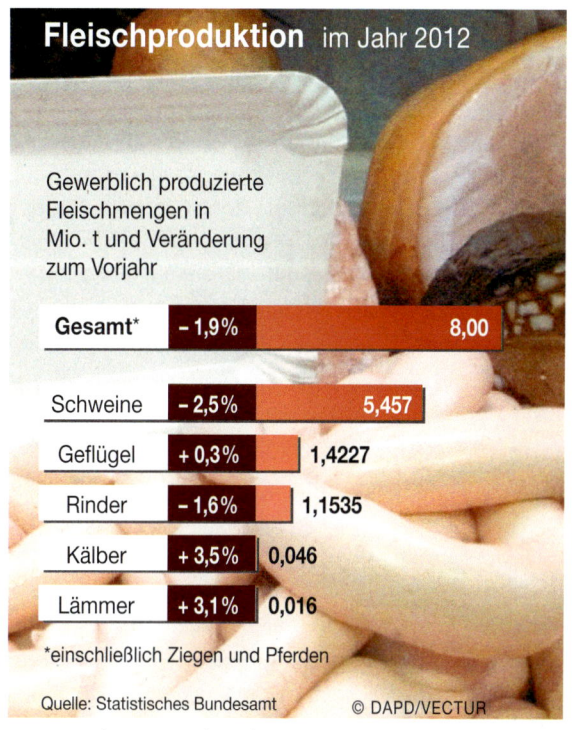

Fleischproduktion im Jahr 2012

Gewerblich produzierte Fleischmengen in Mio. t und Veränderung zum Vorjahr

	Veränderung	Menge (Mio. t)
Gesamt*	−1,9 %	8,00
Schweine	−2,5 %	5,457
Geflügel	+0,3 %	1,4227
Rinder	−1,6 %	1,1535
Kälber	+3,5 %	0,046
Lämmer	+3,1 %	0,016

*einschließlich Ziegen und Pferden

Quelle: Statistisches Bundesamt © DAPD/VECTUR

Die produzierte Fleischmenge in Deutschland von 8,0 Mio. t setzte sich zusammen aus ca. 58,2 Mio. Schweinen, 3,6 Mio. Rindern und 69,1 Mio. Masthühnern, Enten und Gänsen, die hier für den eigenen Fleischbedarf und für den Export geschlachtet wurden.

Die Aufgaben 1–4 können mit der **Methode Gruppenpuzzle** (siehe S. 131) bearbeitet werden.

1 Beschreibt den Fleischverbrauch und die Fleischproduktion in Deutschland.

2 Erklärt, warum der Fleischkonsum in den Entwicklungs- und Schwellenländern steigt.

3 Vollzieht die Entwicklung des Exports und Imports von Fleischprodukten nach.

4 Welche Chancen hat die Fleischbranche in Deutschland durch eine steigende Nachfrage des Auslandes?

3 Massentierhaltung – die dominierende Erzeugungsform

Ca. 98 % der Schweine, Rinder und Hühner in Deutschland werden in ▶ Massentierhaltung gemästet. Dabei werden die Nutztiere in großen Beständen auf engem Raum gehalten, um in möglichst kurzer Zeit einen hohen Fleischertrag zu erzielen. Dadurch können die Kosten für Tierhalter, aber auch die Preise für Verbraucher niedrig gehalten werden. Daher konnte ein Kilogramm Schweinefleisch 2013 oft für ca. 4 Euro im Handel angeboten werden.

Dieser Preis ist nur durch die hohe Produktivität der Mastbetriebe möglich. Das bedeutet z.B. für Mastschweine (ab 25 kg Körpergewicht, Alter 3 Monate), dass sie sich in ihren Stallungen, die oft nur etwa einen m² pro Tier betragen, kaum bewegen können, um so in 120 Tagen ihr Schlachtgewicht von ca. 110 kg zu erreichen. Täglich nehmen die Tiere etwa 750 g an Fett und Fleisch zu.

Mastrinder nehmen am Tag ca. 1300 g an Gewicht zu, wobei ihnen bis zu 25 kg Futter verabreicht werden. Sie werden vorwiegend in engen Ställen, in sogenannten Bodenbuchten mit Vollspaltenböden ohne Einstreu, oder in Laufställen mit mehreren Tieren gehalten. Jedem Tier wird nur wenig Platz zugestanden (s. S. 130).

Bei dieser herkömmlichen (konventionellen) Tierhaltung geht es um den wirtschaftlichen Gewinn der Halter. Den Tieren wird eiweißhaltiges Kraftfutter mit hohem Anteil an Sojamehl verabreicht, um die Aufzucht zu beschleunigen.

Industriell hergestelltes Mischfutter ist kostengünstig und enthält neben Soja Reste der Lebensmittelerzeugung, z.B. aus Brauereien, Öl- und Mehlmühlen, Zuckerfabriken und Molkereien.

In einigen Betrieben kommt es immer wieder vor, dass dem Tierfutter trotz Verboten Hormone beigemischt werden. Diese haben eine wachstumsfördernde Wirkung oder regen den Appetit des Tieres an. Dies ist nicht nur für die Gesundheit der Tiere schädlich, sondern auch für uns, als Verbraucher, mit gesundheitlichen Risiken verbunden. In Deutschland kontrollieren die Veterinärämter durch Stichproben in den Betrieben die Einhaltung rechtlicher Regelungen des Tierschutzes bei der Nutztierhaltung und Schlachtung. Der Großteil der Betriebe hält die Vorschriften ein. Durch Kontrollen sind aber Missstände festgestellt worden, wie z. B., dass allen Tieren, nicht nur den erkrankten, Antibiotika als Masthilfe verabreicht wurden. Fehlende Auslauf- und Beschäftigungsmöglichkeiten sowie unzureichende Frischluftzufuhr verursachen eine erhöhte Infektionsgefahr der Tiere, vor denen sie meist nur durch regelmäßige Antibiotikagaben geschützt sind. Im Jahre 2011 wurden in Deutschland den Tieren in der Landwirtschaft 1734 t Antibiotika, oft nur zur Vorbeugung von Krankheiten und Schmerzen, verabreicht. In der Humanmedizin werden hingegen nur ca. 800 t jährlich verwendet. Gefordert wird eine Intensivierung der Kontrollen, um den Einsatz von Antibiotika zu reduzieren. Die neu eingerichtete Datenbank der Mastbetriebe soll künftig angeben, in welchem Maße Medikamente eingesetzt werden.

Aufgrund des Platzmangels sind die Tiere hohem psychischen Stress ausgesetzt. Sie entwickeln nicht selten Verhaltensstörungen. Damit sich die Tiere nicht gegenseitig verletzen oder sogar töten, werden Masttieren meistens ohne Betäubung Hörner, Schwanz oder Zähne abgeschnitten. Männlichen Ferkeln werden die Samenleiter oft einfach mit einer Klinge durchtrennt, weil das Fleisch von Ebern geschmackliche Beeinträchtigungen aufweisen kann.

Die Masttiere werden oft, über hunderte von Kilometern, zusammengepfercht auf engstem Laderaum in Transportern, bis zu acht Stunden ohne Futter und Wasser, zum Schlachthof befördert. Für die Tiere ist die Fahrt mit großem Stress verbunden. Nicht selten verletzen einige Tiere sich bzw. ihre Artgenossen in Panik oder sterben vor Entkräftung. Am Schlachthof angekommen, sind viele Tiere unfähig, auf eigenen Beinen zu laufen. Die Mastschweine werden durch eine Grube, die mit Gas gefüllt ist, befördert und so betäubt auf ein Fließband gehängt. Von der Bandgeschwindigkeit abhängig, bleiben den Fleischern oft nur wenige Sekunden Zeit, die Masttiere zu zerlegen. Die Wettbewerbsfähigkeit von Schlachtbetrieben hängt weitgehend vom Produktionsablauf und der Kapazitätsauslastung ab.

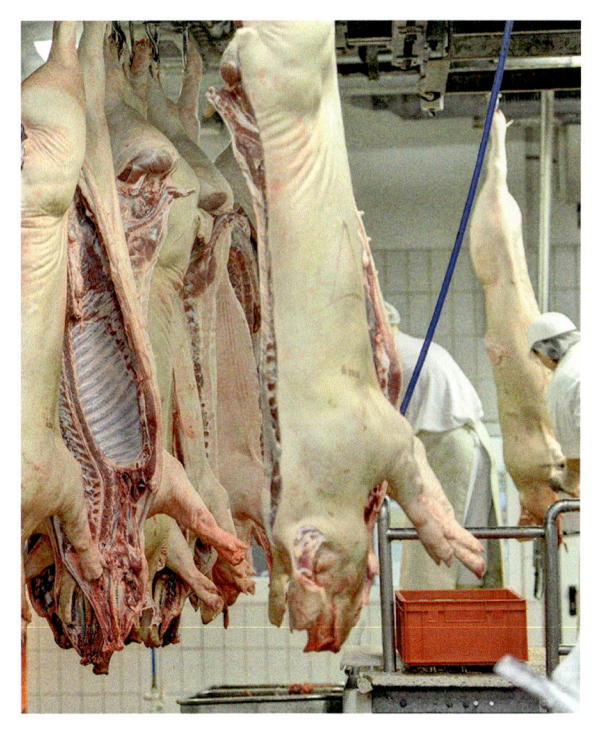

Untersuchungen des Bundesministeriums für Ernährung, Landwirtschaft und Verbraucherschutz haben ergeben, dass jährlich etwa 500 000 Schweine noch lebend auf dem Schlachthof verbrüht werden und bei etwa 200 000 Rindern der erste Bolzenschuss seine Wirkung vor der Schlachtung verfehlte. Die Haltungsformen sind nicht immer mit wirksamen Kontrollsystemen, wie es z. B. in dänischen Schlachtbetrieben mittlerweile Standard ist, verbunden.

Fleischkonsum und Futtermittelbedarf

Mit dem hohen Fleischkonsum ist auch ein entsprechend hoher Verbrauch an Futtermitteln verbunden. Dazu zählt Getreide, wie z. B. Mais, Weizen, Gerste und Ölsaaten (z. B. Soja und Sonnenblume), aber auch Grünfutter für Rinder (z. B. Gras, Silomais). In Deutschland werden rund 60 % allen Getreides und 70 % aller Ölsaaten als Futtermittel an Tiere verfüttert. Von den ca. 70 Mio. t stammen 59 Mio. t aus Deutschland. Die restlichen Futtermittel werden in anderen Ländern angebaut. Insbesondere wegen steigender Futtermittelpreise stieg dort der Preis für Brotgetreide. Das führte zu Hungersnöten in einigen armen Ländern (s. auch **M1**, S. 130).

Die Erzeugung von Futtermitteln ist mit einem enormen Bedarf an landwirtschaftlicher Nutzfläche verbunden. Um zusätzliche Anbauflächen für die Futtermittelgewinnung, wie z. B. für Soja, zu gewinnen, wird u. a. in Südamerika der Regenwald abgeholzt. Durch die Entwaldung und zur landwirtschaftlichen Nutzung von Weideland sowie dem Anbau von Futtermitteln werden große Mengen des Treibhausgases ▶ CO_2 freigesetzt. Hinzu kommt, dass Rinder erhebliche Mengen an Methan ausstoßen, einem Treibhausgas, das pro kg einen 21-mal größeren Einfluss auf die globale Erderwärmung hat als CO_2. Deshalb hat der Konsum von Fleisch- und Milchprodukten auch einen erheblichen Einfluss auf das Klima.

1 Nennt Gründe, die für eine Massentierhaltung sprechen.

2 Beschreibt in Partnerarbeit die Haltungsbedingungen in der Massentierhaltung.

3 Diskutiert, inwieweit die Haltungsbedingungen der Tiere für euch bedenklich sind.

4 Bewertet in Gruppenarbeit die Schlachtungsbedingungen. Erklärt, welche Veränderungen zum Tierschutz beitragen. Prüft, ob ihr den **WEBCODE** unten zur weiteren Recherche in den Unterricht einbeziehen wollt.
Präsentiert eure Ergebnisse in der Klasse. Nutzt dazu die **Methode Präsentation**, S. 18.

4 Bio-Fleisch – Konsum und Tierhaltung

Steigende Nachfrage nach ▶ Bio-Fleisch

Im Jahr 2012 kauften die deutschen Haushalte 0,6 % des Schweinefleisches und 2,0 % des Rindfleisches in Bio-Qualität – Tendenz steigend. Offenbar haben kritische Berichte über die Massentierhaltung bei vielen Verbrauchern zu einem bewussteren Fleischeinkauf geführt. Der wichtigste Grund für den Kauf von Bio-Lebensmitteln ist in der artgerechten Tierhaltung zu sehen. Die artgerechte Tierhaltung kann in der Bio-Mast im Konflikt mit den ökonomischen Zielen eines Betriebes stehen, da für die Bauern Mehrkosten durch die höheren Anforderungen der Tierhaltung, Betreuung und Fütterung entstehen. Denn die Umstellung von einem konventionellen Betrieb auf einen Bio-Betrieb bedeutet immer, dass der Viehbestand bei gleichbleibender landwirtschaftlicher Nutzfläche verringert wird. In der landwirtschaftlichen Tierhaltung bestehen derzeit mehrere Bio-Siegel, die verschiedene Anforderungen an die Tierhaltung und Tiermast stellen. Bio-Bauern, die nach dem europäischen Bio-Siegel (EG-Bio-Verordnung) zertifiziert sind, müssen weniger strenge Auflagen erfüllen. Die Einhaltung dieser Auflagen wird von staatlichen Kontrollstellen überprüft. Die Anforderungen der Öko-Verbände (s. S. 117, 121; M 3, S. 121; M 3, S. 130) übertreffen die des staatlichen Siegels.
Zusätzlich überprüfen die Verbände die Einhaltung der Auflagen in den Bereichen Stallanlagen, Stallflächen, Fütterung, Behandlung und Tierzukauf

Auf einem Bioland-Betrieb

Corinne und Robert wollen es genau wissen und besuchen hierzu den Landwirt Volker Harms, der sich dem Erzeugerverband Bioland e.V. angeschlossen hat.

CORINNE: „Wo liegt eigentlich der Unterschied zwischen einem konventionellem Mastbetrieb und einem Bio-Landwirtschaftsbetrieb?"

HERR HARMS: „Wir führen keine Massentierhaltung durch, sondern bei uns ist die Anzahl der Masttiere genau vorgeschrieben, weil wir viel Wert auf eine artgerechte Tierzucht und Tierhaltung legen."

ROBERT: „Was bedeutet das genau?"

HERR HARMS: „Also, pro Hektar Land dürfen in der Bio-Landwirtschaft nur 14 Mastschweine gehalten werden. Als Bioland-Betrieb dürfen wir sogar nur zehn halten, da strengere Standards gelten. Für unsere Tiere ist ein höheres Platzangebot vorgeschrieben als in der konventionellen Haltung. So können die Tiere ihre arteigenen Verhaltensweisen viel besser ausleben. Um das mal in einem Vergleich auszudrücken, stehen jedem unserer 85 Bio-Mastschweine eine 1,1 m² große Stallfläche und auch noch eine 0,8 m² Auslauffläche im Freien zur Verfügung. Und unsere Rinder erhalten regelmäßig Auslauf auf der Weide."

ROBERT: „Und wie lange werden die Tiere gemästet?"

---

1 Beschreibe die Entwicklung des Bio-Fleischmarktes in Deutschland.

2 Erklärt Schwierigkeiten der Ausweitung der Bio-Fleischproduktion.

3 Sucht im Internet, z. B. unter dem Stichwort: Ökobarometer-Studie, nach Gründen, die für Bio-Lebensmittel sprechen.

4 Nennt Bio-Lebensmittel, die ihr bei euch zu Hause verzehrt.

HERR HARMS: „Naja, wir geben unsere Tiere nach einer etwa doppelt so langen Mastzeit wie bei konventioneller Haltung zur Schlachtung."

CORINNE: „Wie verläuft die Beförderung der Tiere zum Schlachthof?"

HERR HARMS: „Die Schlachttiere werden möglichst stressfrei in die Schlachterei gebracht. Dabei dürfen sie nicht länger als vier Stunden bzw. 200 km transportiert werden."

CORINNE: „Hm, das hört sich wirklich nach einer artgerechten Tierhaltung an. Aber einen Haken muss es doch auch in der Bio-Mast geben?"

HERR HARMS: „Unser Fleisch ist teurer als das aus der konventionellen Tierhaltung. Dafür haben unsere Fleischprodukte mehr Geschmack. Außerdem erleben unsere Kunden es nicht, dass das Fleisch in der Pfanne um 30 Prozent schrumpft. Für die Tierproduktion verwenden wir nur Biofutter, das wir selbst anbauen oder aus der unmittelbaren Region begrenzt hinzukaufen. Bei uns werden keine Sojaöle oder andere wachstumsfördernde Mittel im Betrieb verfüttert. Die Futtermittel werden nur aus ökologischem Anbau beschafft (s. dazu S. 111)."

ROBERT: „Was schätzen die Kunden bei Ihnen, wenn sie Fleisch kaufen?"

HERR HARMS: „Die Herkunft des Fleisches ist für unsere Kunden von großer Bedeutung. Sie möchten wissen, woher das Fleisch kommt und unter welchen Bedingungen die Tiere aufgezogen und gehalten wurden."

ROBERT: „Ist das denn wirklich so entscheidend zu wissen, woher das Fleisch kommt?"

HERR HARMS: „Unser Fleisch ist aus nachhaltiger Tierproduktion, weil wir viel Wert auf eine artgerechte Tierzucht und Tierhaltung legen. Wir haben uns dazu entschlossen, einheimische Nutztierrassen zu züchten. Dabei stellen wir sehr hohe Ansprüche an die Tierhaltung. Bei uns werden Medikamente wegen der Arzneimittelrückstände und Nebenwirkungen nicht vorbeugend verabreicht, sondern nur im Krankheitsfall. Wir bevorzugen homöopathische Mittel und naturheilkundliche Methoden, um Tiere zu behandeln. Bei uns ist auch das Abschneiden der Schwänze verboten."

CORINNE: „Essen Sie eigentlich noch Fleisch aus einem herkömmlichen Mastbetrieb?"

HERR HARMS: „Nein, Fleisch aus der Massentierhaltung esse ich nicht mehr. Dies widerspricht meinen Vorstellungen von einer nachhaltigen Ernährung. Ich bin sehr froh, dass immer mehr Verbraucher ihren Fleischkonsum verändern. Wenn den Verbrauchern eine artgerechte Tierhaltung wichtig ist, werden sie, auch bei höheren Fleischpreisen, höchstens weniger Fleisch verzehren."

CORINNE: „Das ist verständlich. Herr Harms, vielen Dank, dass Sie uns Ihren Betrieb vorstellten."

ROBERT: „Nun haben wir wirklich einen guten Überblick über die Bio-Mast erhalten."

1 Beschreibe die Bedingungen, unter denen die Tiere in der Bio-Mast gehalten werden.

2 Erklärt in Partnerarbeit, weshalb die Tiere in der Bio-Masthaltung artgerecht gehalten werden.

3 Wie beurteilt ihr den Bio-Fleischpreis? Führt eine Preiserkundung durch. Nutzt die **Methode Preis- und Qualitätserkundung**, S. 77.

4 Notiert Pro- und Kontra-Argumente zur Bio-Masthaltung und führt eine Pro-Kontra-Debatte zu diesem Thema. Nutzt die **Methode Pro-Kontra-Debatte**, S. 84.

5 Weiterführendes Material

M1 Fleischkonsum und Nahrungsmittelknappheit

„Wenn wir den Fleischkonsum in den reichen Ländern reduzieren, ihn weltweit bis 2050 auf einem Pro-Kopf-Verbrauch auf dem Niveau von 2000 festschreiben – also auf jährliche 37,4 kg/Kopf –, dann könnten ungefähr 400 Mio. t Getreide für die menschliche Ernährung freigesetzt werden. Das ist genug, um 1,2 Milliarden Menschen mit ausreichend Kalorien zu versorgen."

Olivier de Schutter, Sonderberichterstatter der Vereinten Nationen zum Recht auf Nahrung, 03.12.2009

Uni Jena: www.vegetarierstudie.uni-jena.de ▶

M2 Gründe für ▶ Vegetarismus

Wichtigste Gründe für Vegetarismus nach Geschlecht

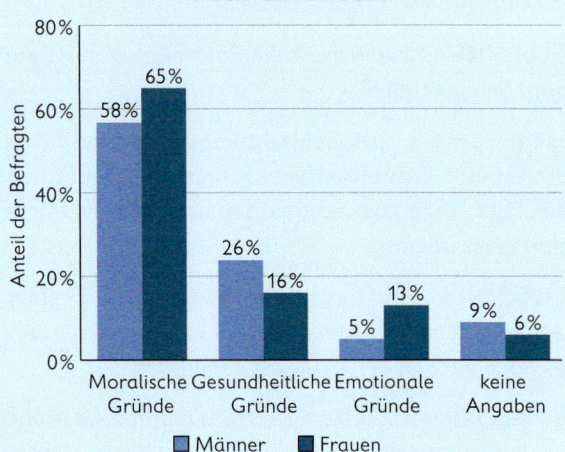

Grund	Männer	Frauen
Moralische Gründe	58%	65%
Gesundheitliche Gründe	26%	16%
Emotionale Gründe	5%	13%
keine Angaben	9%	6%

M3 Unterschiede in der Rindermast nach Tierhaltungsformen

	Bioland	EG-Bio-Verordnung	Konventionell
Auslauf	Weide oder ganzjährig zugänglicher Laufhof	mindestens 120 Tage Weide und ganzjährig Laufstall	Weidegang oder ständiger Auslauf nur bei Mutterkuhhaltung vorgeschrieben, in kleinen Betrieben oft Anbindehaltung
Liegeflächen	mit Stroh, Sägemehl eingestreut, überwiegend geschlossene Bodenflächen	eingestreuter Liegeplatz	oft ohne Einstreu, Rinder stehen meist auf Beton mit Vollspalten
Stallfläche	5 m^2 pro Mastrind (350 kg) mind.	pro Mastrind (über 350 kg) 5 m^2, mind. 1 m^2 je 100 kg	mind. 3 m^2 pro Mastrind (600 kg)
Fütterung	im Sommer überwiegend Frischgras und Weide, im Winter Gras- und Maissilage, Biofutter, mind. 50 % vom eigenen Betrieb	im Sommer überwiegend Frischgras und Weide, im Winter Gras- und Maissilage, 100 % Biofutter	ganzjährige Fütterung mit Gras- und Maissilage sowie Getreide, Soja, Erbsen und Nebenprodukten der Pflanzenölproduktion (Ölkuchen)

Zu M1

1 Erkläre, welche Chancen sich durch einen verminderten Fleischkonsum ergeben.

2 Nimm Stellung zu der Aussage über den Fleischkonsum.

Zu M2

1 Benenne und erkläre in Partnerarbeit die Gründe für Vegetarismus nach dem Geschlecht.

2 Diskutiert in Partnerarbeit die Folgen des Fleischkonsums.

3 Überlegt, ob ihr auf Fleischprodukte verzichten könntet. Notiert Gründe für bzw. gegen einen Fleischkonsum.

Zu M3

Vergleicht Unterschiede in der Rindermast zwischen der konventionellen Tierhaltung, der EG-Bio-Verordnung und der von Bioland.

Methode Gruppenpuzzle: Gruppenarbeit als Lernende und Lehrende

Darum geht es

Die Arbeitsform lässt sich nutzen, wenn in der Klasse umfangreiche Informationen zu einem Sachverhalt zu bearbeiten sind. Wichtig ist, dass diese sich in mehrere Lerninhalte mit ähnlichem Anspruch für Gruppen aufteilen lassen.
Ihr könnt lernen,
- in der Gruppe neues Wissen zu erarbeiten und euch darüber auszutauschen,
- soziale und kommunikative Fähigkeiten im Team zu erweitern,
- anderen euer Wissen weiterzugeben,
- dass leistungsschwächere und -stärkere Teilnehmer sich aktiv einbringen können.
- selbstorganisiert und selbstverantwortlich zu arbeiten.
- eure Leistungsbereitschaft und euer Selbstwertgefühl zu erhöhen.

So läuft es ab

Vorbereitung (s. auch Methode Gruppenarbeit, S. 15)

- Die Auswahl der Lernmaterialien für die Gruppen zu den Teilthemen erfolgt mithilfe eines Schulbuchkapitels und evtl. weiterer Materialien. Dabei können arbeitsgleiche Expertengruppen gebildet werden.
- Alle Schüler werden in heterogene **Stammgruppen (Teams)** eingeteilt (Kartenverfahren, Selbstorganisation oder Vorgabe durch Lehrkraft). Jeder Schüler bearbeitet eine unterschiedliche Aufgabe oder ein Teilthema in Einzelarbeit und hält seine Ergebnisse schriftlich fest (1. Phase). Siehe S. 125, z. B. A beantwortet Aufgabe 1, B löst Aufgabe 2 usw. Für den Ablauf ist vorher eine Zeitschiene festzulegen.

Durchführung

- Jede Stammgruppe entsendet je ein Mitglied in eine **Expertengruppe (Expertenrunde)**. In der werden die Ergebnisse, die zuvor in Einzelarbeit in den Stammgruppen erarbeitet wurden, verglichen. Die „Experten" diskutieren die Aufgabe, klären offene Fragen und legen Kernaussagen fest. Diese sollten als Stichworte festgehalten und von allen Experten verstanden werden (2. Phase).
- Danach finden sich alle wieder in ihrer **Stammgruppe** ein. Jeder vermittelt als Referent das Wissen, das er in der Expertengruppe erarbeitet hat. Die Lernenden hören zu, nehmen auf, fragen nach und besprechen die Beiträge (3. Phase).

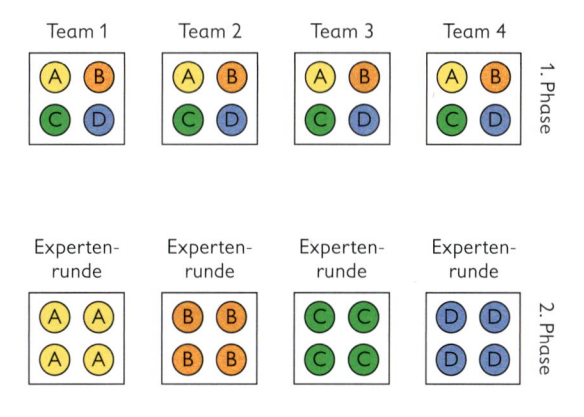

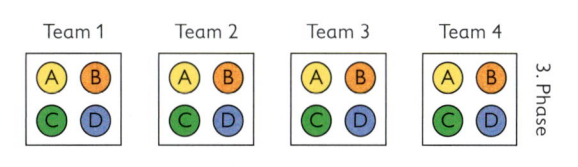

Auswertung

Nach Abschluss des Gruppenpuzzles kann der Sachverhalt vertiefend erörtert werden. Das kann in der Stammgruppe oder im Plenum erfolgen. Dabei ist auch über den Prozess der Arbeit zu reflektieren, um soziale und kommunikative Ziele zu fördern. Siehe dazu auch **Methode Gruppenarbeit**, S. 15, 16.

Fallstudie: Betriebliches Handeln im Küchenmöbelwerk

1 Ein Auftrag für das Küchenstudio COOKMAHL

Familie Bünger erfüllt sich den Traum von einer neuen Küche. Sie haben lange überlegt, Prospekte gewälzt und Lösungen in Küchenstudios besichtigt. Nach intensiven Beratungen „stehen" Maße, Grundriss und Ausstattung. Auch der Preis stimmt. Heute haben sie bei COOKMAHL den Kaufvertrag unterzeichnet.

„Schon in 16 Wochen steht Ihre neue Küche", sagt die Kundenberaterin. „Was passiert in der Zwischenzeit?", will Herr Bünger wissen.

„Ihr Auftrag geht per E-Mail an das Küchenmöbelwerk. Hier werden Maße und Ausstattung im Planungsprogramm überprüft. Mit diesen Daten wird dann die Produktion geplant. Die Fertigung erfolgt nach neuester Technik in einer teilweise automatisierten Produktion.

Das Werk ist bekannt für sehr gute und umweltgerechte Qualität. Das wird durch ein Qualitäts- und Nachhaltigkeitsmanagement erreicht.

Wenn Sie Interesse haben, können Sie mit dieser Werksbroschüre einen Blick auf die Produktion werfen."

▪ Welche Vorteile hat es für Büngers, COOKMAHL und das Küchenmöbelwerk, den Auftrag nach einem Planungsprogramm im Rechner zu erstellen?

Das könnt ihr lernen

Ihr könnt
- erklären, wie ein Kundenauftrag für die Produktion vorbereitet wird, und vollzieht die Stufen des Produktionsablaufs nach.
- Unternehmensziele begründen.
- Anforderungen an Arbeitsplätze vergleichen.
- Merkmale des Unternehmens und die Produktionsfaktoren erläutern.
- Güter- und Geldströme im Unternehmen erklären.
- die Betriebsorganisation nachvollziehen und die Struktur verstehen.
- die Bedeutung der Arbeit des Betriebsrates für Arbeitnehmerinteressen bewerten.
- die Bedeutung des Qualitätsmanagements für das Produktionsergebnis bewerten.
- die Bedeutung des Nachhaltigkeitsmanagements für das Unternehmen, die Mitarbeiter, die Kunden und die Gesellschaft begründen.
- den Einsatz des Unternehmens für nachhaltiges Handeln bewerten.

2 Das Unternehmen stellt sich vor

Leistungsangebot
Das Küchenmöbelwerk wurde 1973 als GmbH gegründet (siehe **M6**–**M8**, S. 143–145). Es gehört seit 2005 zu einer internationalen Unternehmensgruppe mit weiteren Betrieben der Küchenherstellung. Ca. 250 Mitarbeiter stellen hochwertige Einbauküchen der oberen Preisklasse her, die im In- und Ausland verkauft werden.

Die Kunden können aus einem breiten Angebot wählen: Schrankelemente in 60 Frontfarben (Holz-, Kunststoff- und Lackoberfläche), verschiedene Arbeitsplatten sowie Griff- und Knopfvarianten. Die Typenliste enthält ca. 1000 Artikel. Zusammen mit Fachhändlern werden Kundenwünsche für komplette Küchen umgesetzt und Kundendienst geleistet.

Betriebsorganisation
Für die Verwirklichung der Ziele und die Erbringung der Leistungen sorgt auch die ▶ **Betriebsorganisation** (Aufbauorganisation, rechte Spalte, und Ablauforganisation, S. 138).

Ziele
Ein Ziel des Unternehmens ist ein angemessener Gewinn. Dazu ist die fortwährende Weiterentwicklung von Qualität und Design der Produkte wichtig, um im Wettbewerb zu bestehen. Bedeutsam sind auch kundengerechte Dienstleistungen. Die Wünsche der Kunden stehen im Mittelpunkt.

Die Mitarbeiter fördern durch die Arbeitsqualität das Ansehen der Leistungen des Unternehmens.

Damit verbunden ist das Nachhaltigkeitsmanagement (s. S. 141) für ▶ **nachhaltiges Handeln** bei der Leistungserstellung. Diese erfolgt
- wirtschaftlich und sozial im Umgang mit Kunden, Lieferanten und Mitarbeitern und
- ökologisch in Verbindung mit der Auswahl und sparsamen Nutzung der ▶ **Ressourcen**.

Diese Ziele sollen erreicht werden, indem stetig, gemeinsam mit Lieferanten, Fachhändlern und Kunden, an Verbesserungen gearbeitet wird.

Insbesondere geht es darum:
- Qualität mit ökologisch verträglichen Verfahren zu sichern,
- qualitativ hochwertige Werkstoffe kostengünstig zu beschaffen,
- Abfälle und ▶ **Emissionen** zu vermindern,
- Mitarbeiter für ihre Aufgaben zu qualifizieren und zu motivieren.

Organigramm: Geschäftsführung – Qualitäts- und Nachhaltigkeitsmanagement
- Produktion: Einkauf, Arbeitsvorbereitung, Fertigung, Entwicklung und Produktmanagement, Versand
- Vertrieb Ausland
- Vertrieb Deutschland
- Marketing
- Auftragssachbearbeitung
- Verwaltung und Service: Finanzen/Controlling, Personal, Informationstechnologie

---

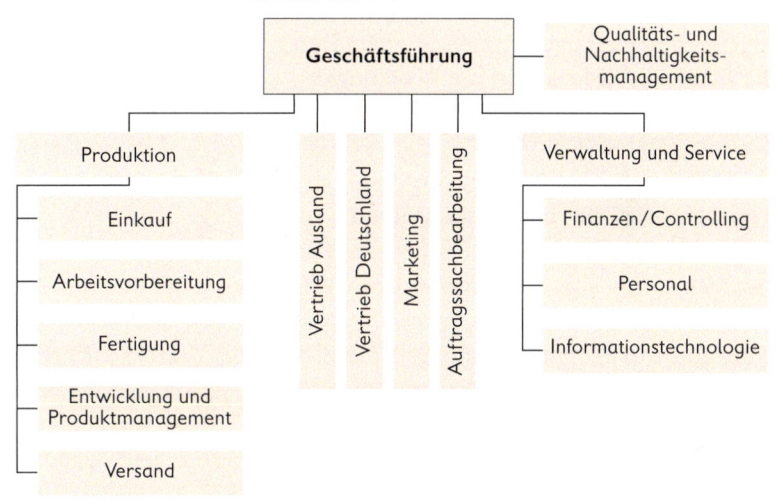

1 Stellt das Küchenmöbelwerk in einem „Steckbrief" vor. Berücksichtigt dabei die Erbringung der Leistungen und der Rechtsform (s. **M5**, **M6**, S. 143, **M7**, S. 144, **M8**, S. 145). Tausche dich mit einem Partner über das Ergebnis aus.

2 Erklärt an einem selbstgewählten Beispiel: Was kann Nachhaltigkeit bei der Küchenproduktion heißen?

3 Welche Ziele privater Unternehmen (s. **M3**, S. 143) will das Küchenmöbelwerk erreichen?

4 Benennt an einem Beispiel, was in den Abteilungen der Leistungsbereiche Produktion, Verwaltung und Service für Arbeiten erfolgen. In welcher Abteilung beginnt die Zusammenarbeit mit dem Küchenstudio COOKMAHL (s. auch S. 132)?

3 Aufgaben und Zusammenarbeit der Abteilungen

Beschaffung von Produktionsfaktoren
Zur Küchenmöbelherstellung werden benötigt:

Gebrauchsgüter
- Betriebsgelände sowie Gebäude
- technische Anlagen, Maschinen, Büromöbel
- Werkstoffe, z. B. Holz
- Hilfsstoffe, z. B. Leim

Verbrauchsgüter
- Betriebsstoffe, z. B. Maschinenöl, sowie Strom

Das Betriebsgelände ist der **Produktionsfaktor Boden**. Die anderen Ge- und Verbrauchsgüter sowie notwendige finanzielle Mittel gehören zum **Produktionsfaktor ▶ Kapital**.

Die Abteilung Einkauf beschafft die sächlichen **▶ Produktionsfaktoren**. Sie kooperiert mit den anderen Abteilungen der Produktion sowie dem Qualitätsmanagement (s. S. 140) und dem Produktmarketing, das Anforderungen an Güter festlegt und diese prüft.

Auch die Arbeitskräfte, der **Produktionsfaktor Arbeit**, müssen beschafft und verwaltet werden. Daran sind die Personalabteilung und die Abteilungen, welche die Arbeitskräfte benötigen (z. B. Fertigung Küchen, Verwaltung), beteiligt.

Erfassen von Geld- und Güterströmen
Bei der Beschaffung und Bezahlung der erbrachten Leistungen entstehen Güterströme und Geldströme. Diese werden im **▶ Rechnungswesen** verbucht. Es erledigt auch die Lohnbuchhaltung für die Mitarbeiter.

Fertigung der Küchenmöbel
Mehr dazu siehe Folgeseiten.

> **Fragen bei der Beschaffung**
> - Was ist in welcher Qualität (z. B. ökologische Anforderungen) zu beschaffen?
> - Wie viel wird wann benötigt?
> - Wo ist die benötigte Menge zu günstigen Preisen zu erhalten?
> - Welche Liefer- und Zahlungsbedingungen sind angemessen?
> - Welcher Lieferant kann Menge und Qualität termingerecht liefern?

Die richtigen Güter gut verkaufen
Solche Aufgaben erledigt das Marketing.
- Es ist u. a. zuständig für Werbung und Preisgestaltung.
- Die Auftragsbearbeitung wickelt die Bestellungen der Fachhändler ab, schreibt für die erstellten Leistungen Rechnungen und leitet diese zur Buchung an das Rechnungswesen.
- Der Versand organisiert im Anschluss an die Fertigung die Auslieferung der Aufträge.
- Der Kundendienst (mit den Fachhändlern) bearbeitet Reklamationen und Reparaturen.
- Die Produktentwicklung arbeitet am Sortiment, z. B. an Trends zu Farbe und Material.

Organisation/EDV
Die Kommunikation zwischen den Abteilungen läuft mit Unterstützung elektronischer Datenverarbeitung (EDV). Das erfolgt eingebunden in ein betriebsinternes Netzwerk. Die Abteilung Informationstechnologie sorgt dafür, dass die **▶ Informationsorganisation** zuverlässig funktioniert.

---

1 Beschreibe die Aufgaben der Abteilungen bei der Beschaffung von Produktionsfaktoren.

2 Stellt Beispiele für Güter- und Geldströme, die im Küchenmöbelwerk entstehen, als Schaubilder dar. Orientiert euch dabei an M5, S. 139.

3 Bearbeitet folgenden Vorgang: Das Küchenmöbelwerk sucht einen Lieferanten für kunststoffbeschichtete Spanplatten. Wendet die Fragen bei der Beschaffung (oben) darauf an. Begründet die Zuordnung.

134 Fallstudie: Betriebliches Handeln im Küchenmöbelwerk

4 Produktionsablauf bei Schrankelementen

Der größte Teil der Fertigung erfolgt automatisiert auf einer Fertigungsstraße mit computergesteuerten Maschinen.
Wünschen Kunden Naturholzfronten und Sonderanfertigungen, fällt auch Handarbeit an.

Auftragsbearbeitung
Hier treffen die Kundenaufträge der Fachhändler ein. Sie enthalten Skizzen mit Maßen und notwendigen Teilen. Die Bestellungen werden von Sachbearbeitern im Werk für die weitere Bearbeitung aufbereitet. Mithilfe einer speziellen CAD-Software (s. rechts) wird eine Zeichnung für die geplante Küche erstellt. Diese ist Grundlage für die Arbeitsvorbereitung.

Arbeitsvorbereitung
Hier werden die Kundenaufträge gebündelt. Solche für gleichartige Schrankelemente verschiedene Aufträge werden für die Produktion zu Serien zusammengestellt.

Bei Standardteilen wird auf ein Lager für vorproduzierte Schrankelemente zurückgegriffen.

Zur schnellen Identifizierung ist jedes lieferbare Schrankelement mit Bestellnummer, Zeichnung, Beschreibung, Stückliste und Produktionsdaten in einem Zentralrechner gespeichert.
Mithilfe der EDV werden mit einem Planungsprogramm durch einen Techniker die Daten für die Maschinenprogramme und den Arbeitsfluss aufbereitet. Dabei stehen Daten, z. B. zu den Produktionszeiten für eine Kücheneinheit und den vorhandenen Kapazitäten, zur Verfügung. So lässt sich die Fertigungssteuerung, z. B. Auslastung der Maschinen, planen. Für jeden Auftrag wird ein Liefertermin bestimmt.

Plattenaufteilsäge
Diese sägt mit Kunststoff beschichtete Spanplatten für die Korpusse und Fronten der Schrankelemente maßgerecht. Mit der EDV kann der ▶ Verschnitt auf unter 5 % gehalten werden.
Die Teile werden in einem Zwischenlager abgelegt und von dort der Maschinenstraße bzw. der Frontanfertigung zugeführt.

CAD (Computer Aided Design): Rechnerunterstützung bei Planung, Entwurf, Berechnung und Konstruktion.
Geometrische Formen, z. B. ein Schrankteil, können von allen Seiten dreidimensional betrachtet und, wenn notwendig, korrigiert werden.

In der Auftragsbearbeitung und Arbeitsvorbereitung findet ein großer Teil der Arbeit am Bildschirm statt.
Zur ▶ ergonomischen Arbeitsplatzgestaltung der Bildschirmarbeit gibt es eine Betriebsvereinbarung zwischen Betriebsrat und Geschäftsleitung.

Korpusfertigung auf der Maschinenstraße

An der Maschinenstraße arbeiten im Schichtbetrieb je acht Mitarbeiter. Für diese Anlage wurden fünf Mio. Euro investiert, um mit neuester Technik und weniger Personal produzieren zu können. Für die alte Maschinenstraße wurden pro Schicht 23 Mitarbeiter benötigt. Von dieser Rationalisierung waren vor allem angelernte Arbeiter betroffen.

Die Mitarbeiter einer Schicht müssen Facharbeiter sein und sich weiterbilden, um die komplexe Anlage fehlerfrei zu bedienen, zu warten, Störungen zu verhindern und zu beseitigen. Jeder ist für mehrere Arbeitsplätze qualifiziert.

Der Produktionslauf auf der Maschinenstraße wird von einem Mitarbeiter an einem Leitstand überwacht. Dort werden evtl. auftretende Störungen an den einzelnen Bearbeitungsstationen angezeigt. Diese müssen vor Ort beseitigt werden.

Während der Arbeit muss wegen des Produktionslärms Gehörschutz getragen werden. Gesprochen wird über Mikrofon und eine Gegensprechanlage.

Die Bezahlung erfolgt im Zeitlohn, verbunden mit einer Prämie (s. S. 139).

Fertigung von Frontelementen

Parallel zur Korpusfertigung werden die Frontelemente aus Massivholz und Holzwerkstoffen in Handarbeit hergestellt.

Tischler schleifen Kassettenelemente für Naturholzfronten, andere fügen Kassetten für Fronten zusammen. Individuell angefertigte Teile werden per Hand lackiert und dann der Montage zugeführt.

Nahaufnahme: Stationen der Maschinenstraße

1 Zugriff auf Spanplatten aus dem Zwischenlager: Die Platten werden automatisch angesaugt und auf das Rollband gelegt.
Sie werden passend nach Kundenauftrag auf Länge gesägt.

2 Kennzeichnung der Platten mit elektronisch lesbarem Barcode. (Strichcode aus verschieden breiten Strichen und Lücken).

Dieser dient der Erkennung des Teils an weiteren Bearbeitungsstationen.

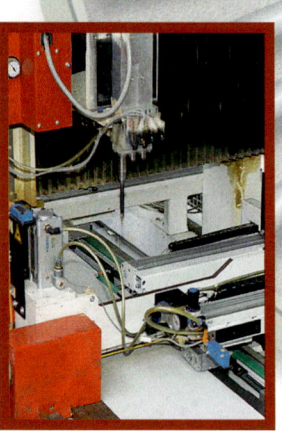

3 Vorbereitung der Eckverbindungen für den Korpus: Nuten werden gefräst und Löcher gebohrt, durch die im nächsten Arbeitsschritt flüssiger Kunststoff gepresst wird.

7 Von einem Leitstand aus wird die gesamte Maschinenstraße überwacht.

6 Vorgefertigte Platten liegen in einem weiteren Zwischenlager abrufbereit. Dies ist notwendig, um das unterschiedliche Arbeitstempo zwischen den bisherigen und den folgenden Stationen auszugleichen.

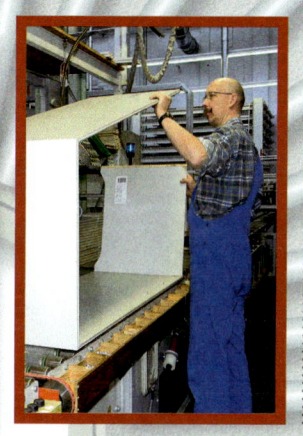

8 Der Korpus wird „gefaltet" und durch Einstecken seiner Rückwand stabilisiert.

5 Hier werden Schubkastenschienen automatisch eingebaut.

9 Endmontage von Korpus, Fronttüren, Einlegeböden und ggf. Spezialausstattung. Alle Teile werden nach Auftragsvorgaben EDV-gesteuert bereitgestellt. Dann erfolgt die Qualitätskontrolle (s. S. 140) für jede fertige Einheit.

4 Ein weiterer Arbeitsschritt für die Eckverbindung: Eine V-Nut wird in der Foldingmaschine (Holzbearbeitungsmaschine zum Fräsen) auf Millimeter genau bis zur vorher eingepressten Kunststoffkante gefräst.

10 Vorbereitung für den Versand. Fertige Möbel werden von angelernten Arbeitern maschinell verpackt und dem Lager zugeführt.
Gelagert werden kann die Produktionsmenge von drei Tagen.

Produktionsablauf bei Schrankelementen **137**

Ablauforganisation

Korpusfertigung und Fertigung von Fronten aus Kunststoff
- Grobzuschnitt mit Plattenaufteilsäge für Korpus und Frontelemente
- Lagerung der Zuschnitte getrennt nach Verwendungszweck
- Formatbearbeitung des Korpusstrangs
- Vorbereitung der Eckverbindung
- Fräsen der V-Nut
- Bohren und Setzen von Beschlägen
- Zwischenlager als Puffer
- „Falten des Korpus"
- Anleimen von Kanten an Kunststofffronten
- Lagerung in einem Hochregallager

Fertigung von Fronten aus Massivholz und Holzwerkstoffen
- Maschinelle Fertigung und Montage der Fronten
- Oberflächenbehandlung (teilweise Handarbeit)
- Fronten- und Türenvormontage

- Endmontage am Band, Qualitätskontrolle
- Bereitstellung aus Kaufteillager, z. B. Türgriffe, Elektrogeräte
- Verpackung, Bereitstellung für Versand

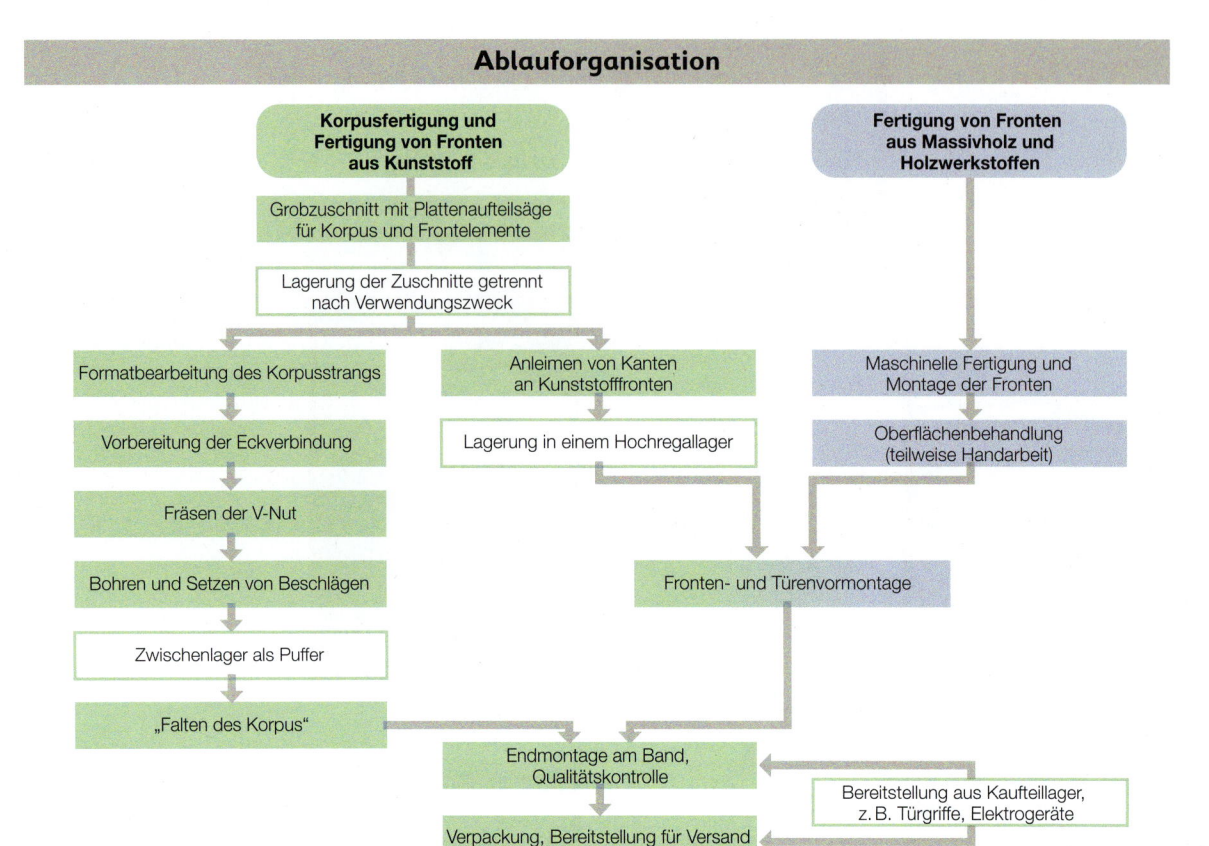

1. Verfolgt den Fertigungsablauf im Schema oben. Ordnet in Partnerarbeit die Fotos und Beschreibungen (siehe S. 136, 137) dem passenden Fertigungsschritt zu.

2. Vergleicht in Gruppenarbeit Arbeitsplätze:
   - Arbeitsvorbereitung und Steuerung der Maschinenstraße,
   - Endmontage und handwerkliche Arbeit.
   Unterscheidet Anforderungen, Entscheidungs- und Gestaltungsmöglichkeiten.

3. Stellt Merkmale der für die Produktion benötigten Berufe zusammen. Informiert euch bei der: **Bundesagentur für Arbeit: Berufenet** www.berufenet.de (06.08.2013)

4. Nennt Beispiele für den Einsatz der EDV. Beschreibt ihre Bedeutung.

5. Nach dem ▶ Betriebsverfassungsgesetz (M4, s. S. 143) hat der Betriebsrat u. a. bei der Gestaltung der Arbeitsplätze und Entlohnung Mitbestimmungrechte. Nennt dafür Beispiele aus dem Fertigungsablauf.

6. Begründet, in welchen Abteilungen des Unternehmens Folgendes entschieden wird:
   - Mark und Tobias sind krank, da muss Jonas heute am Leitstand arbeiten.
   - Die Produktpalette verkauft sich gut. Eine Produktionserweiterung ist sinnvoll.
   - Beim Prüfen der Naturholzfronten werden Maßabweichungen festgestellt. In der Produktion müssen Fehler beseitigt werden.

7. Bearbeitet in der Gruppe (s. Methode, S. 15) folgende Aufgabenstellung: Überlegt euch ein Produktbeispiel. Erarbeitet dafür eine Ablauforganisation. Präsentiert das Ergebnis.

5 Arbeitnehmer beurteilen ihre Arbeit

**Markus, 36 Jahre,
Werkstatt für Frontelemente**

„Ich arbeite hier seit zehn Jahren als Tischler. Bei der Steuerung der Maschinenstraße möchte ich ungern arbeiten. Die hohe Verantwortung für die Technik und dann der Lärm. Hier bin ich als Handwerker gefragt und kann mein Fachkönnen einsetzen. Die anspruchsvolle und abwechslungsreiche Arbeit macht Spaß. Mit dem Vorarbeiter stimmen wir ab, wer was macht. Ich verdiene gut. Im Prämienlohn erhalte ich seit März 2013 pro Stunde 19,70 Euro, 122,5 Prozent der Lohngruppe V."

**Knut, 40 Jahre,
Maschinenstraße**

„Ich arbeite seit drei Jahren an der Maschinenstraße. Dafür wurde ich angelernt. Im Prämienlohn – 122,5 % der Lohngruppe IV – verdiene ich gut.

Die Arbeit fordert mich stark. Wir müssen fehlerfrei ohne Qualitätsmängel arbeiten. Störungen an Maschinen vermeiden wir weitgehend durch Wartung in vorgeschriebenen Zeitabständen. Stillstand heißt Produktionsausfall und ist teuer. Wichtig sind mir die Kontakte mit den Kollegen bei der Arbeit, in den Pausen und beim Betriebssport. Ich mache auch mit bei der Gewerkschaft. Das ist für uns alle wichtig. Ich hoffe, dass mein Arbeitsplatz sicher bleibt. In den letzten Jahren wurde stark rationalisiert. So mussten Personal reduziert und Kosten gespart werden. Es kam zur Vereinbarung von flexiblen Arbeitszeiten. Dabei bestimmte der Betriebsrat mit."

Ecklohn (pro Arbeitsstunde 2013)
Das Arbeitsentgelt hängt ab von der Qualifikation und Erfahrung. Lohngruppe V ist der Facharbeiter-Ecklohn und setzt eine Berufsausbildung voraus. Die anderen Lohngruppen sind durch Zu- bzw. Abschläge zu diesem Lohn gebildet (Lohnschlüssel). Beispiele:

Lohngruppe V: = 15,65 €
Lohngruppe IV: = 14,85 €
Lohngruppe III: = 14,07 €

Zeitlohn
Entlohnungsart nach der geleisteten Arbeitszeit und dem Stundensatz der Lohngruppe.

Prämienlohn
Leistungsbezogene Entlohnung. Die Höhe richtet sich danach, wie stark z. B. die vorgegebene Zeit für eine Arbeit oder aber die Fehlerquote unterschritten ist.

Betriebsvereinbarung zur flexiblen Arbeitszeit
Der ▶ Betriebsrat hat nach §87 Betriebsverfassungsgesetz (s. M4, S. 143) ein Mitbestimmungsrecht bei der Gestaltung der Arbeitszeit. Zwischen der Unternehmensleitung des Küchenmöbelwerkes und dem Betriebsrat wurde vereinbart:

> Die nachfrageorientierte Arbeitszeitregelung dient der nachhaltigen Sicherung der Küchenmöbelherstellung und der Arbeitsplätze.
> Die Beschäftigten haben Arbeitszeitkonten. Arbeitszeiten, die über die Sollzeit hinausgehen, werden gutgeschrieben, die unterhalb liegen, abgezogen. Die wöchentliche Arbeitszeit wird nach Auftragslage berechnet. Der Betriebsrat bestimmt bei der Festlegung der geplanten Arbeitszeit mit. Der Zeitausgleich wird durch Verkürzung bzw. Verlängerung der Sollstunden oder freie Tage erreicht.

*Nach Warendorfer Küchen GmbH (Hrsg.):
Betriebsvereinbarung, gilt seit 2003*

---

1 Nehmt Stellung zu dem, was den Arbeitnehmern wichtig ist. Berücksichtigt die Stichworte: fachliche Anforderungen, Zusammenarbeit, Motivation.

2 Warum gibt es Unterschiede bei der Bezahlung? Was meinst du dazu?

3 Gestaltet eine Übersicht, die Vorteile flexibler Arbeitszeiten für Unternehmen und Mitarbeiter aufzeigt.

6 Qualitätsmanagement

Im Qualitätssicherungs-Handbuch heißt es:

„Jeder Mitarbeiter darf nur Produkte an den nächsten Arbeitsplatz weitergeben, die den Qualitätsansprüchen genügen. Der Betriebsrat hat bei der Qualitätssicherung Mitbestimmungs-, Mitwirkungs- und Beratungsrechte nach dem Betriebsverfassungsgesetz, §§ 87–91."

Hohe Qualität ist für das Unternehmen und die Kunden wichtig. Eine eigene Abteilung Qualitätsmanagement sichert, dass dem Rechnung getragen wird. Dazu zählen z. B.:

Q1 Bei der Produktentwicklung steht Qualität im Mittelpunkt. Ein Prüflabor untersucht bei Oberflächen, ob diese der starken Beanspruchung bei Gebrauch und Reinigung standhalten.

Q2 Fehler im Fertigungsablauf dürfen gar nicht entstehen. Bei der Planung wird bedacht, dass Technik und Organisation gleich bleibende Qualität sichern.

Q3 Produktionsfehler müssen während der Fertigung behoben werden. Mitarbeiter haben einen Prüfplan einzuhalten. Werden Fehler erst in der Endkontrolle oder beim Kunden entdeckt, ist Nacharbeit erheblich teurer.

Die Überprüfung der eigenen Arbeit stellt hohe Anforderungen an die Ausbildung, das Qualitätsbewusstsein und die Eigenverantwortung.

Q4 Materialien müssen den Qualitätsansprüchen genügen. Beispiel: Zugekaufte Türscharniere werden in Dauertests geprüft, ob sie viele Jahre funktionsfähig sind. Lieferanten müssen eine vereinbarte Qualität gleich bleibend zu günstigem Preis pünktlich liefern können.

Q5 Die Fähigkeiten der Mitarbeiter werden zur Verbesserung des Produktionsablaufs und der Produktqualität genutzt. Sie wissen am besten, was zu verändern ist. Gute Vorschläge werden prämiert. Geprüft wird, wo noch Verantwortung an Mitarbeiter abgegeben werden kann.

Endprüfung der Korpusfertigung verbessern

Bei der Endprüfung wurden manchmal Fehler übersehen. Deshalb müssen die Mitarbeiter folgende Prüfschritte durchführen:

01 Aufkleber lesen, Schranktype, Programm und Kanten vorne und hinten vergleichen
02 Funktionsprüfung der Schub-, Klapp- und Auszugsbeschläge
03 Traversenverkneifung prüfen (siehe Foto)
04 Überprüfung von Front und Korpus lt. Prüfmatrix für Lack und Kunststoff
05 Überprüfen der Schrankaufhängerverschraubung durch zwei Schrauben längs zur Plattenebene

---

1 Begründet die hohen Qualitätsanforderungen für die Produktion.

2 Erklärt Aufgaben im Qualitätsmanagement.

3 Beschreibt die Bedeutung der Maßnahmen zur Endprüfung von Schrankelementen.

4 Nutzt die **Methode Rollenspiel** (S. 36) für die Bearbeitung folgender Stellungnahmen:

a) „Mitarbeiter müssen alles vorgeschrieben erhalten und lückenlos kontrolliert werden, damit die Qualität stimmt."
b) „Mitarbeiter können viel mehr als verlangt wird. Sie sind in der Lage, vieles zu entscheiden, was bisher vorgeschrieben wurde, und sind bereit zu lernen. Das kommt der Qualität und damit dem Betrieb zugute."

7 Nachhaltigkeitsmanagement

Grundsätze ▶ nachhaltigen Handelns

Diese bestehen aus der ständigen Verbesserung der Produkte und der Verantwortung gegenüber den Kunden. Sie beinhalten auch die Verantwortung für die Mitarbeiter. Denn neben wirtschaftlicher und ökologischer ▶ Nachhaltigkeit ist das soziale Handeln des Unternehmens bedeutsam. Schwerpunkte sind soziale Leistungen, Gesundheitsschutz, Frauenförderung, familiengerechte Arbeitszeit, Weiterbildung und gesellschaftliches Engagement.

Bereiche mit besonderer Umweltbedeutung
- Oberflächenbehandlungsanlage
- Wärmeversorgung
- Abwasserbehandlungsanlagen für technische Wässer aus der Oberflächenvorbehandlung
- Gefahrstofflager

Nachhaltigkeit fordert insbesondere
- die Produkte in ökonomisch wie ökologisch und sozial verträglichen Verfahren herzustellen und zu vermarkten,
- Lieferanten und Händler einzubeziehen,
- das Nachhaltigkeitsmanagement umzusetzen,
- das Umweltbewusstsein, die Qualifikation und Beteiligung der Mitarbeiter zu sichern,
- Rohstoffe, Energie, Wasser sparsam zu nutzen,
- umweltverträgliche Technologien einzusetzen.

Überschüssige Lackpartikel in der Luft werden durch eine Nebelwand in einem Wasserbehälter aufgefangen. Hier verklumpen diese mittels eines chemischen Zusatzes. Sie werden als Sondermüll entsorgt.

Öko-Audit

Umweltziele und Umweltqualität werden durch unabhängige Gutachter in einer Umweltbetriebsprüfung überprüft und zertifiziert (bescheinigt) (Öko-Audit). Dazu wird ein Nachhaltigkeitsbericht mit einer Ökobilanz erstellt. Diese stellt gegenüber
- eingesetzte Stoffe, z. B. Spanplatten, Strom, und
- erzeugte Stoffe, z. B. Schränke, Abwasser.

Umweltziele und -programme

Diese werden fortlaufend festgelegt und vom Management überwacht. Das bedeutet u. a.,
- Fehler bei Bestellungen, Material, Fertigung und Verpackung zu verringern,
- Material und Energie zu sparen,
- umweltgerechte, schadstoffarme Stoffe bei Kunststoffen und Lacken einzusetzen.

Die Lackierung wurde umgestellt. PUR-Lacke (siehe Fußnote 3 zu **M1**, S. 142) mit umwelt- und gesundheitsschädlichen Lösemitteln wurden teilweise durch Wasserlack ersetzt (siehe **M1**, S. 142). Weil Wasserlack noch nicht so gut haftet und der Farbglanz geringer ist, gelingt die Umstellung bisher nur teilweise.

Lackierabfälle in Tonnen (t)

Entsorgungstyp	2007	2009	2011
Lackiereiabfälle	24	11	11
Lackiereiabfälle (Wasserlack/Lösungsmittelgemisch)	27	3	1
Lösungsmittelgemisch	27	20	22
Farben und Lacke	6	4	1
Gesamt	**84**	**39**	**35**

Warendorfer Küchen GmbH 2012

🎲 **1** Begründet die Bedeutung des Nachhaltigkeitsmanagements (siehe auch **M1**, S. 142).

🎲 **2** Schätzt das Ziel: „Erhöhung der ökologischen Ausrichtung der Produktion" am Beispiel Wasserlack ein (siehe **M2**, S. 142).

🎲 **3** Begründet die Bedeutung des Öko-Audits.

🎲 **4** Nehmt Stellung: „Qualitätssicherung und ökologische Ausrichtung wirken kostensparend."

8 Weiterführendes Material

M1 **Zu Hause in der WARENDORF-Küche**[1]

Qualität und Nachhaltigkeit
Das Werk ist eine der modernsten Küchenfertigungen Europas. Jede Küche ist etwas Besonderes. Durchdachte Schranklösungen werden individuell geplant. Material, Verarbeitung und Beanspruchung sind auf lange Lebensdauer ausgerichtet.

Materialien – möglichst umweltgerecht
WARENDORF achtet auf ökologische Rohstoffe. So übertreffen die Prüfkriterien für WARENDORF-Küchen vorgeschriebene Werte deutlich. Bei Holzwerkstoffen kommen z. B. nur Platten mit geringer Ausdünstung von Schadstoffen zum Einsatz. Das Holz stammt zum größten Teil aus Europa, möglichst werden hiesige Hölzer eingesetzt, z. B. Eiche.
Auf den Kunststoff Polyvinylchlorid[2] (PVC) wird weitestgehend verzichtet. WARENDORF setzt auf deutlich umweltschonendere Materialien. Durch ökologisch vertretbarere Rohstoffe ist es beim Recycling möglich, Holzwerkstoffe zur Energieerzeugung einzusetzen. PUR-Lacke[3] werden zunehmend durch Wasserlacke ersetzt, die umweltverträglicher sind. Bei der Auswahl von Leimen und Klebern wird auf Unbedenklichkeit geachtet.

[1] Der Betrieb heißt seit 2005: Warendorfer Küchen GmbH.
[2] chemischer Stoff, kann Gesundheitsschäden hervorrufen
[3] bestehen aus einer Lack- und Härterkomponente, sind widerstandsfähig gegen chemische und mechanische Einflüsse, enthalten gesundheits- und umweltschädliche Lösemittel

Warendorfer Küchen GmbH 2010
Weitere Beispiele aus Betrieben zum nachhaltigen Handeln siehe: www.baumev.de, www.mimona.de (06.08.2013)

M2 **Umweltschutz beginnt bei der Material- und Stoffauswahl**

Nur bei unkritischen Werkstoffen macht eine spätere Wiederverwertung Sinn. Durch Prüfungen wird vermieden, dass kritische Materialien eingesetzt werden. Das geschieht z. B. auch durch Einwirken auf Lieferanten, damit sie umweltschonendere Stoffe einsetzen.

Das folgende **Ablaufschema zur Einführung neuer Betriebs- und Hilfsstoffe** macht deutlich, dass Warendorf Wert darauf legt, Produkte umweltschonend herzustellen.
Warendorfer Küchen GmbH 2010

Die anfordernde Abteilung
- prüft bei Gefahrstoffen Ersatzmöglichkeiten
- fordert für neuen Stoff EG-Sicherheitsdatenblatt und Produktinfo an
- legt Einsatzort, Lagerplatz, Verwendungszweck, Menge des Stoffes sowie den Personenkreis, der damit umgeht, fest

↓

Stellungnahme zum neuen Stoff aus Sicht von

| **Arbeitssicherheit** (Vorschriften für den Umgang mit Gefahrstoffen) | **Betriebsärztlichem Dienst** (Vorschriften zum Gesundheitsschutz) | **Umweltschutz** (Vorschriften zum Umweltrecht) | **Werkfeuerwehr** (Vorschriften zum Brandschutz) |

↓

Entscheidung der Freigabe durch den Verantwortlichen, in dessen Bereich der Stoff eingesetzt werden soll

↓

| **Ja:** Beschaffung über den Einkauf | **Nein:** Erneutes Prüfverfahren |

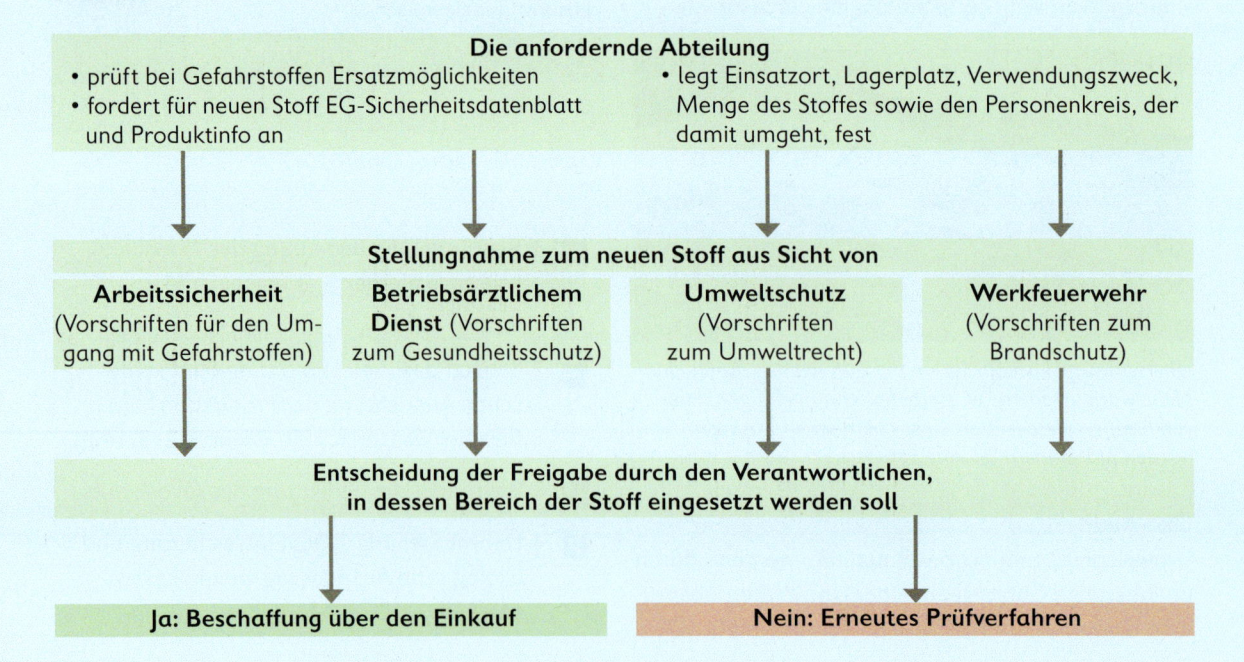

M3 **Ziele privater Unternehmen**

Wirtschaftliche:
- Gewinn
- Wachstum
- Erhöhung des Marktanteils
- Existenzsicherung
- Selbstständigkeit

Gesellschaftliche:
- Mitarbeiterförderung
- familienfreundliche Arbeitszeitgestaltung
- Nachhaltigkeit
- Ansehen
- Marktmacht

M4 **§ 87 Mitbestimmungsrechte** (Auszug)

(1) Der Betriebsrat hat in folgenden Angelegenheiten mitzubestimmen:
1. Ordnung des Betriebs und des Verhaltens der Arbeitnehmer
2. Beginn und Ende der täglichen Arbeitszeit, Pausen, Verteilung der Arbeitszeit auf Tage ...
6. Einführung und Anwendung von technischen Einrichtungen, die das Verhalten oder die Leistung der Arbeitnehmer überwachen sollen
7. Verhütung von Arbeitsunfällen und Berufskrankheiten sowie zum Gesundheitsschutz ...
10. Fragen der Lohngestaltung ... Entlohnungsmethoden
11. Festsetzung der Akkord- und Prämiensätze ...

Nach **BMAS** (Hrsg.): Mitbestimmung – Eine gute Sache 2013, www.bmas.bund.de ▶ Service ▶ Publikationen (10.09.2013)

M5 **Güter- und Geldströme in Unternehmen**

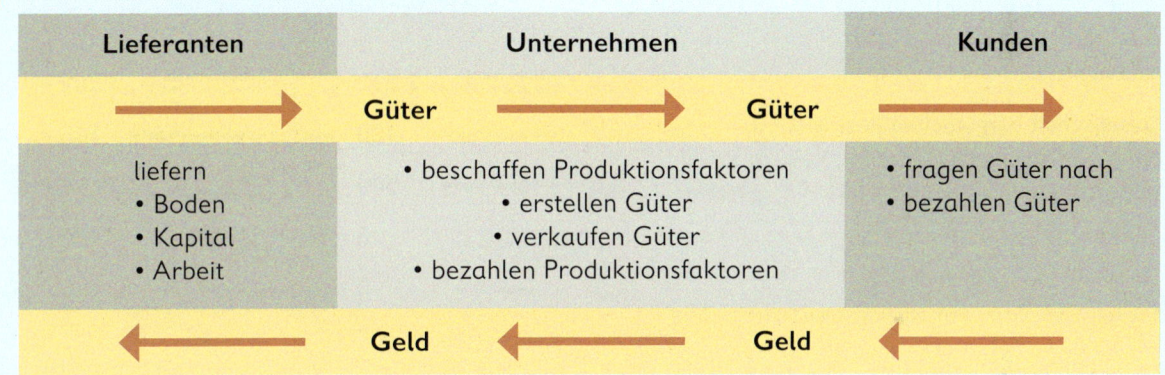

Lieferanten	Unternehmen	Kunden
→ Güter →	→ Güter →	
liefern • Boden • Kapital • Arbeit	• beschaffen Produktionsfaktoren • erstellen Güter • verkaufen Güter • bezahlen Produktionsfaktoren	• fragen Güter nach • bezahlen Güter
← Geld ←	← Geld ←	

M6 **Was Rechtsformen für Unternehmen bedeuten**

Aus der gewählten Rechtsform ergibt sich, wie das Unternehmen handeln muss (S. 118, 145).

Gründe für die Wahl

Die Entscheidung für eine Rechtsform hat Einfluss auf das unternehmerische Handeln. Wichtig sind Bestimmungen zu den Merkmalen:
- **Unternehmensleitung:** Wer führt die Geschäfte, vertritt das Unternehmen nach außen?
- **Besteuerung:** Wer zahlt die Steuern und wie hoch sind sie?
- **Gewinnverteilung:** Wer hat Anspruch auf den Gewinn und wer entscheidet über die Verwendung (Ausschüttung an die Eigentümer oder Wiederanlage im Unternehmen)?
- **Haftung:** Wer haftet den ▶ Gläubigern gegenüber? Wie weit geht die Haftung?
- Ist Haftung mit Privatvermögen vorgesehen?
- **Offenlegung der Geschäftsergebnisse:** Muss die Unternehmensleitung Betriebsergebnis und Jahresbericht veröffentlichen (Publizitätspflicht, z. B. bei AG und GmbH, s. S. 144)?
- **Höhe des Eigenkapitals:** Ist eine bestimmte Höhe notwendig?

> Unter **persönlicher Haftung** versteht man die Pflicht eines Schuldners, mit seinem Vermögen für eine vertragliche Verpflichtung einzustehen.
> Beispiel: Kann der Schuldner gekaufte Waren dem Lieferanten nicht bezahlen, so muss er ggf. sein Haus verkaufen oder mit einer Hypothek (Kredit, der über das Haus abgesichert ist) belasten, um das Geld zahlen zu können.

M7 Häufig gewählte Rechtsformen

Einzelunternehmen
Diese sind am häufigsten anzutreffen, vor allem in Handwerk, Handel und Landwirtschaft.

Personengesellschaften
sind i. d. R. Vereinigungen von Personen mit einem gemeinsamen Geschäft. Diese Personen können natürliche Personen (Menschen), aber auch juristische Personen (organisierte Personenvereinigungen) sein. Wichtige Regelungen enthält das Handelsgesetzbuch (HGB):
http://bundesrecht.juris.de (06.08.2013)

Folgende Gesellschaftsformen sind verbreitet:

Offene Handelsgesellschaft (OHG)
Die Offene Handelsgesellschaft ist eine erweiterte Einzelunternehmung für Kaufleute, die gemeinsam ein Unternehmen führen möchten.

Gesellschaft bürgerlichen Rechts (GbR)
Jeder Gesellschafter haftet mit seinem Privat- und Geschäftsvermögen für die gesamte Schuld.

Kommanditgesellschaft (KG)
Sie hat zwei Gruppen von Gesellschaftern. Die Kommanditisten haften mit der Summe, mit der sie sich im Unternehmen beteiligen. Der Komplementär führt die Geschäfte und haftet auch mit dem gesamten Privatvermögen.
Eine Sonderform ist die **GmbH & Co. KG**, bei der eine GmbH die Rolle der Komplementärin übernimmt (damit ist ihre Haftung wie bei der GmbH begrenzt).

Kapitalgesellschaften
Bei diesen Rechtsformen, die durch eigene Gesetze geregelt sind, steht die Bereitstellung von Kapital für das Unternehmen im Mittelpunkt. Nur mit diesem haften die Teilhaber. Die Leitung des Unternehmens kann von beauftragten Personen (Geschäftsführer) durchgeführt werden. Die Kapitalgesellschaft ist eine juristische Person, d. h., sie handelt durch ihren Geschäftsführer und schließt im eigenen Namen Verträge ab. Juristische Personen zahlen auf das zu versteuernde Einkommen Körperschaftsteuer, eine besondere Form der Einkommensteuer.

Gesellschaft mit beschränkter Haftung (GmbH)
Die Gesellschafter haften nur mit ihrer Einlage von mindestens 25 000 Euro. Sie bestimmen Geschäftsführer, die nach ihren Weisungen handeln. Die Kreditaufnahme kann schwierig sein, wenn die GmbH keine ausreichenden Sicherheiten hat.
Als Sonderform gibt es die haftungsbeschränkte Unternehmergesellschaft (**UG**), die mit einem Euro gegründet werden kann und durch Anteil vom Gewinn Stammeinlage anspart.

Die Rechtsformen der Unternehmen
Im Jahr 2011 gab es in Deutschland 3 215 095 Unternehmen*
davon in Tausend

Einzelunternehmen (natürliche Personen)	2 212
Personengesellschaften	420
Kapitalgesellschaften	509
Körperschaften des öffentlichen Rechts	6
Genossenschaften	5
sonstige Rechtsformen	63

darunter:
Gesellschaften des bürgerlichen Rechts	202
Kommanditgesellschaften**	146
Offene Handelsgesellschaften	16
Gesellschaften mit beschränkter Haftung	496
Aktiengesellschaften	8

* Unternehmen mit Umsätzen von mehr als 17 500 Euro im Jahr
** einschl. GmbH & Co. KG
Quelle: Stat. Bundesamt © Globus 5661

Aktiengesellschaft (AG)
Ihre Bedeutung ist durch die ▶ Globalisierung gestiegen. Das Grundkapital wird meist von vielen Kapitalgebern (Aktionären) aufgebracht. Die Aktien werden oft an der Börse international gehandelt. Der Erfolg der AG spiegelt sich im Wert der Aktien (Aktienkurs) und in der Höhe der Dividende (Gewinn) wider. Der Aufsichtsrat überwacht den Vorstand. Ihm gehören an: Vertreter der Kapitalbesitzer und Arbeitnehmer. Oft wird die Europäische Gesellschaft (Europa AG: Societas Europaea (SE)) gewählt, die nicht deutschen Mitbestimmungsgesetzen unterliegt.

M8

	Unternehmerisches Handeln bei wichtigen Rechtsformen		
	Einzelunternehmen	Gesellschaft mit beschränkter Haftung (GmbH)	Aktiengesellschaft (AG)
Gründung	lässt Firma in das Handelsregister eintragen; bringt Kapital auf	schließt Gesellschaftsvertrag; Stammeinlage – Regelform mindestens 25 000 €; Eintragung in das Handelsregister	Satzung; Grundkapital in Aktien mindestens 50 000 €; Eintragung in das Handelsregister
Gewinn-Verlustverteilung	erhält Gewinn/trägt Verlust	Erhöhung der Rücklagen; Beteiligung der Gesellschafter nach Geschäftsanteilen; keine Gewinnausschüttung, bis Verlust abgedeckt	Erhöhung der Rücklagen; Dividende; keine Gewinnausschüttung, bis Verlust abgedeckt
Finanzierung	Selbstfinanzierung; Privat- und/oder Bankkredit	Rücklagen; weiteres Geld bisheriger/neuer Gesellschafter; Bankkredit; Problem: Sicherheiten	Auflösung von Rücklagen, Ausgabe neuer Aktien, Bankkredit
Geschäftsführung/ Unternehmensleitung	leitet und entscheidet allein	Geschäftsführer nach Weisung und Kontrolle der Gesellschafter (Aufsichtsrat bei mehr als 500 Arbeitnehmern)	Vorstand; Aufsichtsrat, welcher den Vorstand wählt und kontrolliert; Hauptversammlung
Haftung	unbeschränkt mit Privat- und Betriebsvermögen	beschränkt auf Gesellschaftsvermögen	beschränkt auf Gesellschaftsvermögen
Besteuerung	Einkommensteuerpflicht, wenn Gewinn entsteht	selbstständig steuerpflichtig; Einkommensteuerpflicht der Gesellschafter	selbstständig steuerpflichtig; Einkommensteuerpflicht der Aktionäre

Zu **M1**, **M2**

1 Nennt Gesichtspunkte, nach denen Materialien für die Qualität der Produkte und das spätere Recycling ausgewählt werden.

2 Was erhofft sich ein Unternehmen von der Veröffentlichung eines Nachhaltigkeitsberichts?

3 Begründet das Zusammenwirken verschiedener Stellen bei der Einführung neuer Hilfs- und Betriebsstoffe.

Zu **M6**–**M8**

1 Findet heraus, welche Rechtsform von Bundesligavereinen bevorzugt wird. Welche Gründe könnte es dafür geben?

2 Begründet die Wahl der Rechtsform Einzelunternehmen.

3 Erörtert am Beispiel des Küchenmöbelwerks (S. 133) bei dessen Rechtsform die Haftung.

4 Erklärt Unterschiede zwischen Personen- und Kapitalgesellschaften.

Zu **M8**

1 Frau Arnold möchte sich selbstständig machen. Dabei will sie ihre Haftung auf das von ihr eingebrachte Geld begrenzen. Welche Rechtsform bietet sich an?

2 Sie möchte die Gründungskosten von 30 000 Euro durch einen Bankkredit finanzieren. Der Kreditberater sagt: „Wenn Sie eine Personengesellschaft gründen, sind wir eher geneigt, Ihnen den Kredit zu geben." Nehmt Stellung.

Unternehmensziele und -organisation

1 Welche Ziele hat eine Unternehmung?

In einer Marktwirtschaft kann sich eine Unternehmung nur behaupten, wenn sie darauf achtet, durch organisatorisch-technischen Fortschritt, d. h. ▶ **Rationalisierung**, die Leistungen gegenüber der Konkurrenz zu verbessern und die Kosten zu senken. Damit erreicht der gute Unternehmer einen Gewinn, der ihm erlaubt, langfristig zu planen und nachhaltig zu investieren.

Vielfach wird unterstellt, dass Unternehmer eine schnelle „Gewinnmaximierung" anstreben. Leider gibt es solche Hasardeure, Abenteurer, die süchtig nach Glücksspielen sind und auf „schnelles Geld" durch Aufkauf von ausgesuchten Firmen aus sind. Sie streichen nach dem Kauf die Löhne zusammen und entlassen Mitarbeiter, sodass die Kosten rapide sinken. Für kurze Zeit funktioniert dieses System und bringt steigende Gewinne. Die Kurse der Aktien der Firma steigen; sie werden an der Börse verkauft, der Gewinn eingestrichen und die Unternehmung ist zerstört.

Diese durch Medien nachträglich verbreiteten Vergehen stellen die Wirtschaft insgesamt in ein falsches Licht. Es gibt in Deutschland ca. 3,7 Mio. ▶ **kleine und mittlere Unternehmen** (KMUs), die 99 % aller Unternehmen ausmachen. Diese gehören zu einem großen Teil Einzelinhabern oder sind in Familienbesitz. Sie streben i. d. R. keine kurzfristige Gewinnmaximierung an, sondern einen langfristig „befriedigenden ▶ **Gewinn**", der ihre Kosten abdeckt, die auch ein Entgelt für den Unternehmer einschließen.

In der Realität sind die unternehmerischen Ziele zudem meist vielfältig und nicht auf einen kurzfristigen „Gewinn" ausgerichtet. Es geht vielmehr um die langfristige Sicherung der Unternehmung durch
- Erhaltung oder Vergrößerung des Marktanteils,
- Schaffung eines „guten Markennamens",
- Sicherung ständiger Zahlungsfähigkeit,
- Sicherung von Nachhaltigkeit,
- Erhaltung der Selbstständigkeit.

🎲 **1 Die Organisation**
– kann eine Gruppe, ein Amt, eine Gemeinschaft von Menschen, die gemeinsame Ziele verfolgen, sein;
– können auch die Regeln sein, an die man sich in einer Schule, einer Unternehmung u.a. zu halten hat.
Nenne weitere Beispiele. Was hast du schon organisiert, um ein Ziel zu erreichen? Welche Unterschiede sind dir beim Einkauf in der Organisation der Geschäfte aufgefallen? Was gefällt und was missfällt dir bei der Organisation in eurer Schule?

🎲 **2** Was erwarten die Kunden bei dem Kauf in einer „soliden Unternehmung"? Nenne zwei Eigenschaften!

🎲 **3** Was sollte das Ziel eines „soliden Unternehmers" sein? Begründe.

Das könnt ihr lernen

Ihr könnt

- erklären, welche Ziele Unternehmer verfolgen.
- die Bedeutung von Führungsstilen unterscheiden.
- beschreiben, wie Finanz-Hasardeure vorgehen.
- die Merkmale des Marketings benennen und die Organisation des Marketing-Mix darstellen.
- die Organisation unterschiedlicher Finanzierungskonzepte vergleichen.

2 Organisation und Unternehmenskultur

Unternehmen müssen, wenn sie Erfolg haben wollen, innovativ sein und schnell handeln können. Mit „Das haben wir schon immer so gemacht" wird man nicht gewinnen. Manager und Mitarbeiter müssen sich einig sein, dass bei der gemeinsamen Arbeit im Unternehmen die Bedürfnisse des Marktes und der Kunden im Mittelpunkt zu stehen haben. Die betriebliche Organisation muss auf Vertrauen und „Delegation von Verantwortung" aufgebaut werden. Mitarbeiter sollen selbstständig handeln. Dann fühlen sie sich auch verantwortlich für die Erreichung der Ziele des Unternehmens und sind motiviert zur Leistung.

Gute Organisation bedeutet, dass es in einer Gruppe Regeln für den Umgang miteinander geben muss, z. B.: Wer soll entscheiden? Ist die ständige Anwesenheit wichtig? Pünktlichkeit ist Pflicht! In Betrieben entwickeln sich Regeln für den Umgang zwischen Management, Mitarbeitern, Kunden und Lieferanten. Dies wird Unternehmenskultur genannt.

In den Jahren nach dem furchtbaren Zweiten Weltkrieg sind sehr viele Veränderungen im Alltag der Menschen eingetreten. Zum Beispiel sind viele Frauen nicht mehr nur im Haushalt, sondern auch in anderen Betrieben beruflich tätig; man lebt unverheiratet zusammen; Mitarbeiter entscheiden in Aufsichtsräten und als Betriebsräte in Unternehmen mit. Dies sind Regeln, die früher undenkbar waren und nun zur Gesellschaftskultur gehören. Auch die Unternehmen werden nur dann Erfolg haben, wenn sie gesellschaftlichen Veränderungen folgen und als Führungspersonen die politischen Leitbilder
- „Demokratie",
- Möglichkeit zur „Selbstverwirklichung" und
- „Mitbestimmung"

auch in der Unternehmenskultur verwirklichen.

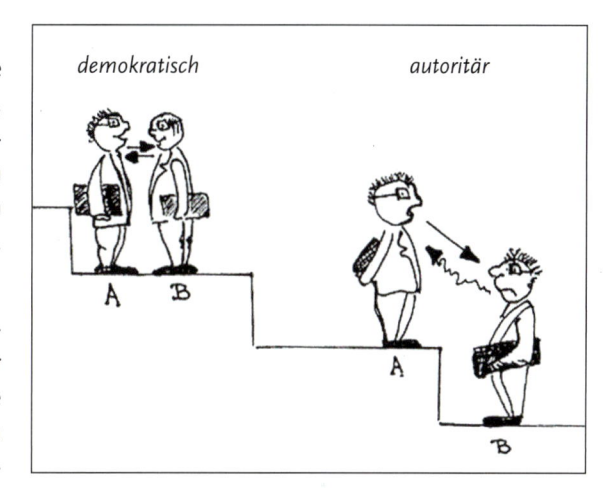

Von der autoritären zur demokratischen Führung und Organisation

1 **autoritär:** Manager entscheidet und setzt sich – notfalls mit Gewalt – durch.
2 **patriarchalisch:** Erfahrener Manager entscheidet und setzt sich durch. Fordert Gehorsam und Disziplin.
3 **informierend:** Manager entscheidet und setzt mit Überzeugung durch.
4 **beratend:** Manager entscheidet, berücksichtigt aber auch Argumente der Gruppe.
5 **beteiligend:** Die Gruppe macht Vorschläge, Manager wählt aus.
6 **partnerschaftlich:** Manager beschreibt den organisatorischen Rahmen, die Gruppe entscheidet.
7 **demokratisch:** Die Gruppe entscheidet autonom. Der Manager ist Koordinator.

1 Erkläre, warum zu einer Marktwirtschaft der Wettbewerb gehört.

2 Beschreibe mit Beispielen das Verhalten des Unternehmers bei den sieben Führungsstilen.

3 Beschreibe die Strategien eines Unternehmens-Hasardeurs und die eines auf Nachhaltigkeit eingestellten Unternehmers.

4 Informiere dich bei Verwandten oder älteren Freunden über den Führungsstil des Inhabers einer Unternehmung, der schon viele Jahre an diesem Standort tätig ist, z. B. als Installateur, als Gastwirt oder Landwirt.

3 Organisationswandel zum Marketing

In der Vergangenheit war auch in den heutigen „reichen Ländern" die Versorgung der Bevölkerung sehr schlecht. Oft gab es Hungersnöte, Kinderarbeit war üblich und die Arbeitszeiten lagen nicht bei 35 bis 48 Stunden pro Woche, sondern erreichten 80 und mehr. Noch bis in die zweite Hälfte des letzten Jahrhunderts sprach man von einem „Verkäufermarkt", in dem nicht der Kunde, sondern der Verkäufer „König" war. Man wurde sehr häufig nicht „bedient", sondern „abgefertigt" und war dankbar, wenn man die wichtigsten Bedürfnisse für das Leben befriedigen konnte.

Die technologisch/ökonomische Entwicklung in den westlichen Industriestaaten mit rapider Rationalisierung führte durch den Güterüberfluss zu einem „Käufermarkt". Für die Unternehmen ist nicht die Herstellung und Beschaffung das Problem, sondern der Absatz. Der Kunde ist zwar König, wird aber von allen Seiten bedrängt. Jede Unternehmung möchte an das Geld des Königs kommen. Alle Mittel, positive, einfallsreiche, interessante, leider aber auch üble, hinterhältige, werden hierfür eingesetzt. Dieses „Marketing" ist nicht nur Werbung und Verkauf der Güter, sondern beginnt schon bei der Planung der Produktion und betrifft die Beschäftigten in allen betrieblichen Bereichen. Der Absatz, von dem das Überleben des Unternehmens abhängt, muss durch alle Beschäftigten gesichert werden.

Marketing sollte bedeuten, dass:
- die Befriedigung der Kundenwünsche an erster Stelle steht;
- alle Mittel überprüft werden, ob sie beim Verkauf helfen können;
- alle Mittel, die Einfluss auf den Absatz haben, gemeinsam eingesetzt werden (Marketing-Mix);
- eventuell neue Marktchancen ständig beobachtet werden;
- alle Mitarbeiter davon überzeugt werden, welche Bedeutung der Verkauf für die Sicherung ihres Arbeitsplatzes hat.

Aufgabenbereiche im Marketing, die gemeinsam wirken (Marketing-Mix):
- **Kontrahierung** (Abschluss des Vertrages zwischen dem Anbieter und dem Kunden): Vertragsbedingungen aushandeln: z.B. vertretbare Preise und Zahlungsbedingungen, Einigung über Transportkosten und -versicherung, Garantiegewährung usw.
- **Produktqualität und -auswahl:** Angebot von Qualitätswaren oder guten Dienstleistungen, große Auswahlmöglichkeit (Sortiment), Kundendienst bei Reparaturen usw.
- **Kommunikation (Kontakte):** Gute Beziehungen mit der Umwelt, besonders durch alle Formen von Werbung (Medien, persönlicher Verkauf, usw.)
- **Distribution (Verteilung der Waren):** Wie kommt die Ware zum Kunden? Durch Direktverkauf oder Versandhandel? Welche Standorte für Verkauf und Lagerung sind günstig? Wie erfolgt der Transport?

---

1 Beschreibe die Eigenschaft eines Verkäufermarktes?

2 Unterscheide „Werbung" und „Marketing".

3 Erkläre zwei Teilbereiche des Marketing-Mix.

4 Beschreibe die Folgen einer sehr schlechten Organisation der Distribution einer Firma, deren sonstiges Marketing perfekt ist. Beurteile die Folgen für das Unternehmen.

4 Organisation der Finanzierung und der Liquidität

„Finanzierung" kennt jeder aus dem täglichen Leben. Es geht um die Beschaffung von Geld. Dies vielleicht nur, um morgens Brötchen zu holen, aber auch für größere Käufe, um einen Fernseher anzuschaffen, oder gar, um Schulden zurückzuzahlen. Bei einer Unternehmung ist dies nicht anders als in einem Haushalt. Finanzierung bedeutet die Beschaffung von Geld, und zwar bevor die Arbeit beginnt, mit der Geld verdient wird.

Wenn du zu Hause auszieht und zum ersten Mal einen Job anfängst, wirst du bis zum Monatsende auf den Lohn warten müssen. Diesen Monat musst du überbrücken. Die Miete muss schon am Monatsanfang gezahlt werden. Man muss sich für einen Monat ernähren, vielleicht Fahrtkosten zur Arbeitsstelle zahlen usw. Entweder hast du dieses Geld vorher angespart oder du musst es irgendwo borgen.

Start	Bearbeitungszeit	Absatz
Kauf von Anlagevermögen Ausgaben für Umlaufvermögen	Lagerung von Waren Herstellung von Produkten Lagerung von produzierten oder gekauften Fertigwaren	Vertrieb von Waren gegen Barzahlung oder auf Ziel

In einer Unternehmung ist es nicht anders. Herr Meyer eröffnet einen Laden für Fahrräder mit Reparaturwerkstatt. Schon in den ersten zwei Monaten fallen hohe Ausgaben für Miete, für die Einrichtung von Werkstatt und Laden, für den Einkauf von Waren und den Lohn für eine Mitarbeiterin an. Er hatte nicht daran gedacht, dass er so viele Ausgaben haben wird, bevor das Geld durch Verkauf und Reparaturen wieder hereinkommt. Bei den Ausgaben für Einrichtung, Maschinen usw. (Anlagevermögen) dauert es oft Jahre, bis er das dafür eingesetzte Geld wieder verdient hat; bei den Ausgaben für den Einkauf von Rädern oder dem Gehalt der Mitarbeiterin (Umlaufvermögen) zwar nicht so lange, aber ein bis drei Monate musste er auch darauf warten. Zum Glück hatte Herr Meyer für die Anschaffungsausgaben „angespart". So konnte er die Zeit vom Start bis zu den ersten Einnahmen durch ▶ Eigenkapital überbrücken. Damit hatte er eine ganz große Hürde der Unternehmensgründung genommen. Da er nur mit privaten Kunden zu tun hat, bei denen alles gegen Barzahlung läuft, stand ihm das Geld der Ausgaben für den Wareneinkauf schnell wieder zu neuen Einkäufen zur Verfügung. So hat er die Anlaufzeit überstanden.

Dies wäre nicht der Fall, wenn die Kunden nicht Haushalte, sondern vorwiegend Unternehmungen sind. Dann muss der Verkäufer oft warten, bis die Rechnungen beglichen werden. Steht kein eigenes Geld zur Verfügung, dann hat der Unternehmer zwei Möglichkeiten: Er kann einen Interessenten an seiner Firma als Partner aufnehmen, der sich mit eigenem Kapital beteiligt. Er könnte aber auch diesen Interessenten um einen ▶ Kredit bitten oder dies bei einer Bank tun. In diesem Fall müsste er dem Geldgeber (= Gläubiger) Zinsen zahlen.

Zwischen Unternehmungen ist der „Kauf auf Ziel" üblich. „Auf Ziel" ist der kaufmännische Ausdruck für „auf Kredit". Das Gekaufte wird erst später bezahlt, wobei 30 Tage üblich sind. Dies wird jedoch oft nicht eingehalten. Das Warten auf die Bezahlung ausstehender Rechnungen bringt häufig Unternehmer in Schwierigkeiten. Sie können dann ihre eigenen Schulden gegenüber Lieferanten oder sogar den Lohn der Mitarbeiter nicht bezahlen. Sie haben einen Mangel an Liquidität (Zahlungsfähigkeit). Obwohl gut gewirtschaftet wurde, sind sie durch die Schulden anderer zahlungsunfähig. Dies kann bis zur Insolvenz, dem Zusammenbruch der Firma, führen.

1 Warum ist es wichtig, bei der Unternehmensplanung zu berücksichtigen, welche Art Kunden man voraussichtlich haben wird und welche Gefahren sonst für die Liquidität entstehen? Begründet.

2 Erörtert Auswirkungen der Kapitalbeschaffung mit Aufnahme eines Partners.

Alles klar?

Fallstudie: Auch Bio-Landwirte müssen mit Gewinn wirtschaften

1. Notiere drei Merkmale ökologischen Landbaus.

2. Erkläre, wie Tiere auf einem Biohof gehalten und gefüttert werden.
   Nenne Gründe, die gegen eine Massentierhaltung sprechen.

3. Notiere Vorteile ökologisch erzeugter Lebensmittel für die gesunde Ernährung.

4. Erkläre die folgenden Begriffe aus der ökologischen Landwirtschaft:
   - artgerechte Tierhaltung
   - vorbeugender Pflanzenschutz
   - vielseitige Fruchtfolgen
   - organischer Dünger
   - betriebseigene Futtermittel

5. Erkläre mithilfe des Öko-Betriebskreislaufs (siehe M1, S. 121), warum Bio-Bauernhöfe einen Beitrag zum Umweltschutz leisten.

6. Dirk fährt wöchentlich per Pkw zum 10 km entfernten Biohof, um 20 Bio-Eier zu kaufen. Beurteile sein Verhalten.

7. Welche Voraussetzungen besitzt Petra Hatz, den elterlichen Hof zu übernehmen?

8. Notiere am Beispiel von Petra Hatz je zwei Chancen und Risiken selbstständiger Arbeit.

9. Ökologisch und herkömmlich produzierende Landwirte haben unterschiedlich hohe Kosten. Erkläre Unterschiede und Gründe dafür.
   Wie wirkt sich das auf die Preise aus?

10. Der Öko-Markt wächst. Welche Bedeutung hat das für Bio-Landwirte?

11. Erzeuger und Händler gründen für den Anbau und die Vermarktung Organisationen wie Bioland (s. Abb. rechts). Notiere Ziele, die damit verbunden sind.

Fleischkonsum und Tierhaltung

12. Begründe, weshalb Fleisch zu niedrigem Preis angeboten werden kann.

13. Notiere die Gründe des hohen Futtermittelbedarfs.

14. Beschreibe Folgen der hohen Futtermittelnutzung in der Tierhaltung.

15. Beurteile, ob die Verabreichung von Antibiotika in Mastbetrieben gerechtfertigt ist.

16. Erkläre, weshalb Medikamente in der Bio-Mast teilweise nicht vorbeugend zur Verhinderung von Erkrankungen eingesetzt werden. Bewerte diese Praxis.

17. Erkläre, weshalb der Fleischkonsum einen Einfluss auf das Klima ausübt.

18. Beschreibe Gründe, die für einen bewussteren Fleischverzehr sprechen.

19. Was sollte sich an der herkömmlichen Fleischerzeugung ändern? Begründe.

Bioland-Schild vor einer Kartoffelanbaufläche

Fallstudie: Betriebliches Handeln im Küchenmöbelwerk

20 Erkläre, was beim Küchenmöbelwerk unter Kundenorientierung verstanden wird.

21 Welche Produktionsfaktoren benötigt ein Friseur, um Dienstleistungen zu erbringen?

22 Welche Bedeutung hat in einem Unternehmen eine durchdachte Betriebsorganisation?

23 Nenne Überlegungen, die zur Planung des Fertigungsablaufs eines Werkstücks gehören.

24 Nimm Stellung zu folgender Situation: Das Unternehmen KALT produziert hochwertige Jacken. Die Endkontrolle durch eine Prüfkraft (erfahrene Näherin) soll eingespart werden. Stattdessen hat dann jeder Mitarbeiter seine Arbeit selbst zu kontrollieren und Fehler direkt zu beheben.
Wenn bei gleicher Produktionsmenge pro Mitarbeiter die Zahl der Fehler nicht steigt, sollen die Mitarbeiter eine Prämie erhalten.

25 Entwickle einen Vorschlag zur Erhöhung der Qualität deiner Lernarbeit in der Schule.

26 Aus welchen Gründen ist es wichtig, dass Unternehmen Nachhaltigkeit für ihr Handeln berücksichtigen?

27 Wie haftet eine Personengesellschaft für ihr Handeln, z. B. für Verluste?

28 Warum ist es wichtig, bei der Gründung eines Unternehmens die Rechtsform zu bedenken?

29 Nenne je zwei Formen der Personengesellschaften und der Kapitalgesellschaften.

Unternehmensziele und -organisation

30 Welchen Zwecken dient die Rationalisierung in einer Unternehmung?

31 Wie gehen Finanz-Hasardeure in der Regel vor?

32 Was ist der Unterschied zwischen „Gewinnmaximierung" und „befriedigendem Gewinn"?

33 Nenne mindestens drei Ziele, die Unternehmer zu erreichen versuchen.

34 Welche Ziele verfolgt ein Firmenchef mit der Delegation von Verantwortung?

35 Beschreibe den Unterschied zwischen einer patriarchalischen und partnerschaftlichen Führung eines Unternehmens.

36 Wodurch unterscheidet sich ein „Käufermarkt" von einem „Verkäufermarkt"?

37 Wodurch unterscheidet sich Werbung von Marketing?

38 Zwei Firmeninhaber streiten sich. Müller hält die Kontrahierung (Vertragsabschluss) und Kommunikation für die entscheidenden Marketinginstrumente, Schulze die Produktqualität und -auswahl sowie die Distribution (Verteilung). Wer hat Recht? Begründe deine Antwort.

39 Erkläre, was bei der Finanzierung einer Unternehmensgründung zu bedenken ist. Benenne mögliche Probleme und begründe, wie sie vermieden werden können.

40 Erkläre den Unterschied von Anlagevermögen und Umlaufvermögen.

Berufsorientierung – ein spannender Prozess

1 Im Labyrinth deiner Lebenschancen

Jetzt geht's richtig los, denn die Berufswahl ist eine wichtige Entscheidung für die Zukunft.

Was sind eure Träume zu Arbeit und Beruf?
NICO: „Pilot im Airbus. Das ist cool. Da kommt man viel rum."
TINA: „In einer Kleintierpraxis zu arbeiten. Die Tiere sind so süß."
AYLA: „Egal, Hauptsache, es bringt richtig Kohle."
CHRISTIAN: „Berühmt möchte ich später werden."

Was wollt ihr aus eurem Leben einmal machen?
MEHMET: „Möglichst in der Welt rumkommen, etwas erleben."
VIKTOR: „So weit denke ich nicht; muss erst mein Problem Schule lösen."
ANALIZ: „Rede ich nicht drüber; habe sowieso keine Chance."
MARIA: „Eine eigene Familie zu haben ist mir wichtiger, als einen Beruf auszuüben."
TIMO: „Natürlich Karriere."

Was sind eure Interessen und Vorstellungen?
CARLO: „Weiß ich nicht, ich habe ja noch viel Zeit."
DARLEEN: „Mir macht Technik und Elektronik Spaß."
DORITH: „Tolle Mode verkaufen – das wäre was."
ANIKA: „Ich weiß, was ich werden möchte. Warum soll ich mich jetzt noch über andere Berufe informieren?"

Berufsentscheidung

Die Wahl eines Berufes ist eine wichtige Entscheidung im Leben. Daher solltest du dir sorgfältig überlegen und planen, wie du vorgehst, um deine Chancen für deine Zukunft zu nutzen. Setze dich mit deinen beruflichen Interessen, Fähigkeiten und Zielen auseinander. Orientiere dich an folgenden Fragen: Wo stehe ich? Wer kann mir Hilfestellungen geben? Was sind meine Voraussetzungen? Wie kann ich meine Chancen nutzen?

Das könnt ihr lernen

Ihr könnt

- Ansprechpartner und Hilfestellungen finden, die euch im Berufswahlprozess unterstützen.
- erkennen, von welchen Faktoren eure Berufswahl beeinflusst wird.
- erklären, warum es jetzt schon wichtig ist, sich intensiv mit der Berufswahl auseinanderzusetzen.
- eure Interessen und Fähigkeiten beschreiben und diese von anderen einschätzen.
- euch schulische Ziele setzen, um eure beruflichen Chancen zu verbessern.
- euch erste Informationen über euren Wunschberuf beschaffen und euch mit diesen auseinandersetzen.
- beurteilen, warum gleiche Berufschancen für Jungen und Mädchen wichtig sind.

2 Wer unterstützt dich bei deinem Berufswahlprozess?

Der Berufswahlunterricht hilft euch, Informationen zu erschließen und Entscheidungen für die spätere Berufstätigkeit vorzubereiten. Daneben ist aber viel Eigeninitiative notwendig. Denn die Entscheidung, welchen Beruf man letztlich erlernt, muss jeder Einzelne für sich selbst treffen. Es ist deshalb wichtig, die Berufswahl sorgfältig zu planen und auszuwerten. Diese Entscheidung erfordert eine umfangreiche Auseinandersetzung mit Berufen, indem ihr Gespräche mit Eltern, Freunden, Auszubildenden, Erwerbstätigen, Lehrern und dem Berufsberater führt.

Nutzt die Angebote zum Thema Berufswahl von Kammern, Gewerkschaften, Wirtschaftsverbänden, Ministerien und Schulämtern.
Verfolgt auch, was Rundfunk, Fernsehen und Zeitungen zum Thema Berufswahl veröffentlichen.
Beteiligt euch aktiv an den schulischen Angeboten zur Berufsorientierung, wie z. B. Betriebserkundungen, ▶ Kompetenzfeststellungsverfahren und Betriebspraktika.

Wer kann mich im Berufswahlprozess unterstützen?

Betriebe
- Informationen zu beruflichen und betrieblichen Anforderungen sowie Entwicklungsmöglichkeiten nach der Ausbildung anbieten
- Praktikumsplätze bereitstellen
- Betriebserkundungen ermöglichen
- Ausbildungsplätze anbieten

Ich selbst
- Über Angebote der Beteiligten informieren
- Beratung und Unterstützung organisieren
- Lernangebote der Schule nutzen, um berufliche und betriebliche Voraussetzungen zu erfüllen
- Betriebspraktika absolvieren
- Wissen über Berufs- und Arbeitswelt erwerben
- Berufliche Interessen und Vorstellungen entwickeln
- Berufliche Anforderungen mit Fähigkeiten vergleichen
- Für einen Ausbildungsberuf bzw. Bildungsgang entscheiden
- Schritte langfristig planen und rechtzeitig umsetzen

Gewerkschaften
- Informationen zu Berufen, Bewerbung, Ausbildung, Verdienst bereitstellen
- Rechte Auszubildender vertreten

Berufsinformationszentrum (BIZ)/Berufsberatung
- Informationen über Berufe vorhalten
- Medien und Beratung anbieten
- Entscheidung für Beruf bzw. Bildungsgang unterstützen
- Bei Ausbildungsproblemen beraten
- Berufswahltests durchführen
- Ausbildungsplatz bzw. Bildungsgang vermitteln
- Über Ausbildungsförderung informieren

Schule
- Wissenserwerb zur Berufs- und Arbeitswelt unterstützen
- Im Betriebspraktikum beraten und unterstützen
- Lernen in der Betriebspraxis und den Fächern verbinden
- Fachliche, soziale, persönliche, methodische und auf Lernen bezogene Fähigkeiten fördern
- Berufswahlprozess begleiten und fördern

Eltern/Freunde
- Über Berufs- und Arbeitswelt informieren
- Über Berufswahl und -erfahrungen berichten
- Entwicklung begleiten und Entscheidungen fördern
- Ausbildungsplatzsuche unterstützen

⚀ 1 Notiere, wer dich bei der Berufswahl unterstützen kann.

⚁ 2 Erklärt in Gruppenarbeit, welche Hilfestellungen die oben im Schema genannten Akteure anbieten. Nutzt die **Methode Gruppenpuzzle**, S. 131.

⚁ 3 Sprich mit deinen Eltern über deren Berufswahlentscheidung und ihren Berufsverlauf. Erfrage Gründe dafür.

⚁ 4 Besprich mit deinen Eltern, wie sie dich bei der Berufswahl unterstützen können. Ihr könnt dazu auch den **WEBCODE** unten nutzen.

Wegweiser im Labyrinth des Berufswahlprozesses

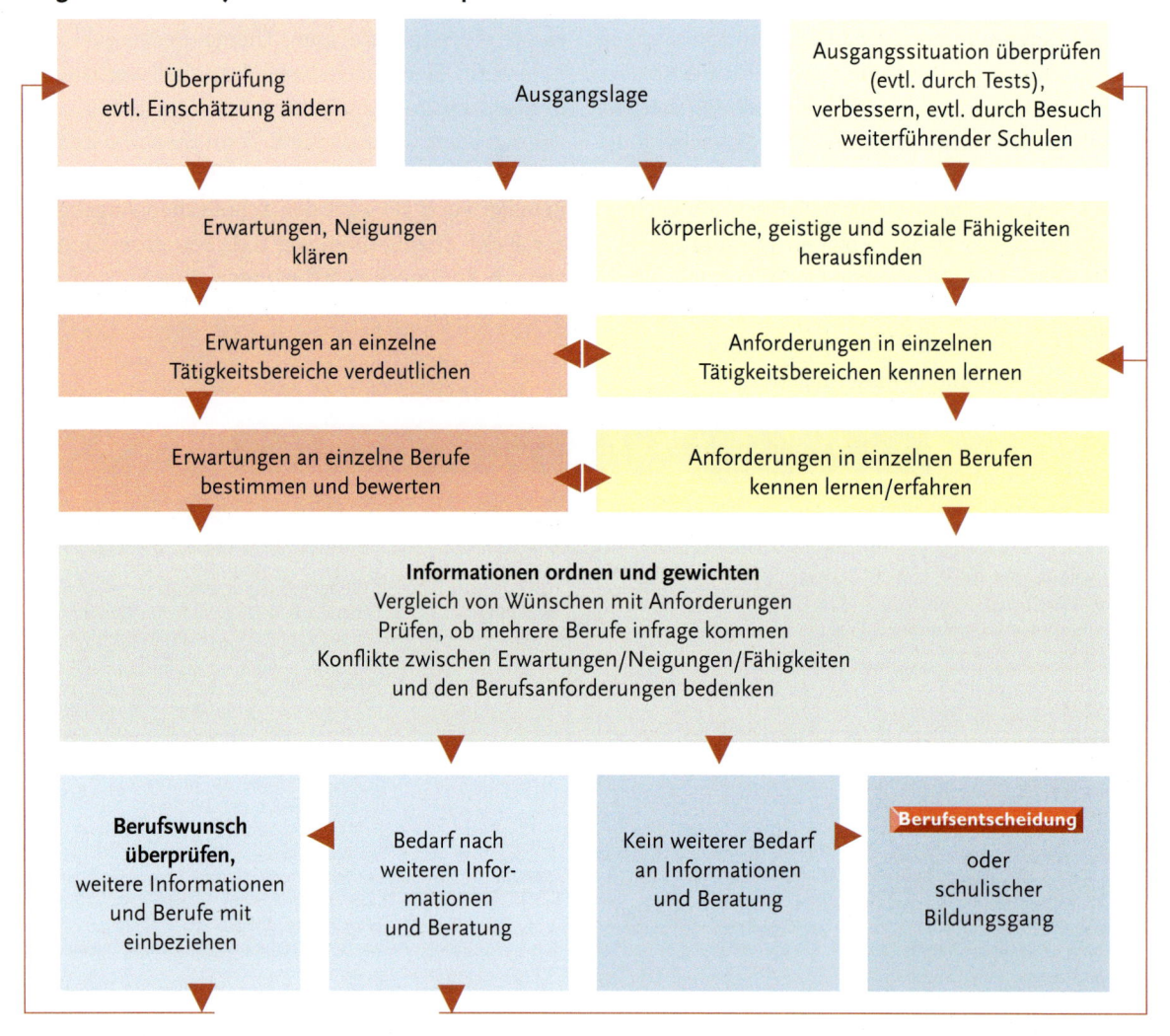

```
┌─────────────────────┐   ┌─────────────┐   ┌──────────────────────────┐
│    Überprüfung      │   │ Ausgangslage│   │ Ausgangssituation über-  │
│ evtl. Einschätzung  │   │             │   │ prüfen (evtl. durch      │
│      ändern         │   │             │   │ Tests), verbessern, evtl.│
│                     │   │             │   │ durch Besuch             │
│                     │   │             │   │ weiterführender Schulen  │
└─────────┬───────────┘   └──────┬──────┘   └────────────┬─────────────┘
          ▼                      ▼                       ▼
┌─────────────────────┐                    ┌──────────────────────────┐
│ Erwartungen,        │                    │ körperliche, geistige    │
│ Neigungen klären    │                    │ und soziale Fähigkeiten  │
│                     │                    │ herausfinden             │
└─────────┬───────────┘                    └────────────┬─────────────┘
          ▼                                              ▼
┌─────────────────────┐                    ┌──────────────────────────┐
│ Erwartungen an      │◄──────────────────►│ Anforderungen in         │
│ einzelne Tätigkeits-│                    │ einzelnen Tätigkeits-    │
│ bereiche verdeut-   │                    │ bereichen kennen lernen  │
│ lichen              │                    │                          │
└─────────┬───────────┘                    └────────────┬─────────────┘
          ▼                                              ▼
┌─────────────────────┐                    ┌──────────────────────────┐
│ Erwartungen an      │◄──────────────────►│ Anforderungen in         │
│ einzelne Berufe     │                    │ einzelnen Berufen        │
│ bestimmen und       │                    │ kennen lernen/erfahren   │
│ bewerten            │                    │                          │
└─────────┬───────────┘                    └────────────┬─────────────┘
          └──────────────┬───────────────────────────────┘
                         ▼
┌─────────────────────────────────────────────────────────────────────┐
│                 Informationen ordnen und gewichten                   │
│             Vergleich von Wünschen mit Anforderungen                 │
│           Prüfen, ob mehrere Berufe infrage kommen                   │
│      Konflikte zwischen Erwartungen/Neigungen/Fähigkeiten            │
│             und den Berufsanforderungen bedenken                     │
└─────────────────────────────────────────────────────────────────────┘
```

| Berufswunsch überprüfen, weitere Informationen und Berufe mit einbeziehen | Bedarf nach weiteren Informationen und Beratung | Kein weiterer Bedarf an Informationen und Beratung | **Berufsentscheidung** oder schulischer Bildungsgang |

Für die Dokumentation der Aktivitäten zur Berufswahl empfehlen wir euch einen Berufswahlpass (siehe *www.berufswahlpass.de*).

Er bietet z. B. Hilfsmittel zur Weiterführung des Berufswahlprozesses. Dazu gehören
- die Beschreibung schulischer Maßnahmen in den Fächern und die Dokumentation von Ansprechpartnern für den weiteren Prozess,
- die Darstellung eurer Entwicklung im Prozess der Berufswahl, bezogen auf ein Berufsfeld, mit Beschreibung der nächsten Schritte,
- die Dokumentation von Leistungen, die für die Bewerbung um einen Ausbildungsplatz im nächsten Schuljahr bedeutsam sein können, z. B. PC-Führerschein, Mitarbeit in einer Schülerfirma, soziale Tätigkeit, Engagement im Sportverein, Nachweise über freiwillige und schulische Praktika.

Entscheidend sind auch eure methodischen Fähigkeiten. Dabei helfen die Methoden:
- Befragung (Interview, S. 17),
- Befragung (Fragebogen, S. 164),
- Informationen gewinnen, Internet nutzen (S. 51).

Eine wichtige Anlaufstelle für Information und Beratung sind das BIZ der ▶ **Bundesagentur für Arbeit** und die Arbeitsagenturen vor Ort.

Berufsinformationszentren (BIZ) bieten:
- Einführungsvorträge
- Berufsinformationsmappen
- Schriften zur Berufswahl (siehe unten)
- berufskundliche, audiovisuelle Medien und Computerprogramme
- Datenbanken zur Aus- und Weiterbildung
- Einzelberatung nach Anmeldung
- Klassenbesprechungen mit Berufsberatern

Nach **Bundesagentur für Arbeit:**
www.arbeitsagentur.de
▶ Bürgerinnen und ... ▶ Zwischen Schule ...
▶ Berufsinformationszentren (10.09.2013)

Individuelle Berufsberatung

Das Gespräch mit dem Berufsberater kann die eigene Entscheidung für einen Beruf unterstützen. Er hilft, persönliche Wünsche sowie berufliche Interessen und Fähigkeiten zu klären. Falls notwendig, vermittelt er eine Eignungsuntersuchung.
Ist die Entscheidung getroffen, kann er euch bei der Vermittlung eines Ausbildungsplatzes helfen. Wichtig ist:
- rechtzeitig anmelden (evtl. Wartefristen),
- Gespräch sorgfältig vorbereiten,
- vorher eventuell Frage aufschreiben,
- *www.planet-beruf.de* durcharbeiten.

Anzeigen

Viele Ausbildungsstellen werden der Arbeitsagentur nicht gemeldet. Deshalb auch in Betrieben vorsprechen und Anzeigen in Tageszeitungen und im Internet verfolgen. Mehr in der Jobbörse unter: www.arbeitsagentur.de ▶ *Stellen und Bewerberbörsen*

Berufswahlpass zur Berufsorientierung

Damit werden
- die Angebote der Berufswahl transparent,
- der eigene Weg zur Berufswahl dokumentiert,
- Unterlagen und Zertifikate, z. B. für Bewerbungen, gesammelt.

Informationsmaterial (je 13.01.2014)
Bundesagentur für Arbeit *www.ba-bestellservice.de*
▶ Stichwortsuche
▶ Berufsorientierung ▶ Berufswahl
Bundesinstitut für Berufsbildung:
www.bibb.de/de/ausbildungsinfos-online.htm
▶ *Informationsquellen für Jugendliche*

🎲 **1** Erstelle deinen persönlichen Berufswahlordner. Wenn du den Berufswahlpass hast, nutze diesen dafür (siehe *www.berufswahlpass.de*). Im Berufswahlpass kannst du die Schritte deiner Berufswahl dokumentieren und im Ordner sammeln.

🎲 **2** Wo stehst du im Berufswahlprozess? Was sind deine nächsten Schritte? Ziehe dazu das Schaubild „Wegweiser im Labyrinth des Berufswahlprozesses" heran (siehe Vorseite). Dokumentiere den Stand schriftlich.

🎲 **3** Befragt Schüler von Abgangsklassen, wie sie bei der Berufswahl vorgingen, um ihren Wunschberuf zu erreichen. Nutzt dazu die **Methode Befragung (Interview)**, S. 17.

🎲 **4** Informiert euch in Teams über die Angebote der Bundesagentur für Arbeit. Beschafft euch wichtige Schriften und nutzt sie für eure Berufsfindung. Nutzt dazu die **Methode Informationen gewinnen – Internet nutzen**, S. 51.

🎲 **5** Erkundet einen Beruf. Siehe **Methode Befragung (Interview)**, S. 17. Befragt dazu Verwandte, Bekannte oder Arbeitnehmer, die diesen Beruf ausüben.

🎲 **6** Bereitet euch auf eine Erkundung des BIZ vor und führt diese anschließend durch. Ihr könnt dazu auch den **WEBCODE** unten nutzen.

🎲 **7** Prüft in Partnerarbeit, wann und wozu ihr die Berufsberatung in Anspruch nehmen solltet.

3 WER oder WAS hat Einfluss auf die Berufswahl?

Sebastian wohnt in Wiesbaden und will unbedingt die Ausbildung zum Fischwirt an der Nordsee machen. Die mündliche Zusage hat er bereits. Seine Freunde sind enttäuscht, dass er so weit wegziehen will. Seitdem sie davon wissen, reden sie ununterbrochen auf ihn ein, erinnern ihn an viele gemeinsame Erlebnisse und was sie nun aufgrund der Entfernung nicht mehr machen können. Sebastian träumt schon lange von dieser Chance, aber ihm sind auch seine Freunde sehr wichtig.

Tanja ist sehr schüchtern. Dennoch bewirbt sie sich in einem Hotel. Sie erhält einen Probearbeitstag und wieder wird ihr bewusst, dass sie einfach nicht aus sich herauskommen kann, um gut auf die Gäste einzugehen. Der Chef macht ihr deutlich, dass für eine Hotelkauffrau die Fähigkeit zur Kommunikation besonders wichtig ist.

Sergej ist ein leidenschaftlicher Schwimmer. Er liebt aktiven Sport und ist ständig unterwegs. Am liebsten möchte Sergej medizinischer Bademeister werden oder Fachangestellter für Bäderbetriebe. Seine Eltern halten das für ungünstig und raten ihm, Bürokaufmann zu werden. Sergej erkundigt sich. Jetzt ist er hin- und hergerissen. Soll er wirklich im Büro arbeiten, wo er kaum fünf Minuten stillsitzen kann? Gerne würde er seine Hobbys mit in den Beruf einbringen.

Voraussetzungen
- qualifizierter Schulabschluss?
- Leistungen in bestimmten Fächern?
- besondere geistige, körperliche, soziale und persönliche Fähigkeiten? (siehe Bild unten)

Erwartungen/Einflüsse
- persönliche Neigungen und Interessen?
- Einflüsse von Eltern und Freunden ...?

Aus- und Weiterbildung
- Ausbildungsstellen?
- betriebliche und/oder schulische Ausbildung?
- Aufstieg durch Weiterbildung?
- finanzielle Ausbildungsförderung?

Anforderungen
- Frauen- und/oder Männerberuf?
- Arbeitsbedingungen?
- besondere gesundheitliche Leistungsfähigkeit?

Beschäftigung/Verdienst
- Arbeitsplätze?
- Beruf regional vertreten?
- Zukunftsaussichten?
- guter Verdienst?

Was auf die Berufswahl einwirkt

⚀ 1 Sprecht in Partnerarbeit über die Fallbeispiele und findet heraus, wovon Sebastian, Tanja und Sergej sich bei der Berufswahl beeinflussen lassen.

⚁ 2 Erklärt, warum diese Faktoren die Berufswahl beeinflussen.

⚂ 3 Erstelle eine Tabelle mit Berufswahlmotiven nach folgendem Muster:

Berufswahlmotive	Ist mir wichtig	Ist mir nicht wichtig
Verdienst	?	?
Zukunftsaussichten	?	?

Kreuze an, welche Faktoren dir wichtig sind.

⚃ 4 Sprecht in der Klasse über Faktoren, die euch beeinflussen.

4 Warum ist die Berufsorientierung wichtig?

Marcus ist 17 Jahre alt und macht seit drei Wochen eine Ausbildung als Tischler bei der Firma Kuhns. Eigentlich hat sich Marcus in der Schule nie richtig mit der Berufsorientierung auseinandergesetzt, denn für ihn stand schon immer fest, dass er Bundeswehrpilot werden oder zumindest, wie sein Onkel Emil, als Restaurator Möbel aufarbeiten wollte.

Doch mit seinem mittelmäßigen Schulabschluss und seiner Kurzsichtigkeit lehnte ihn die Bundeswehr sofort ab. Onkel Emil empfahl ihm, erst einmal eine Ausbildung als Tischler zu absolvieren, um sich dann später nach der Berufsausbildung weiterzuqualifizieren.

Marcus macht die Arbeit zwar unheimlich viel Spaß und er lernt auch eine ganze Menge. Aber irgendwie ist er doch verärgert, weil er sich das Arbeiten mit Holz ganz anders vorgestellt hat. Auch ist er nicht gleich am Bau von Möbeln beteiligt, sondern wird von seinem Vorgesetzten zunächst für Hilfsarbeiten herangezogen. Dies gefällt ihm natürlich überhaupt nicht, sodass er trotzig die ihm auferlegten Arbeiten nur schleppend ausführt.

Meister Kuhns wies Marcus schon mehrmals darauf hin, dass er anfangs einen Überblick zum Arbeitsablauf im Betrieb erhält. Auch muss er erst die Grundfertigkeiten erlernen sowie in die geltenden Ordnungs- und Sicherheitsaspekte eingewiesen werden, bevor er sich weiterhin beschwert.

Wenn sich Marcus' Arbeitseinstellung nicht ändert, wird Meister Kuhns ihn vielleicht sogar in der Probezeit entlassen. Hingegen denkt Marcus aber auch darüber nach, ob er die Ausbildung selbst abbrechen sollte.

Gründe für den Abbruch der Ausbildung

Gründe	Anteil
Probleme mit Ausbildern, Lehrern, Kollegen, Mitschülern	46 %
Ausbildung sagte nicht zu, war nicht das Richtige	53 %
persönliche, finanzielle, gesundheitliche Gründe	42 %
andere Ausbildung angestrebt oder in Aussicht	28 %
Arbeitsstelle gefunden oder in Aussicht	16 %
Ausbildung war zu schwierig	16 %
Zwischen- oder Abschlussprüfung nicht bestanden	12 %
Gesamtanzahl der Ausbildungsabbrüche	12 %

Bundesinstitut für Berufsbildung:
http://www.bibb.de/dokumente/pdf/
a12_BIBBreport_2013_21.pdf (07.10.2013)

1 Überlege, weshalb Marcus verärgert ist. Nenne seine Beweggründe, die Ausbildung abzubrechen.

2 Begründet in Partnerarbeit, weshalb Meister Kuhns Marcus eventuell entlassen möchte.

3 Erklärt, warum Marcus die ihm auferlegten Arbeiten (z. B. fegen) ausführen sollte.

4 Diskutiert in Gruppen, was Marcus vor Ausbildungsbeginn hätte unternehmen können, um seine jetzige Situation zu vermeiden. Präsentiert eure Ergebnisse. Nutzt dazu die **Methode Präsentation**, S. 18.

5 Schaut euch die Tabelle „Gründe für den Abbruch der Ausbildung" an. Erklärt mithilfe von Beispielen mögliche Gründe für einen Ausbildungsabbruch.

5 Interessen und Fähigkeiten auf der Spur

1 „Hallo, ich bin MALEEN. Nach meiner Berufsfelderkundung in der Hauswirtschaft wollte ich mein zweiwöchiges Schulpraktikum in einem Restaurant durchführen. Es hat mir total viel Spaß gemacht, mit dem jungen Team und den coolen Gästen zu arbeiten – ein paarmal durfte ich sogar die Kunden bedienen. Das Berufsfeld und das Praktikum wählte ich, weil ich auch zu Hause gern koche. Im Restaurant habe ich aber meist vorgefertigte Produkte zubereitet, z. B. panierte Schnitzel. Ich bin mir nicht sicher, ob man dort Köchin lernen sollte. Überhaupt – man muss körperlich echt fit drauf sein und arbeiten, wenn andere Freizeit haben."

2 „Ich bin ALEX. Ich habe gerade die Webseite mit voll abgefahrenen Bildern von der Klassenfahrt aktualisiert. Überhaupt: Computertechnik, Webdesign ..., das käme als Beruf für mich infrage. In Kunst bin ich echt gut, aber in Mathe und Physik? Mein Klassenlehrer sagte: ‚Mach doch den qualifizierten Abschluss' – zutrauen würde er mir das wohl. Und dann meine Augen ... Mutter meint: ‚Du darfst nicht dauernd vor dem Bildschirm hocken.'"

1 Legt eine Tabelle mit Merkmalen zur Ausbildungsreife nach folgendem Muster an:

Merkmale	trifft zu	trifft manchmal zu	trifft nicht zu
Zuverlässigkeit	?	?	?
Lernbereitschaft	?	?	?

Kreuze an, wie du dich selbst einschätzt. Tausche mit einem Partner die Tabelle aus und nimm in anderer Farbe für ihn die Einschätzung vor.

2 Überlegt anhand der Einschätzungen, wodurch und wie ihr eure Ausbildungsreife verbessern könnt.

Ausbildungsreife – was Azubis mitbringen sollten
Die wichtigsten, für alle Lehrberufe zwingend erforderlichen Merkmale
Expertenbefragung 2005, Nennungen jeweils in %

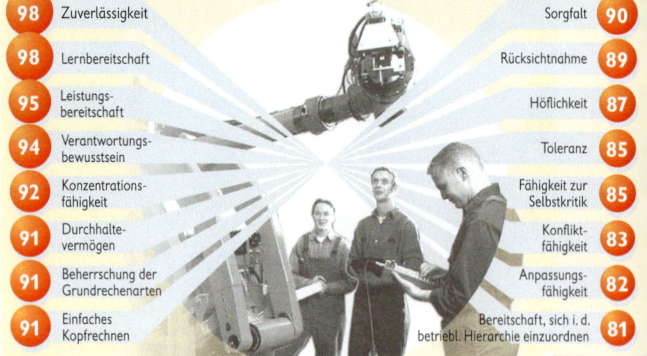

	%		%
Zuverlässigkeit	98	Sorgfalt	90
Lernbereitschaft	98	Rücksichtnahme	89
Leistungsbereitschaft	95	Höflichkeit	87
Verantwortungsbewusstsein	94	Toleranz	85
Konzentrationsfähigkeit	92	Fähigkeit zur Selbstkritik	85
Durchhaltevermögen	91	Konfliktfähigkeit	83
Beherrschung der Grundrechenarten	91	Anpassungsfähigkeit	82
Einfaches Kopfrechnen	91	Bereitschaft, sich i. d. betriebl. Hierarchie einzuordnen	81

Quelle: BIBB

3 Erklärt anhand von Beispielen, warum die Merkmale für Arbeitgeber wichtig sind.

Checkliste der eigenen Fähigkeiten

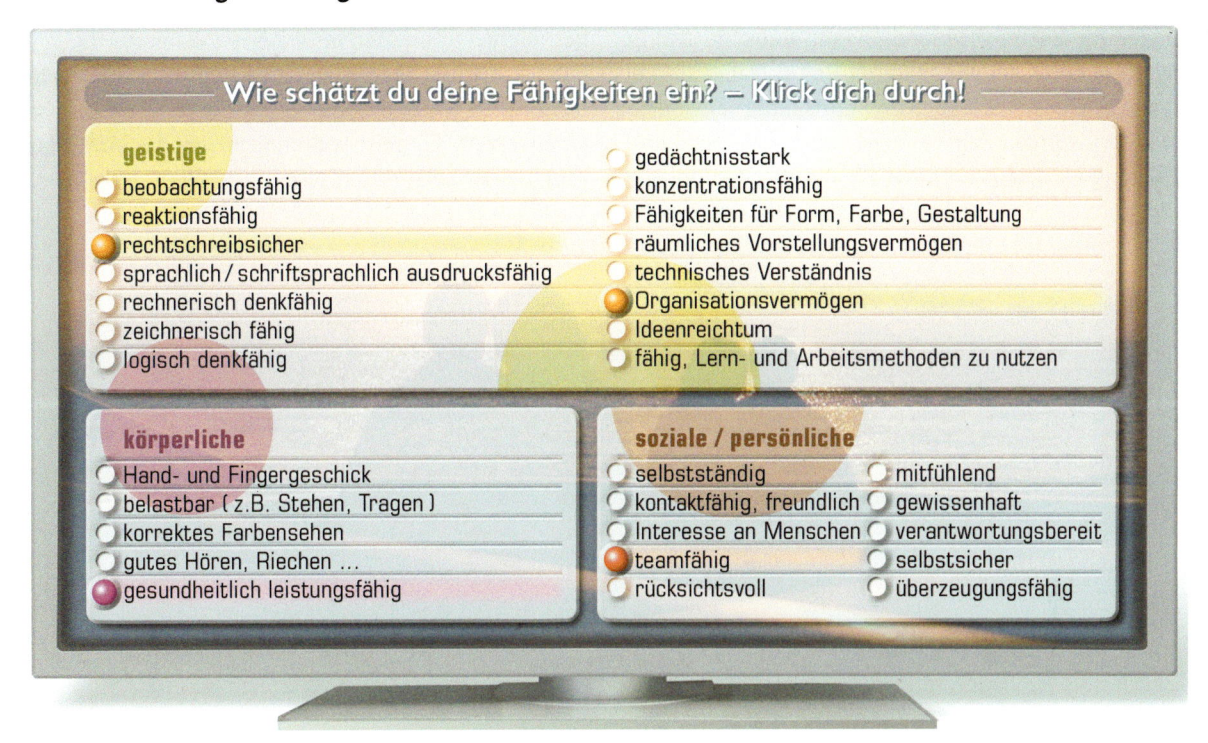

Wie schätzt du deine Fähigkeiten ein? – Klick dich durch!

geistige
- beobachtungsfähig
- reaktionsfähig
- ⬤ rechtschreibsicher
- sprachlich / schriftsprachlich ausdrucksfähig
- rechnerisch denkfähig
- zeichnerisch fähig
- logisch denkfähig
- gedächtnisstark
- konzentrationsfähig
- Fähigkeiten für Form, Farbe, Gestaltung
- räumliches Vorstellungsvermögen
- technisches Verständnis
- ⬤ Organisationsvermögen
- Ideenreichtum
- fähig, Lern- und Arbeitsmethoden zu nutzen

körperliche
- Hand- und Fingergeschick
- belastbar (z.B. Stehen, Tragen)
- korrektes Farbensehen
- gutes Hören, Riechen …
- ⬤ gesundheitlich leistungsfähig

soziale / persönliche
- selbstständig
- kontaktfähig, freundlich
- Interesse an Menschen
- ⬤ teamfähig
- rücksichtsvoll
- mitfühlend
- gewissenhaft
- verantwortungsbereit
- selbstsicher
- überzeugungsfähig

Jeder von uns hat verschiedene Fähigkeiten, auch Kompetenzen genannt, die weiterentwickelt werden können. Kompetenzen werden in Teilkompetenzen (geistige, körperliche, soziale/persönliche), wie oben in der Abbildung dargestellt, untergliedert. In ihrem Zusammenwirken sollen sie zum beruflichen Handeln befähigen. Das wird berufliche Handlungskompetenz genannt.

Habt ihr euch schon einen Überblick über eure Interessen und Fähigkeiten verschafft?
Nun ist es erforderlich, eure Kompetenzen realistisch einzuschätzen, da sie Hinweise geben können, ob ein bestimmter Beruf zu euch passt. Denn durch gezielte Berufsinformationen, Beratungen, Berufserkundungen und -praktika könnt ihr herausfinden, welche Berufe euren Voraussetzungen derzeit nahekommen.

🎲 **1** Erstelle eine Checkliste deiner Fähigkeiten

Fähigkeiten	vorhanden	teilweise vorhanden	nicht vorhanden
Hand- und Fingergeschick			
Belastbarkeit			

🎲 **2** Prüft einen Beruf, der euch interessiert, mit der Checkliste der eigenen Fähigkeiten.

🎲 **3** Tausche mit eurem Partner die Tabelle aus und nimm in anderer Farbe für ihn die Einschätzung vor. Überlegt, warum Unterschiede und Gemeinsamkeiten in der Einschätzung vorkommen.

🎲 **4** Erläutert, welche Fähigkeiten in allen Berufen benötigt werden.

🎲 **5** Erklärt, in welchen schulischen und außerschulischen Situationen ihr eure Stärken und Fähigkeiten nutzt.

🎲 **6** Folgert, welche Hinweise sich aus euren Fähigkeiten für eure Berufswahl ergeben.

6 WAS? WO? und WOMIT? – die eigene Interessenlage feststellen

Jeder von euch hat Vorstellungen, Wünsche und Erwartungen an seinen späteren Beruf. Dabei sind eigene Interessen, die auch im Berufsalltag verwirklicht werden können, ein Hinweis zum Wunschberuf. Wichtig ist herauszufinden, ob ihr über Grundlagen der geforderten Fähigkeiten verfügt. Wer sich über die beruflichen Interessen im Klaren ist, kann die Vielfalt der beruflichen Möglichkeiten eingrenzen. Sei aktiv dabei, dich für deine Interessen bei der Berufswahl einzusetzen. Es geht letztendlich um die Vorbereitung deiner Lebenschancen.

Welche Tätigkeiten möchte ich ausüben?
- schreiben, organisieren, buchen, verwalten
- berechnen, entwerfen, konstruieren
- herstellen, zubereiten, Material bearbeiten
- bauen, montieren, installieren, reparieren
- prüfen, untersuchen
- gestalten, entwerfen, zeichnen, malen
- reinigen
- anbauen, ernten, Tiere versorgen
- lagern, verpacken, transportieren
- kaufen, verkaufen, bedienen, beraten
- betreuen, pflegen, behandeln
- erziehen, unterrichten

Welchen Arbeitsplatz/-ort kann ich mir vorstellen?
- Werkstatt, Fabrik
- Büro
- Verkaufsraum, Geschäft
- Praxis, Krankenhaus, Betreuungs-/Bildungseinrichtung
- beim Kunden, Baustelle, im Freien
- Feld, Garten, Außenanlagen
- Liefer-, Kundendienstfahrzeug, Verkehrsträger (z. B. Bahn)
- Hotel/Gaststätte, Freizeiteinrichtung
- Labor, Forschungseinrichtung

Mit welchen Arbeitsmitteln/-gegenständen möchte ich arbeiten?
- Informations- und Kommunikationstechnik, Medientechnik
- Fremdsprachen
- Pläne, Entwürfe, Prüfvorschriften
- gesetzliche Regelungen
- Maschinen, Werkzeuge, technische Anlagen
- Mess-, Prüfgeräte
- Schreib-/Zeichengeräte

Mit welchen Materialien möchte ich arbeiten bzw. möchte ich bei der Arbeit mit Menschen zusammenarbeiten?
- Baustoffe, Stein, Holz, Papier, Metalle
- Elektronik/Elektrotechnik
- Textilien, Leder
- chemische Stoffe, Kunststoffe
- Glas, Keramik, Mineralien
- Fahrzeuge, Transportmittel
- Lebensmittel
- Tiere, Pflanzen
- Menschen

🎲 1 Setze dich schriftlich damit auseinander, welche Tätigkeiten du magst, wo und womit du arbeiten möchtest.
Fülle eine Tabelle mit folgenden Spalte aus:

Tätigkeiten	sehr wichtig	wichtig	unwichtig
anbauen/ernten	?	?	?

🎲 2 Erkläre, warum dich die Tätigkeiten interessieren. Benenne, welche Erfahrungen du bisher gesammelt hast.

🎲 3 Nenne zu den Tätigkeiten, die dir wichtig sind, jeweils drei Berufe. Nutze dazu „Beruf Aktuell".

🎲 4 Spreche mit deinen Eltern/Freunden über Tätigkeiten und Berufe, die sie dir empfehlen. Hinterfrage Begründungen.

7 Berufsfelderkundungen

Wer einen passenden Ausbildungsberuf sucht, kann schnell den Überblick verlieren. Denn derzeit gibt es ungefähr 330 anerkannte Ausbildungsberufe, deren Ausbildung im dualen System (Schule/Betrieb) stattfindet, sowie zahlreiche schulische Ausbildungsgänge. Die Einteilung in 16 Berufsfelder hilft bei der Suche nach dem Wunschberuf, um sich zunächst einmal zu orientieren. Die Berufsfelder umfassen verschiedene Bereiche, denen einzelne Berufe zugeordnet sind. Einen guten Überblick erhaltet ihr durch „Beruf Aktuell", ein Berufe-Lexikon der Bundesagentur für Arbeit. Die Berufe in jeweils einem Berufsfeld sind meist durch ähnliche Tätigkeiten und Ausbildungsinhalte gekennzeichnet oder sie setzen vergleichbare Fähigkeiten und Interessen voraus. Durch Praxistage, z. B. Berufsfelderkundungen, könnt ihr überprüfen, inwieweit eure Neigungen dem ausgewählten Berufsfeld entsprechen.

Habt ihr bereits eine ein- oder zweitägige Potenzialanalyse oder auch ein ▶ **Kompetenzfeststellungsverfahren** an eurer Schule durchgeführt? Stehen eure eigenen Stärken und Fähigkeiten sowie Interessen schon fest? Mit dem Auswertungsergebnis kannst du dich bestimmten Berufsfeldern zuordnen, die deinen Neigungen nahekommen.

Innerhalb des gewählten Berufsfeldes kannst du (regionale) Ausbildungsberufe durch einen außerschulischen Praxiskontakt näher kennen lernen (z. B. Berufsfeld Bau: Maurer, Fliesenleger, Estrichleger, Dachdecker).

Der Praxiskontakt findet vorrangig in Betrieben statt, kann aber auch in berufsbildenden Schulen oder von anderen Bildungseinrichtungen angeboten werden. Berufsfelderkundungen ermöglichen dir eine berufliche Orientierung und vermitteln beispielhafte Einblicke in berufliche Tätigkeiten eines Berufsfeldes bzw. in mehrere Ausbildungsberufe. Sie zeigen dir auch Anwendungsbezüge zwischen dem Unterricht und den Aufgabenbeispielen aus der Arbeitswelt auf.

Deine Ergebnisse der Berufsfelderkundungen kannst du im Berufswahlpass dokumentieren, um dir später die gezielte Auswahl für das schulische Betriebspraktikum zu erleichtern.

Berufsfeld Gesundheit:
- Rettungsdienst
- Ernährung
- Medizin- und Rehatechnik
- Pflege
- Therapie
- Medizin
- Sport und Bewegung

Berufe in der Pflege:
- Altenpflegehelfer/-in
- Altenpfleger/-in
- Fachkraft für Pflegeassistenz
- Gesundheits- und Kinderkrankenpfleger/-in
- ...

Berufsfeld Produktion, Fertigung:
- Bergbau
- Musikinstrumentenbau
- Arbeitsvorbereitung
- Qualitätssicherung
- Baustoffe und Natursteine
- Bekleidung
- ...

Berufe in der Qualitätssicherung:
- Baustoffprüfer/-in
- Edelmetallprüfer
- Produktprüfer/-in Textil
- Werkstoffprüfer
- ...

1 Suche vier Ausbildungsberufe aus einem Berufsfeld deiner Wahl heraus. Nutze dazu „Beruf Aktuell".

2 Vergleicht schriftlich zwei der Berufe hinsichtlich der Aufgaben und Tätigkeiten.

3 Informiert euch über Fort- und Weiterbildungsmöglichkeiten von zwei Wahlberufen eines Berufsfeldes. Zusätzlich könnt ihr den **WEBCODE** unten nutzen.

WEBCODE: WI650101-161

8 Frauen- und Männerberufe: Unterscheidung noch zeitgemäß?

Mädchen sollten sich jeden Beruf zutrauen

Jährlich entscheiden sich zehntausende Schülerinnen für typische Frauenberufe – damit für weniger Geld und schlechte Aufstiegschancen. ... N. Holzapfel fragte für die Süddeutsche Zeitung (SZ) U. Nissen, Deutsches Jugendinstitut ... .

SZ: Was versteht man unter einem „Frauenberuf"?

N.: Als typisch ... gelten z. B. Krankenschwester oder Erzieherin. ... Das heißt, es gibt zwischen 80 und 100 % weibliche Auszubildende.
Diese Berufe gelten als familiennah, weil man hier soziale Kompetenzen einsetzen kann, die man auch in der Familie braucht. ... Viele junge Mädchen ... denken, sie könnten dann Arbeit und Familie besser vereinbaren. ... Technikberufe sind zum Beispiel sehr viel familien- und arbeitszeitfreundlicher als Berufe in der Krankenpflege oder im Handel. Und bei Frauenberufen ist häufig kein Aufstieg möglich. Wer Medizinische Fachangestellte geworden ist, bleibt es auch. ...

SZ: Wie könnte man Mädchen für technische Berufe interessieren?

N.: ... Einer Berufswahl geht die Berufsfindung voraus. ... Dabei spielen die Eltern eine ganz große Rolle. Und zwar durch das, was sie ihren Kindern vorleben.
... Viele Eltern sind der Meinung, dass Mädchen in techniknahen Berufen durchaus Chancen haben, glauben aber, dass das für ihre Tochter nicht zutrifft. Für die Berufsberatung heißt das, dass sie den familiären Hintergrund mit einbeziehen müsste. ...

SZ: Was ist mit der Schule?

N.: ... Mädchen unterschätzen ihre Fähigkeiten in den mathematisch-naturwissenschaftlichen Fächern immer noch. ... In diesen Fächern und immer da, wo es um Computer und Internet geht, bräuchten die Mädchen besondere Förderung. ... Die Frauen, die Technikberufe erlernen, müssen später auch Entwicklungs- und Aufstiegschancen haben. Mädchen sollten lernen, sich jeden Beruf zuzutrauen. ...

Süddeutsche Zeitung v. 29.01.2004,
gekürzt und aktualisiert
http://www.sueddeutsche.de/karriere/berufswahl-maedchen-sollten-dahin-kommen-sich-jeden-beruf-zuzutrauen-1.551698 (01.01.2014)

Monatliche Bruttovergütungen 2012*

Beruf	1. Ausbildungsjahr	5. Berufsjahr
Industriemechaniker/-in	821 €	3 024 €
Industriekaufmann/-frau	821 €	3 389 €
Bankkaufmann/-frau	831 €	2 478 €
Bürokaufmann/-frau	728 €	2 156 €
Einzelhandelskaufmann/-frau	677 €	2 248 €
Arzthelfer/-in	561 €	1 595–1 914 €
Friseur/-in	390 €	1 500–1 762 €

*Verdienst im 1. Ausbildungsjahr und im 5. Berufsjahr; Tarifentgelt bei 35 bis 39,5 Std. wöchentlich inklusive Leistungszulagen und tariflicher Sonderzahlungen

Gesamtmetall
http://me-vermitteln.de/ ▶ M+E-Arbeitswelt ▶ M+E-Industrie im Überblick ▶ Verdienstmöglichkeiten (04.11.2013)

---

1 Sprecht darüber, dass Mädchen und Jungen einige Berufe sehr häufig auswählen und andere gar nicht in der Berufswahl berücksichtigen. Nutzt dazu auch den **WEBCODE**.

2 Nennt in Partnerarbeit Gründe, weshalb Mädchen häufig traditionelle Frauenberufe auswählen.

3 Vergleicht die Verdienste in der Tabelle. Ermittelt Verdienste in euren Wunschberufen. Nutzt auch „Beruf Aktuell" und den **WEBCODE**.

4 Beziehe Stellung zu der Aussage: Das Einkommen ist für meine Berufswahl nicht entscheidend. Dazu kann der **WEBCODE** genutzt werden.

9 Weiterführendes Material

M1 Was Jugendlichen bei der Wahl des Arbeitsplatzes und Berufes wichtig ist

Jugendliche konnten aus 17 genannten Vorgaben für sie fünf ihnen wichtige auswählen. Hier die Ergebnisse:

Die Arbeit soll interessant sein und Spaß machen.	53%
Die Arbeit soll mir Sicherheit bieten vor Arbeitslosigkeit.	49%
Die Arbeit soll abwechslungsreich sein und vielfältige Aufgaben beinhalten.	47%
Ich will bei der Arbeit viel Geld verdienen.	43%
Die Arbeit soll Aufstiegsmöglichkeiten bieten.	40%

Ich will bei der Arbeit meine Fähigkeiten gut zur Geltung bringen können.	31%
Ich will bei der Arbeit stolz darauf sein können, was ich leiste.	27%
Ich will durch die Arbeit in meinem Privatleben nicht beeinträchtigt werden.	25%
Ich will mich bei der Arbeit persönlich weiterentwickeln können.	25%
Die Arbeit soll ermöglichen, kreativ zu sein.	23%
Die Arbeit soll von anderen anerkannt werden.	19%

13. Shell Jugendstudie: Jugend 2000 Bd. 1, Opladen 2000, S. 192

M2 Girls'Day: Gleiche Berufschancen für Mädchen und Jungen fördern

Am Girls'Day – Mädchen-Zukunftstag – öffnen Unternehmen mit technischen Abteilungen und Ausbildungen, Hochschulen und Forschungszentren ihre Türen für Schülerinnen der Klassen 5 bis 10. In Werkstätten, Büros und Laboren können Mädchen erste Einblicke in die Praxis der Arbeitswelt gewinnen. Sie können experimentieren und programmieren, das Innenleben eines Computers entdecken …, Technik verstehen und selbst ausprobieren. Es werden Aktionsmaterialien für die Durchführung des Girls'Day, z. B. Informationen für Mädchen, Schulen und Eltern, erstellt.

Die Website www.girls-day.de informiert über den Aktionstag und die Berufsorientierung in Technik, Naturwissenschaften und Handwerk.

Für viele junge Frauen hat die Zukunft in einer technischen Ausbildung oder einem Studiengang aufgrund ihrer Teilnahme am Girls'Day bereits begonnen. Evaluationsergebnisse bestätigen, dass der Girls'Day positiven Einfluss auf das Image von technischen Berufen bei den Teilnehmerinnen hat und Unternehmen entwickeln durch die Teilnahme am Girls'Day ein verstärktes Engagement bei der Ansprache von jungen Frauen für technische Berufe. Für Jungen ab der 5. Klasse findet parallel zum Girls'Day der Boys'Day – Jungen-Zukunftstag – statt. Bundesweit laden Einrichtungen, Organisationen, Schulen und Hochschulen sowie Unternehmen Schüler ab der 5. Klasse ein. Sie lernen an diesem Tag Dienstleistungsberufe z. B. in den Bereichen Erziehung, Soziales, Gesundheit und Pflege kennen sowie weitere Berufsfelder, in denen bislang wenige Männer arbeiten. … www.boys-day.de

Bundesweite Koordinierungsstelle Girls'Day – Mädchen-Zukunftstag: www.girls-day.de (04.11.2013)

Zu M1
- Nennt Punkte, die für euch bei der Wahl des Berufes wichtig sind. Berücksichtigt die Vorgaben der Befragung.

Zu M2
- Welche Maßnahmen finden bei euch in der Schule statt? Nutzt das Internet zur Vertiefung. Berücksichtigt auch den **WEBCODE**.

Methode Befragung (Fragebogen)

Darum geht es

Durch eine schriftliche Befragung könnt ihr zu von euch festgelegten Aspekten Antworten erhalten. Dafür wird oft ein Fragebogen entwickelt, den die Menschen ohne Nennung ihres Namens (anonym) beantworten. Durch diese Befragungstechnik können viele Menschen zu den gleichen Problemen ihre Meinung sagen. Die Auswertung ist weniger aufwendig als ein Interview. Im offenen Interview kann es jedoch spontan zu Informationen kommen, die ein geschlossener Fragebogen verhindert.

So läuft es ab

Vorbereitung
Entwicklung des Fragebogens
Es ist wichtig, im Fragebogen möglichst genau zu klären, was gefragt werden soll. Die Fragen müssen verständlich sein.

Offene oder geschlossene Fragen
Bei geschlossenen Fragen werden vorgegebene Meinungen angekreuzt. Bei offenen Fragen formulieren die Befragten die Antwort selbst.
Geschlossene Fragen können leichter und schneller ausgewertet werden. Bei offenen Fragen können die Gründe für eine bestimmte Meinung festgestellt werden. Oft werden beide Arten von Fragen verwendet.

Auswahl der Befragten
Wichtig ist es, zu klären, welche und wie viele Menschen befragt werden sollen.

Beispiel Wenn ihr nicht alle Schüler eurer Schule befragen könnt, müsst ihr eine Auswahl treffen. Soll sie die Gesamtheit aller Schüler widerspiegeln, z. B. das Alter, die verschiedenen Klassenstufen, Mädchen und Jungen, ist entsprechend auszuwählen.

Organisatorische Entscheidungen
- Wie und wo werden die Fragebögen verteilt?
- Wie wird sichergestellt, dass die Namen der Schüler nicht bekannt werden?
- Sollen die Fragebögen sofort ausgefüllt werden oder später?
- Wie ist zu erreichen, dass möglichst viele Fragebögen ausgefüllt abgegeben werden?
- Wie wird der Fragebogen ausgewertet und werden die Ergebnisse dokumentiert?

Auswertung

- Wie war die Zusammenarbeit?
- Wie haben sich die Menschen zur Bitte verhalten, den Fragebogen auszufüllen?
- Wie viele Menschen haben den Fragebogen nicht ausgefüllt und abgegeben?
- Welche Ergebnisse waren unerwartet?
- Was war besonders interessant?
- Welche Erkenntnisse erbrachte die Befragung?

Alles klar?

Berufsorientierung – ein spannender Prozess

1. Erkläre, warum für dich der Berufswahlprozess wichtig ist.

2. Welche Vorteile kann es haben, die einzelnen Schritte im Lernprozess zur Berufswahlentscheidung in einem Berufswahlpass zu dokumentieren?

3. Nenne drei wichtige Ratgeber, bei denen du dich über Berufe informieren kannst.

4. Welche Hilfen kannst du im BIZ erhalten?

5. Erkläre folgende Aspekte, die auf die Berufswahl einwirken, an je zwei Beispielen:
   1. Erwartungen/Einflüsse
   2. persönliche Voraussetzungen
   3. Anforderungen
   4. Beschäftigungs-/Verdienstmöglichkeiten
   5. Ausbildung/Weiterbildung

6. Nenne drei Aspekte, die dir sehr wichtig sind, und begründe deine Wahl.

Wünsche an den zukünftigen Beruf
Von je 100 Schülern nennen als sehr wichtig für ihren späteren Beruf

junge Frauen:
- gesichertes Einkommen: 86
- mit Menschen in Kontakt kommen: 79
- mit anderen zusammenarbeiten: 78
- nebenbei genug Zeit für Hobbys: 75
- gute Arbeitsmarktchancen: 73
- Kenntnisse und Fähigkeiten weiterentwickeln: 70
- eigene geistige Kräfte voll einsetzen können: 67
- eigene Ideen verwirklichen: 67
- neue Herausforderungen: 65
- sich bei der Arbeit bewegen können: 64

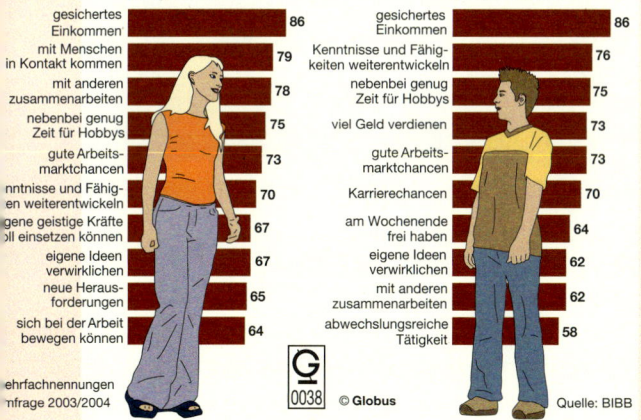

junge Männer:
- gesichertes Einkommen: 86
- Kenntnisse und Fähigkeiten weiterentwickeln: 76
- nebenbei genug Zeit für Hobbys: 75
- viel Geld verdienen: 73
- gute Arbeitsmarktchancen: 73
- Karrierechancen: 70
- am Wochenende frei haben: 64
- eigene Ideen verwirklichen: 62
- mit anderen zusammenarbeiten: 62
- abwechslungsreiche Tätigkeit: 58

Mehrfachnennungen Umfrage 2003/2004 © Globus Quelle: BIBB

7. Nenne zwei Internetadressen, die dich bei der Berufswahl unterstützen können.

8. Nenne drei Möglichkeiten, wie du deine Fähigkeiten überprüfen kannst.

9. Suche zwei Berufe auf der Internetseite *www.berufe.net* heraus. Notiere, welche Tätigkeiten typisch und welche Fähigkeiten besonders wichtig sind.

10. Bringe folgende Begriffe, die für die Planung der Berufswahl bedeutsam sind, in eine Abfolge. Begründe diese.
    - Anforderungen in Tätigkeitsbereichen kennen lernen und mit Erwartungen in Beziehung setzen,
    - körperliche, geistige, soziale/persönliche Fähigkeiten und Neigungen herausfinden,
    - Anforderungen in einzelnen Berufen kennen lernen und mit Erwartungen vergleichen.

11. Nenne jeweils drei Beispiele für
    - geistige,
    - körperliche,
    - soziale/persönliche

    Fähigkeiten.

12. Benenne die vier häufigsten Gründe für den Abbruch der Ausbildung.

13. Erkläre zwei Möglichkeiten, wie Ausbildungsabbrüche im Vorfeld verhindert werden können.

14. Nenne fünf Merkmale der Ausbildungsreife, die Betrieben wichtig sind.

15. Befrage Arbeitnehmer deiner Wunschberufe über Anforderungen, die sie an zukünftige Auszubildende stellen.

16. Mit welchen Arbeitsmitteln und Arbeitsmaterialien hast du bereits gearbeitet?

17. Begründe: Ist die Unterscheidung in „Frauen- und Männerberufe" noch zeitgemäß?

Soziale Marktwirtschaft

1 Soziale Marktwirtschaft – unsere Wirtschaftsordnung

In Deutschland leben etwa 82 Mio. Einwohner. Sie benötigen eine große Anzahl von *Waren* und *Dienstleistungen*. Die Auswahl ist riesig.

Die Waren und Dienstleistungen müssen produziert, verkauft und transportiert werden – zur richtigen Zeit und zum richtigen Ort.

Damit alles gut funktioniert, sind Abstimmungen zwischen den Unternehmen und ebenso zwischen Unternehmen und Verbrauchern nötig.

Das erfordert vom Staat funktionierende Regeln, deren Einhaltung kontrolliert wird. All dies macht eine Wirtschaftsordnung aus.

Deutschlands Wirtschaftsordnung ist die **Soziale Marktwirtschaft**.

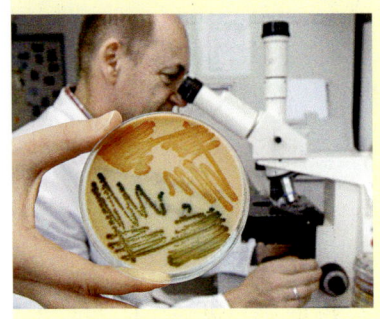

1 Amtliche Lebensmittelüberwachung: Brotschimmelkulturen werden im Labor eines staatlichen Untersuchungsamtes geprüft.

2 Wer die Bestimmungen der EG-Öko-Verordnung einhält, darf seine Produkte mit dem staatlichen Bio-Siegel kennzeichnen.

3 Der Staat schreibt Warnhinweise auf Zigarettenverpackungen vor.

4 Die Bundesagentur unterstützt erwerbsfähige Personen, die bedürftig sind und keine Arbeit finden.

5 Kennzeichnungspflicht für Eier: Bei losen Eiern muss jedes Ei gestempelt werden.

6 „Der Staat schreibt Helmpflicht vor. Das ist zu deinem Schutz."

Das könnt ihr lernen

Ihr könnt
- begründen, warum eine Wirtschaftsordnung nötig ist.
- die Rollen der Nachfrager, der Anbieter und des Staates in der Sozialen Marktwirtschaft beschreiben.
- an Beispielen die Grundlagen der Sozialen Marktwirtschaft erklären.

2 Was heißt Soziale Marktwirtschaft?

1 Kinderarbeit ist verboten. Jugendliche sind bei der Arbeit besonders geschützt.

Artikel 1 Grundgesetz
Die Würde des Menschen ist unantastbar. Sie zu achten und zu schützen ist Verpflichtung aller staatlichen Gewalt.

Artikel 20 Grundgesetz
Die Bundesrepublik Deutschland ist ein demokratischer und sozialer Bundesstaat.

2 *„Wir sprechen die Preise ab. Das erhöht den Gewinn!"*

3 *„Sie sind in der Probezeit und bringen die erhoffte Leistung nicht. Sie sind zum Monatsende entlassen."*

4 Kinderarbeit in Bangladesch. Vater und Tochter verdienen durch das Steineklopfen den Unterhalt der Familie.

5 Der Staat unterstützt Sportvereine durch die Bereitstellung von Sportstätten.

6 ONYX Mach Fit GmbH – vielfältige Gymnastikkurse, neueste Geräte, Sauna und mehr ... über 20 Kurse pro Woche. Beitrag monatlich: Erwachsene 50,- Euro, Schüler 40,- Euro

7 *Aus dem Tätigkeitsbericht des Bundeskartellamts:*
Das Bundeskartellamt hat bei acht Unternehmen Preisabsprachen über fünf Jahre hinweg festgestellt.
Ein Gericht hat 1,2 Mio. Euro Bußgeld verhängt.
Verbraucher können mit niedrigeren Preisen rechnen.

8 Nach den gesetzlichen Bestimmungen erhalten Arbeitslose nach ihrer Entlassung Arbeitslosengeld.

- Jeweils zwei Abbildungen gehören zusammen.
  Zu einer passt die Aussage:
  - Das Wirtschaften erfolgt aus Sicht des Marktes.

  Zu der anderen passt die Aussage:
  - Das Wirtschaften wird durch Staat und Markt geregelt.

- Findet die Abbildungen, die zusammengehören. Nennt die Unterschiede und begründet, zu welcher Aussage die Abbildungen passen.

Nachfrager, Unternehmen und Staat in der Sozialen Marktwirtschaft

Nachfrager
entscheiden über den Kauf der Güter, um ihre Bedürfnisse zu befriedigen.

Sie wollen
- niedrige Güterpreise
- gute Qualität der Güter
- ein breites Sortiment
- gute Lieferbedingungen
- gute Beratung

Produktion und Konsum
Was?
Wie viel?
Wie?
Wo?
Für wen?

Anbieter
entscheiden darüber, was sie wie, in welcher Qualität, Menge und wo produzieren.

Sie wollen
- einen hohen Umsatz und Gewinn
- viele zufriedene Kunden
- den Bestand ihres Unternehmens sichern

Der Staat
- regelt das wirtschaftliche Handeln von Anbietern und Nachfragern durch Gesetze, z. B. durch das Gesetz gegen Wettbewerbsbeschränkungen
- beeinflusst die Beschäftigung von Arbeitnehmern in Unternehmen, z. B. durch Arbeitsschutzgesetze
- regelt die soziale Sicherung der Bürger, insbesondere durch die gesetzliche Sozialversicherung
- bietet öffentliche Güter an, z. B. Schulen, Schwimmbäder, Büchereien, Parks
- schafft Voraussetzungen für wirtschaftliches Handeln, z. B. durch eine staatliche Verwaltung und Infrastruktur, wie den Bau von Straßen

🎲 **1** Das obige Schema ist gut zu erklären, wenn ihr es auf Beispiele in verschiedenen Kapiteln des Schulbuches anwendet. Geht auf „Spurensuche". Notiert Stichpunkte und erklärt sie.

Zum Kasten Nachfrager	**Zum Kasten Anbieter**	**Zum Kasten Staat**
S. 63 Nachhaltig handeln 1 Für was entscheidet sich Julian S. 74 Klug und umweltbewusst einkaufen 2 Warum entscheidet sich Frau Reiners für den Supermarkt Pinkow? 3 Findet ein Beispiel, in dem sich der Kunde für einen Discounter entscheidet.	S. 105 Kauft neue Fahrräder 1 Wie hat sich SCHMITZ-BIKE verhalten, um Verbraucher zum Kauf zu bewegen und einen guten Gewinn zu machen? S. 116/117 Auch Bio-Landwirte müssen mit Gewinn wirtschaften. Landwirt Hatz produziert umweltgerecht. 2 Wie hat Hatz sich verhalten, um Kunden zu gewinnen?	S. 175/176 Niedersachsen: regionale wirtschaftliche Verflechtungen mit Deutschland und der Welt 1 Inwieweit fördert und lenkt der Staat das Handeln von Anbietern? S. 85 Strategien kluger Verbraucher 2 Inwieweit regelt der Staat das Handeln von Anbietern und Nachfragern? 3 Findet neue Beispiele. Notiert Stichworte.

🎲 **2** Ihr kennt nun Positionen, die in unserer Wirtschaft durch Staat, Anbieter und Nachfrager vertreten werden. Schaut euch auf den hier genannten Seiten Beispiele für diese Aussagen an. Erklärt für jeden der drei Akteure, wie deren Sichtweise mit diesem Beispiel zusammenhängt.

🎲 **3** Bildet Dreiergruppen und stellt in einem Rollenspiel, s. Seite 36, die Positionen der drei Akteure nach. Jeder vertritt eine Position. Nehmt eines eurer Beispiele von Aufgabe zwei als Grundlage. Macht deutlich, dass jeder eigene Interessen vertritt.

Soziale Marktwirtschaft

3 Warum muss der Staat eingreifen?

Warum brauchen wir eine Wirtschaftsordnung?

Wir benötigen Nahrungsmittel, Wohnungen, Kleidung, Autos, Fahrräder, Arzneimittel, Geldinstitute, Versicherungen, Friseure und vieles mehr.

Waren und Dienstleistungen müssen von gut ausgebildeten Menschen produziert, verkauft und transportiert werden. Damit alles gut funktioniert, sind sehr viele Regeln notwendig. Wie diese Regeln vom Staat gestaltet sind und wie ihre Einhaltung kontrolliert wird, macht die **Wirtschaftsordnung** einer Gesellschaft aus.

Soziale Marktwirtschaft – Entwicklung und Grundzüge

Diese Wirtschaftsordnung wurde 1948, drei Jahre nach Beendigung des Zweiten Weltkrieges und der Herrschaft der Nationalsozialisten, durch Ludwig Erhard eingeführt. Entscheidend war die Erfahrung, dass die Wirtschaft durch Partei und Staat, zum Zwecke der Kriegsführung und der Vernichtung von Juden, Sinti, Roma und anderen politisch unerwünschten oder behinderten Menschen, zentral gesteuert wurde. Solch eine Macht des Staates sollte es nicht wieder geben.

Experten, wie Eucken und Müller-Armack, suchten daher einen „dritten Weg" zwischen Sozialismus und Kapitalismus, den sie in der Sozialen Marktwirtschaft fanden. Grundlegend für diese Wirtschaftsordnung ist Folgendes:

Anbieter stehen im Wettbewerb zueinander und **Nachfrager** kaufen ihre Güter dort, wo sie am preiswertesten sind. Die Interessen sind unterschiedlich. Die Abstimmung der Interessen erfolgt über den Markt. Man spricht hier von einer **dezentralen Abstimmung** der wirtschaftlichen Entscheidungen.

Interessengruppen, z.B. Arbeitgeberverbände, Gewerkschaften und Verbraucherverbände vertreten bestimmte Interessen gegenüber dem Staat.

Wer ganztags arbeitet, muss auskömmlich verdienen.

Dann fallen viele Arbeitsplätze weg. Das kostet den Staat Milliarden.

Der **Staat** hat die Aufgabe, das Marktgeschehen unter sozialen Gesichtspunkten zu beeinflussen. Dazu gehört bzw. gehören z.B.

- die Lebensgrundlage von Menschen, die krank, behindert, erwerbsunfähig sind oder keine Erwerbsarbeit finden, abzusichern (siehe Kapitel „Ohne Einkommen kein Leben", S. 52 ff.)
- eine Verteilungspolitik, die einen Ausgleich zwischen Armut und Reichtum schafft (siehe Kapitel „Ohne Einkommen kein Leben", S. 52 ff.)
- Verbraucherschutzgesetze, die die Verbraucher vor unlauteren Marketingstrategien schützen (s. Kapitel „Strategien kluger Verbraucher", S. 85 ff. und „Verbraucherrechte beim Kauf" S. 93 ff.)

---

1 Warum ist eine Wirtschaftsordnung notwendig? Notiert und erklärt Gründe.

2 Notiere Stichworte zu der Sozialen Marktwirtschaft.

3 Erstellt in Teams eine Mind Map zur Sozialen Marktwirtschaft. Geht auf Entstehung, Grundlagen der Wirtschaftsordnung und Aufgaben ein. Präsentiert eure Ergebnisse.

4 Tauscht eure Gedanken zu den Sprechblasen im Bild aus.

5 Begründet, warum eine möglichst gerechte Verteilung der Einkommen für alle Menschen wichtig ist (s. Kapitel „Aufgaben des Staates und ihre Finanzierung", S. 170 ff.).

6 „Der Markt allein kennt keine sozialen Gesichtspunkte." Erklärt, was gemeint ist.

Aufgaben des Staates und ihre Finanzierung

1 Steuern überall

Überall, wo Menschen zusammenwohnen, hatten und haben sie gemeinschaftliche Bedürfnisse. Sie mussten sich z. B. vor Gefahren durch eine Mauer, einen Wassergraben oder eine Burg schützen oder sie wählten einige Mitglieder der Gemeinschaft, die bei Streitigkeiten für eine Schlichtung sorgten. Solche Aufgaben für die Gemeinschaft können bei kleinen Gruppen durch Eigenleistung gelöst werden.

Bei großen Gemeinschaften, wie dem Volk eines Staates, wurden früher die Leistungen für die Gemeinschaft mit Naturalien (z. B. Getreide) entlohnt, heute geschieht dies mit Geld. Jeder Staat benötigt Geld zur Erfüllung der Gemeinschaftsaufgaben. Die wichtigste Geldquelle sind dabei die Steuern. Es sind Zahlungen, die – ohne direkte Gegenleistung – aufgrund gesetzlicher Vorschriften zu zahlen sind.

> 🎲 In dem nachfolgenden Bild geht es um fünf verschiedene Steuerarten. Welche davon muss eure Familie bezahlen? Warum bzw. wofür werden sie bezahlt?

Das könnt ihr lernen

Ihr könnt
- wichtige Steuern des Bundes, der Länder und Gemeinden aufzählen und begründen.
- direkte und indirekte Steuern unterscheiden.
- begründen, warum der Staat Steuern verlangen muss.
- den „Finanzausgleich" erklären.
- wichtige Regeln bei der Berechnung der Lohnsteuer erklären.
- beurteilen, wie die Einkommen- und die Umsatzsteuer die Bürger belastet.

2 Warum soll ich Steuern zahlen?

Der Staat (hier: Bund, Länder und Gemeinden) schafft für Bürger und Unternehmen in den heutigen Volkswirtschaften durch Dienstleistungen unsere Lebensgrundlagen. Er lässt die *Infrastruktur* erstellen (z. B. Verkehrswege) und sorgt in hohem Maße für *Bildung und Forschung* (z. B. Schulen, Universitäten). Er unterstützt auch die Bürger bei *Krankheit, Arbeitslosigkeit und Alter* mit sozialen Zahlungen durch die Arbeitsagentur, durch Kranken- und Pflegekassen sowie Renten- und Pensionskassen. Sehr wichtig ist auch, dass er für *Sicherheit und Rechtsprechung* durch Polizei, Bundeswehr und Gerichte sorgt.

Diese und unendlich viele andere Leistungen müssen von Arbeitern, Angestellten und Beamten geschaffen werden, die Löhne und Gehälter für ihr Leben benötigen. Auch benötigen sie Arbeitsräume, Einrichtungen, Büromaterial und Verkehrsmittel für ihre Tätigkeiten. Der Staat muss alle diese Personen und Güter bezahlen. Er kann sich das Geld hierfür i. d. R. nur bei der Bevölkerung und den Unternehmen holen, für die das staatliche Handeln organisiert wird.

Diese Ausgaben machten in Deutschland im Jahr 2012 insgesamt 1190 Mrd. € aus. Das hat das Statistische Bundesamt ermittelt. Beschafft wurde diese enorme Summe durch ca.
- 619 Mrd. € Steuern,
- 421 Mrd. € Beiträge zu Sozialversicherungen und der Rest von
- 150 Mrd. € durch andere Einnahmen (z. B. Gebühren, Verkäufe und Kreditaufnahme).

---

1 Ordnet die vier Aufgabenbereiche des Staates (*im ersten Absatz kursiv gedruckt*) den Abbildungen zu.

2 Recherchiert, bei welchen der vier Aufgabenbereiche die Ausgaben vorwiegend beim Bund oder vorwiegend bei den Ländern anfallen. Nutzt dazu das Internet.

3 Welcher der Aufgabenbereiche wird vorwiegend von Beiträgen und nicht von Steuern finanziert?

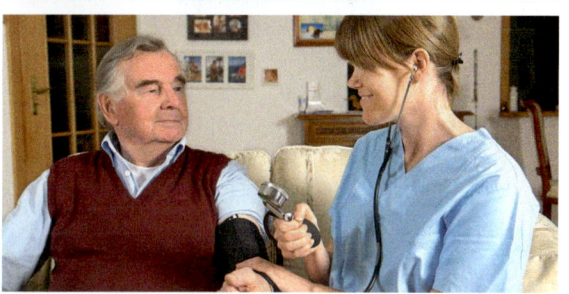

4 Diskutiert, welche der Aufgaben in den vier Aufgabenbereichen auch durch private Leistungen erfüllt werden könnten. Was spräche dafür und was dagegen? Nutzt dazu die **Methode Pro-Kontra-Debatte**, S. 84.

5 Informiert euch bei eurer Gemeinde, für welche ihrer Aufgaben die meisten Ausgaben anfallen. Nutzt dazu die **Methode Befragung**, S. 17, und/oder das Internet: Daten des Haushaltsplanes.

3 Was alles besteuert werden kann!

Diese Spirale zeigt die 30 wichtigsten Steuern, die in Deutschland gezahlt werden. Zusammen kommt die Steuersumme auf 619 Mrd. € (2012). Außerdem zahlen Unternehmen und Beschäftigte an den Staat verschiedene Sozialbeiträge (s. Vorseite), die auch als eine Form der Besteuerung angesehen werden können, jedoch nicht in die Kassen der Finanzämter fließen.

Die Einnahmen der Finanzämter gehen an den Bund (z. B. Mineralöl-, Tabak-, Versicherungssteuer), an die Länder (z. B. Kfz-, Grunderwerbs-, Erbschaftssteuer) und die Gemeinden (z. B. Gewerbe-, Grund-, Hundesteuer). Die wichtigsten Steuern (z. B. Umsatz-, Einkommen-/Lohnsteuer) werden unter den drei staatlichen Institutionen Bund, Länder, Gemeinden aufgeteilt, wobei auch die EU beteiligt wird.

Bei der Zahlung der Steuern gibt es direkte und indirekte Wege:

Direkte Steuern (z. B. Einkommen- oder Hundesteuer) werden unmittelbar von dem Steuerpflichtigen an das Finanzamt gezahlt. Indirekte Steuern (z. B. Umsatzsteuer) zahlt der Verbraucher mit dem Kaufpreis an den Verkäufer, der das Geld an das Finanzamt weitergibt.

Bei bestimmten Einkommen, z. B. bei Löhnen oder Zinsen/Dividenden, werden die anteiligen Steuern unmittelbar vom Arbeitgeber bzw. der Bank an das Finanzamt gezahlt.

Steuerspirale 2012
Steuereinnahmen von Bund, Ländern und Gemeinden
600 046 Millionen Euro
davon entfielen auf

- Einkommensteuer 37 262
- Energiesteuer 39 305
- Gewerbesteuer 42 345
- nicht veranlagte Steuern vom Ertrag 20 059
- Körperschaftsteuer 16 934
- Tabaksteuer 14 143
- Solidaritätszuschlag 13 624
- Grundsteuer 12 017
- Versicherungsteuer 11 138
- Kfz-Steuer 8 443
- Abgeltungsteuer auf Zins- und Veräußerungserträge 8 234
- Grunderwerbsteuer 7 389
- Stromsteuer 6 973
- Zölle 4 462
- Erbschaftsteuer 4 305
- Branntweinsteuer 2 123
- Kernbrennstoffsteuer 1 577
- Lotteriesteuer 1 426
- Kaffeesteuer 1 054
- Luftverkehrsteuer 948
- Biersteuer 697
- Vergnügungsteuer 617
- Schaumweinsteuer 450
- Feuerschutzsteuer 380
- Hundesteuer 288
- Zweitwohnungsteuer 109
- Zwischenerzeugnissteuer 14
- Jagd- und Fischereisteuer 13
- Lohnsteuer 149 065
- Umsatz-, Mehrwertsteuer 194 635 Mio. Euro

sonstige Steuern 18 Mio. € rundungsbedingte Differenz
Quelle: BMF © Globus 5691

---

1 Erklärt für die ertragreichsten in der Steuerspirale genannten Steuerarten, wofür die Steuer zu zahlen ist. Informiert euch unter: www.bundesfinanzministerium.de/Web/DE/Themen/Steuern/steuern.html (05.11.2013)

2 Welchen Vorteil hat es für das Finanzamt, dass die Lohnsteuer vom Arbeitgeber abgeführt wird, und welchen Nachteil hat es für den Arbeitnehmer?

3 Informiert euch, was Körperschaftsteuer und Solidaritätszuschlag sind.

4 Der Staat hat Tabak-, Bier-, Branntwein und Lotteriesteuer eingeführt und nicht z. B. Kirschen- oder Tomatensteuer. Welche Gründe vermutet ihr?

5 Die Schaumweinsteuer wurde vor einigen Jahren gesenkt. Die Einnahmen aus dieser Steuer stiegen jedoch an. Erkläre dies.

6 Stelle dir vor, du bist Abgeordneter im Bundestag und deine Partei hat die Mehrheit. Welche neue Steuer würdest du einführen wollen und welche abschaffen? Begründe, warum.

7 Die Klasse ist das Parlament und die Mehrheit der Schüler will eine neu eingeführte Steuer (siehe Aufgabe 6) verteidigen. Die Opposition ist dagegen. Notiert Argumente und führt eine Diskussion in Form einer **Pro-Kontra-Debatte** (s. S. 84).

4 Steuern genauer im Blick

Brutto und netto beim Lohn

Julia, Auszubildende zur Bäckerin, und Robbi, zum Maurer, vergleichen ihre Ausbildungsvergütung. Julia erhält brutto 550 €, von denen ihr 110,97 € Sozialversicherung abgezogen werden und netto 439,03 € bleiben.

Robbi erhält brutto 1259 €, von denen ihm 302,43 € abgezogen werden. Davon sind 48,42 € Lohnsteuer.

Einkommensteuer

Im Einkommensteuergesetz werden sieben Einkunftsarten angeführt, von denen Einkommensteuer zu bezahlen ist:

Einkommen aus: Land- und Forstwirtschaft, Gewerbebetrieb, selbstständiger Arbeit, nicht selbstständiger Arbeit, Kapitalvermögen, Vermietung und Verpachtung und auch Sonstige Einkünfte. Die Steuer bei nicht selbstständiger Arbeit (= Lohnsteuer) bringt dem Staat nach der Umsatzsteuer das meiste Geld (s. Vorseite).

Keine Einkommensteuer zahlt, wer als Lediger weniger als 8355 € oder als verheiratetes Paar 16 709 € im Jahr verdient. Ab 8355 € Einkommen zahlt man 14 %; die Prozentzahl steigt aber laufend bis auf 45 % ab 250 000 € Einkommen (s. M1, S. 174).

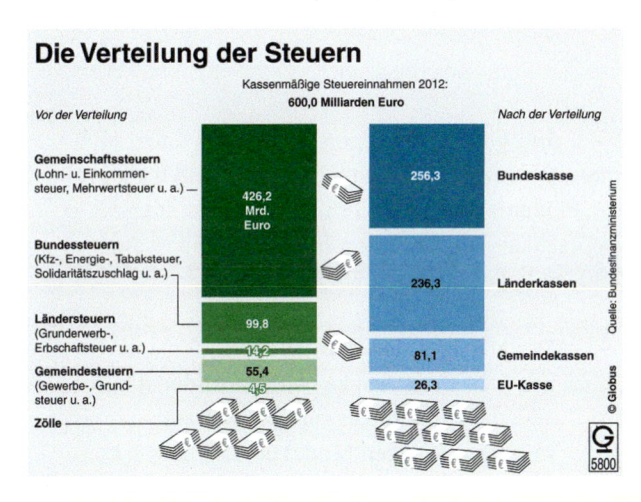

ROBBI: „Ich muss 48,42 € Lohnsteuer bezahlen, ich glaube, die haben sie bei dir vergessen!"

Umsatzsteuer/Mehrwertsteuer

Die Umsatzsteuer, die fast immer eine „Mehrwertsteuer" (MwSt) ist, wird auf den Kaufpreis von Waren und Dienstleistungen aufgeschlagen und muss vom Verkäufer an das Finanzamt abgeführt werden.

In Deutschland beträgt sie i. d. R. 19 %. Es gibt jedoch viele Ausnahmen mit 7 %, z. B. für Bücher, Zeitschriften und Nahrungsmittel. Ganz befreit sind u. a. Arzthonorare, Zahlungen von Miete oder auch Eintrittspreise bei Theatern und Museen. Andere Länder, auch die in der EU, haben andere Regeln (s. M2, S. 174).

Die Zahlung von Umsatzsteuer ist unabhängig von der Höhe des Einkommens. Arme und Reiche zahlen den gleichen Steuersatz.

Mehr dazu unter
Bundesministerium der Finanzen
www.bundesfinanzministerium.de ▶ Themen ▶ Steuern
  ▶ zur Broschürenliste ▶ Steuern von A – Z
(05.11.2013)

Die Verteilung der Steuern

Kassenmäßige Steuereinnahmen 2012: 600,0 Milliarden Euro

Vor der Verteilung:
- Gemeinschaftssteuern (Lohn- u. Einkommensteuer, Mehrwertsteuer u. a.): 426,2 Mrd. Euro
- Bundessteuern (Kfz-, Energie-, Tabaksteuer, Solidaritätszuschlag u. a.): 99,8
- Ländersteuern (Grunderwerb-, Erbschaftsteuer u. a.): 14,2
- Gemeindesteuern (Gewerbe-, Grundsteuer u. a.): 55,4
- Zölle: 4,5

Nach der Verteilung:
- Bundeskasse: 256,3
- Länderkassen: 236,3
- Gemeindekassen: 81,1
- EU-Kasse: 26,3

Quelle: Bundesfinanzministerium / © Globus 5800

🎲 **1** Hat Robbi mit seiner Vermutung Recht? Begründet.

🎲 **2** Diskutiert folgende Meinung: „Die MwSt ist ungerecht. Die Armen müssen das gleiche zahlen wie die Reichen."

🎲 **3** Überlegt Gründe, die dafür sprechen, dass für Bücher und Nahrungsmittel nur 7 % MwSt zu zahlen sind und für Arzthonorare sogar gar keine.

🎲 **4** Diskutiert, warum bei Kinokarten Mehrwertsteuer zu zahlen ist und bei Theaterkarten keine.

5 Weiterführendes Material

M1 Einkommensteuer-Tarife

Die Höhe der Einkommensteuer wird von der Regierung als Mittel der Wirtschafts- und Sozialpolitik eingesetzt. Daher ist der Tarif sehr kompliziert. Die Steuer steigt bei steigendem Einkommen von 0 % bis auf 45 %. Bis zum März 2013 konnte man im Jahr bis 8004 € verdienen, ohne Steuer zu zahlen. Diese Grenze wurde im Dezember 2013 auf 8130 € und ab Januar 2014 auf 8354 € erhöht. Weil die Preise und die Entgelte ständig steigen, soll derjenige, der Anfang 2013 mit 8000 € bisher steuerfrei war, bei einer Lohnerhöhung auf 8350 € auch steuerfrei bleiben. Durch die laufende Steigerung der Preise und Entgelte steigen aber dennoch die Steuereinnahmen des Staates stärker als die Entgelte.

Das Schaubild zeigt nur die Situation für ledige Einkommensempfänger. Die Steuer ist aber auch vom Familienstand abhängig. Verheiratete haben einen doppelten Freibetrag. Die Steuer ist auch davon abhängig, ob man

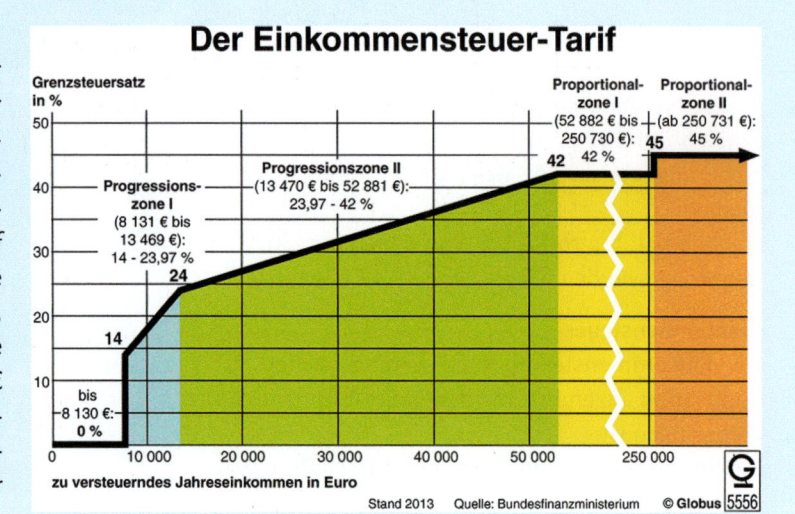

- z. B. **Werbungskosten** hat: hohe Ausgaben durch den Beruf (weite Fahrten, besondere Arbeitsmittel), oder
- sog. **Sonderausgaben**, z.B. für Versicherungen, Schulgeld, Spenden und/oder
- **außergewöhnliche Belastungen** z. B. Schäden durch Katastrophen oder Kosten von Krankheiten hat.

In allen diesen Fällen kann man bestimmte Beträge von dem Einkommen, das versteuert wird, vorher abziehen.

M2 Umsatzsteuersatz

Die Umsatz- oder auch Mehrwertsteuer ist die wichtigste Einnahmequelle des Staates. Obwohl die Zahlung durch die Unternehmen erfolgt, geht sie immer zulasten der Endverbraucher, der Haushalte. Dabei steigt sie durch die steigenden Einkommen der Haushalte und gleichzeitig steigende Preise. Dazu kommen aber noch vom Staat zusätzlich ständig steigende Prozentsätze. Von 1968 bis heute stiegen in Deutschland die Sätze von 10 % bis auf 19 %. Andere Staaten haben ähnliche Entwicklungen.

Zu M1

1 Wäre es nicht gerechter, wenn alle Menschen 20 % Einkommensteuer zahlen müssten? Beurteile dies.

2 Erörtert, warum der Staat kein Interesse, hat, die ständigen Preissteigerungen zu bremsen.

3 Wie beurteilst du folgende Situation? „Ein Ehepartner verdient 1250 € im Monat. Der andere studiert und hat kein Einkommen. Sie brauchen keine Einkommensteuer zu zahlen. Wären sie nicht verheiratet, müssten sie jeden Monat 61,75 € Steuern zahlen."

Zu M2

Nehmt Stellung zur laufenden Erhöhung der Mehrwertsteuersätze.

Niedersachsen – Regionale wirtschaftliche Verflechtungen mit Deutschland und der Welt

1 Niedersachsen als Land der Bundesrepublik Deutschland

Deutschland ist ein Staat mit 16 Bundesländern. Eines davon ist Niedersachsen. Es besteht aus 1003 politisch selbstständigen Städten und Gemeinden. Wenn es um wirtschaftliche und finanzielle Angelegenheiten Deutschlands – und speziell von Niedersachsen – geht, muss man also den Staat „Deutschland" untersuchen. Dies betrifft Wirtschaft und Finanzen des Bundes, des Landes Niedersachsen und seiner Städte und Gemeinden. Dabei spielen die Sozialversicherungen eine wichtige Rolle. Diese nehmen Milliarden Euro als Beiträge von der Bevölkerung und von Unternehmen ein und geben sie wieder aus. Sie beteiligen sich an staatlichen Aufgaben (s. bes. S. 171, 172).

Der Staat entscheidet über seine Aufgaben selbst – und er macht dies ständig. In allen Städten und Gemeinden, in Bundesländern und dem Bund sind unterschiedliche Gremien, z. B. Gemeinderäte, Bürgermeister, Landtage und Landesregierungen, Bundesrat und Bundestag, dabei, über Aufgaben zu entscheiden. Sie schaffen neue Gesetze und Verordnungen, auch für uns Bürger, für Unternehmen und andere Institutionen. Viele davon betreffen wirtschaftliche und finanzielle Angelegenheiten. Fast alle sind mit Einnahmen und Ausgaben von Geld verbunden.

Man kann diese Aufgaben in drei großen Gruppen zusammenfassen:
1. Der Staat liefert allen Haushalten und Unternehmungen „öffentliche Dienstleistungen", z. B. Verkehrsregelung durch Polizei oder Gerichtsurteile bei Verbrechen oder Organisation von Schulen. Ein Unterschied zu den „privaten Dienstleistungen" ist, dass die Produktionskosten der öffentlichen Dienstleistungen durch Steuern und Gebühren finanziert werden, nicht durch Marktpreise.
2. Der Staat nimmt eine „Umverteilung" der Einkommen vor. Er nimmt von Haushalten und Unternehmen Steuern und gibt das Geld an andere Haushalte (als ▶ Transferzahlungen, z. B. Renten, Kindergeld, Bafög) und an andere Unternehmen (als ▶ Subventionen, z. B. Bergbau- und Landwirtschaft, Küstenschutz).
3. Der Staat macht Gesetze, die zwar für Haushalte und Unternehmen zu Ausgaben oder Einnahmen führen, die Finanzen des Staates aber nicht betreffen (z. B. Wechsel von Glühlampentypen, Helmpflicht bei Radfahrern).

Einnahmen und Ausgaben des Staates in Mrd. €	
Einnahmen 2012	1171,7
Ausgaben 2012	1182,2
Saldo 2012	–10,5
Schuldenstand Ende 2012	2068,32

Statistisches Bundesamt: https://www.destatis.de
▶ Auf einen Blick

Das könnt ihr lernen

Ihr könnt

- den Aufbau des Staates erklären.
- Aufgaben des Staates und ihre Finanzierung unterscheiden.
- Besonderheiten der Wirtschaftsstruktur von Niedersachsen erläutern.

Niedersachsens (NDS) Anteil an der BRD im Jahr 2012

Deutschland

Größe: 13,3 %
357 121 km²
NDS 13,3 %

Bevölkerung: 9,6 %
81,9 Mio.
NDS 9,6 %

Beschäftigte: 9,0 %
28,921 Mio.
NDS 9,0 %

Arbeitslose: 9,1 %
2,897 Mio.
NDS 9,1 %

Bruttoinlandsprodukt: 8,7 %
2643,9 Mrd. €
NDS 8,7 %

---

1 Für welche Regionen unseres Staates stehen die beiden Wappen oben auf Seite 175?

2 Wodurch unterscheiden sich öffentliche und private Dienstleistungen? Informiert euch, welche Vor- und Nachteile sich durch den Unterschied für die Bürger ergeben.

3 Errechne aus den obigen Zahlen die absoluten Werte für Niedersachsen. Ziehe dazu die Methode **Statistiken und Schaubilder nutzen**, S. 60, heran.

4 Ordne folgende acht Aufgaben des Staates den zwei Texten und sechs Bildern zu. Förderung von Hochschulen; Hilfen bei Umweltkatastrophen; Wohnungsbauförderung; Förderung der Kultur; Regelung des Verkehrs; Einziehen von Steuern; Recht sprechen; Natur schützen.

Niedersächsische Landesregierung beschließt 40-Millionen-Hilfspaket für Hochwassergeschädigte.
Pressestelle der Niedersächsischen Landesregierung
11.06.2013 (30.09.2013)

Für die Erdgasförderung in einem Wasserschutz- oder Naturschutzgebiet sind Sondergenehmigungen durch die zuständigen Wasser- und Naturschutzbehörden erforderlich.
Landesamt für Bergbau, Energie und Geologie:
http://www.lbeg.niedersachsen.de/portal/live.php?navigation_id=30976&article_id=106540&_psmand=4 (30.09.2013)

---

176 Niedersachsen – Regionale wirtschaftliche Verflechtungen mit Deutschland und der Welt

2 Wirtschaftsstandort Niedersachsen

Die vorherige Seite verdeutlicht, dass Niedersachsen schon aufgrund der Größe eine besondere Bedeutung für Deutschland hat. Es ist das zweitgrößte Bundesland und liegt mit fast 8 Mio. Einwohnern an vierter Stelle in der Bundesrepublik.

Durch die Entwicklung Europas nach der Beendigung des Ost-West-Konflikts ist Niedersachsen so etwas wie der Mittelpunkt Europas geworden. Die Autobahnen bei Hannover gehen nach London und Paris sowie nach Moskau, Norwegen/Schweden, nach Italien und zum Balkan.

Die Häfen an der Nordsee, insbesondere Hamburg, Wilhelmshaven und Bremerhaven (mit Bremen) stellen für Deutschland ständige Verbindungen zu allen Häfen der Welt her.

Auch mit Eisenbahnen und Flugzeugen ist Niedersachsen gut und besonders nach Osten sehr eng verbunden.

Niedersachsen ist jedoch nicht nur durch die Verbindung mit allen Verkehrswegen ein interessanter Wirtschaftsstandort. Das große Bundesland hat zwischen Gebirge und Meer im Raum von Weser und Ems bestes Ackerland für alle Getreidesorten und in der Geest riesige Wiesen. Für In- und Ausland werden hier von mehr als 100 000 Beschäftigten durch Viehzucht Milch, Eier, Fleisch und Wurst erzeugt.

Landkarte von Niedersachsen, Bremen und Hamburg mit Autobahn

Containerschiff im Hafen

1 Schätzt mithilfe einer Europakarte die Entfernungen von Hannover nach Paris, Moskau, Oslo, Rom und Belgrad und bringt sie in eine Entfernungs-Rangordnung. Welche Städte gehören zur EU?

2 Niedersachsen hat viele Verbindungen für Jugendliche zum Ausland. Informiert euch über Patenstädte eurer oder der nächsten Stadt. Nehmt Kontakt mit dortigen Jugendlichen oder Schulen auf. Nutzt den Link: *http://www.eiz-niedersachsen.de/dabei-sein-in-europa/*. Ihr könnt auch den **WEBCODE** unten nutzen.

3 Informiere dich, welche Häfen es außer den vier genannten noch an der Nordsee in Deutschland gibt. Benenne diese.

4 Von den oben genannten vier Häfen kann einer spezielle Schiffe abfertigen, für die er bessere Voraussetzungen beim „Löschen" hat als die anderen Häfen. Was wird gelöscht? Warum geht es in diesem Hafen besser (s. auch S. 179)?

WEBCODE: WI650101-177

3 Hexen, Nixen und Heidekraut – Niedersachsen als Ferienland

Niedersachsen ist ein attraktives Ferienland. Mit den Ostfriesischen Inseln hat Niedersachsen das deutsche Familienferiengebiet schlechthin, im Harz die nördlichsten Skigebiete Deutschlands, in der Lüneburger Heide den ältesten deutschen Naturpark und im Wattenmeer Deutschlands größten Nationalpark. Kein anderes Bundesland bietet vom Badeurlaub an der Küste bis zum Winterurlaub im Harz eine solch einzigartige Vielfalt an Angeboten. In der Lüneburger Heide finden sich so viele Freizeit- und Erlebnisparks nebeneinander wie sonst nirgendwo in Deutschland, so der Heide-Park Soltau, der größte Vogelpark der Welt in Walsrode und der Serengetipark Hodenhagen.

Niedersächsisches Ministerium für Wirtschaft, Arbeit und Verkehr:
http://www.mw.niedersachsen.de/portal/live.php?navigation_id=5488&article_id=15378 (30.09.2013)

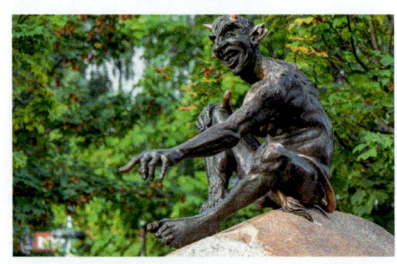

1 Blick vom Hexentanzplatz im Harz

2 Strandkörbe am Badestrand der Nordsee

Viele Urlauber schätzen den Harz, das leicht zu erreichende Gebirge im Mittelpunkt Deutschlands, wo sich die Länder Niedersachsen und Sachsen-Anhalt am 1000 m hohen Brocken treffen. Das Ideal im Winter für Ski und im Sommer für Wanderungen. Wer Glück hat, begegnet den Brockenhexen im Teil des Harzes, der zu Sachsen-Anhalt gehört, die von dem großen Hexenfest zur Sonnenwende übrigblieben. Sie tragen auch zur Beschäftigung erheblich bei, weil sich viele Gäste eine Brockenhexe als Mitbringsel und Talisman ins Auto hängen.

Naturpark Lüneburger Heide
Die Lüneburger Heide ist wohl der bekannteste Naturpark und das älteste Naturschutzgebiet in Deutschland. Hier ist manches anders, und das aus gutem Grund. Die Wege sind naturbelassen. Findlinge und dezente Schilder weisen den Weg. Ranger auf Pferden sehen nach dem Rechten. All diese Maßnahmen verhindern eine Veränderung des einmaligen Landschaftsbildes, schützen seltene Tiere und Pflanzen und bewahren das Gebiet als unvergleichliche Urlaubsregion. ...

Lüneburger Heide: http://www.lueneburger-heideland.de/heide/naturpark_lh (26.10.2013)

Die Kette der Nordseebäder trägt zur Wirtschaftskraft durch Tourismus in hohem Maße bei und bietet – je nach Klimalaune – vielen Erholungsbedürftigen eine gute Alternative für den „Drang nach Süden". ... Natürlich ist es für die Gastgeber in dieser Region am Festland und auf den Inseln wichtig, sich den wechselnden Kundenwünschen anzupassen. Dazu sind laufend Investitionen in Qualität, Service und Infrastruktur erforderlich. In den Wintermonaten wird allerdings für viele Saisonbeschäftigte eine Rückkehr in ihre Heimat oder in Wintersportgebiete – z. B. den Harz – notwendig.

1 Erstellt eine Präsentation aller auf dieser Seite genannten Touristik-Attraktionen, z. B. für eine Collage in der Schule.

2 Erstellt in Partnerarbeit einen Flyer oder eine Broschüre, in dem/der ihr attraktive Ausflugsziele eurer Region vorstellt. Nutzt dazu die Methode **Informationen gewinnen – Internet nutzen**, S. 51.

3 Ermittle im Internet oder Reisebüro die Preise (ohne Anreisekosten) für eine Woche Urlaub, 2 Personen, all inclusive, mindestens 3 Sterne, für
a) Nordseeinseln (Mai bis Sept.) oder
b) Harz (Dezember bis März).
Vergleiche und berichte.

4 Schifffahrt, Autos und Flugzeuge – Top-Bereiche der Wirtschaft in Niedersachsen sowie in Hamburg und Bremen

Top 1
Für Deutschland ist die Region Bremen/Hamburg/Niedersachsen aufgrund der Lage an der Nordsee entscheidend für die Schifffahrtsverbindung mit der Welt. Niedersachsen hat für die maritime Wirtschaft im Jahr 2012 mit dem Jade-Weser-Port in Wilhelmshaven noch einen zusätzlichen Beitrag durch einen Tiefwasserhafen – mit 18 m Tiefe bis zum Kai – geleistet. Nun können bei jeder Tageszeit, unabhängig von Ebbe und Flut, die größten Containerschiffe anlanden, was bislang (2013) außer in Rotterdam in keinem anderen europäischen Hafen möglich ist.

TOP 2
Die Werften in Niedersachsen sind bei dem Bau von Rettungsbooten, Kreuzfahrtschiffen und Riesenyachten Weltmarktführer. Dazu trägt besonders die MEYER WERFT in Papenburg bei. Mit 38 km im Inland an der Ems gelegen baut sie größte Kreuzfahrtschiffe mit über 300 m Länge und fährt diese Schiffe über den Fluss Ems zum Meer, was immer ein attraktives Bild ergibt und ein Erlebnis ist.

TOP 3
Die Autoproduktion sichert mit ihrer Zulieferindustrie ca. 30 % der Arbeitsplätze in Niedersachsen und ist damit wichtigster Wirtschaftsbereich. Die Volkswagen AG steht in Deutschland mit 550 000 Mitarbeitern und knapp 200 Mrd. € Umsatz (2012) an der Spitze aller deutschen Unternehmen. Mercedes-Benz hat Werke in Bremen und Hamburg.

TOP 4
Luftfahrt

Das Land Niedersachsen gehört in enger Kooperation mit Hamburg und Bremen zu den wenigen Luftfahrtstandorten in Europa, die die komplette Wertschöpfungskette des Luftfahrzeugbaus vom Entwurf bis zur Endmontage beherrschen. Die industrielle Struktur reicht vom internationalen Großkonzern über mittelständische Zulieferbetriebe bis zum Entwicklungsbüro. Geprägt wird der Luftfahrtstandort Niedersachsen insbesondere von den Airbus-Standorten in Buxtehude, Nordenham, Stade und Varel, dem CFK-Valley Stade sowie dem Forschungsflughafen Braunschweig.

Innovatives Niedersachsen

http://www.innovatives.niedersachsen.de/DE/Invest-in-Niedersachsen/Investment-Opportunities.php (01.10.2013)

1 Welcher wirtschaftliche Zusammenhang besteht zwischen der Wassertiefe in einem Hafen und Containern? Was bedeutet es für Rotterdam, dass nun ein gleichartiger Hafen da ist? Begründe.

2 Vor welchen Problemen steht die Meyer-Werft in Papenburg? Wie sind sie lösbar? Informiere dich.

5 Weiterführendes Material

M1 Landwirtschaft

Niedersachsen ist das Agrarland Nr. 1 in Deutschland und die Heimat einer leistungsfähigen, innovativen Ernährungswirtschaft. Niedersächsische Agrarprodukte sind weltweit gefragt. Die Ernährungswirtschaft in Niedersachsen zählt mit weit über 20 Mrd. Umsatz und mit mehr als 100 000 Beschäftigten hinter dem Automobilbau zum zweitwichtigsten Wirtschaftszweig.

Innovatives Niedersachsen:
http://www.innovatives.niedersachsen.de/DE/Invest-in-Niedersachsen/Investment-Opportunities.php (01.10.2013)

M2 Förderung strukturschwacher Gebiete

Der niedersächsische Ministerpräsident Stephan Weil erklärte zur Zukunft des Solidaritätszuschlages: „Die Bundesrepublik braucht dringend eine Konzentration der Finanz- und Förderströme auf strukturschwache Regionen in ganz Deutschland. Wer gleiche Chancen für alle Menschen will, muss sich um die strukturschwachen Gebiete im Norden ebenso kümmern wie um die im Osten, Süden oder Westen." 15. Juli 2013

Niedersächsische Landesregierung:
http://www.niedersachsen.de/startseite/wirtschaft_umwelt/wirtschaft/solidaritaetszuschlag/foerderpolitik-muss-zukuenftig-auf-strukturschwache-regionen-in-ganz-deutschland-zielen-116827.html (01.10.2013)

M3 Windkraftenergie

Niedersachsen ist heute mit großem Abstand das Windenergieland Nummer 1 in Deutschland. In keinem anderen Bundesland wurden in 2010 und 2011 mehr Windkraftanlagen aufgestellt. Als Flächenland mit langer Küstenlinie hat Niedersachsen die besten Ausgangsbedingungen, diese Position weiter auszubauen!

Niedersächsisches Ministerium für Wirtschaft, Arbeit und Verkehr:
http://www.mw.niedersachsen.de/portal/live.php?navigation_id=5487&article_id=15765&_psmand=18 (01.10.2013)

M4 Messen

Hannover gilt auch heute noch als DER deutsche Messestandort. Weltweit bekannt sind die Hannover Messe und die CeBIT. Sie stehen symbolisch für das, was Niedersachsen als Wirtschaftsstandort auszeichnet: für Kreativität, für Innovation, für deutsche Ingenieurskunst und für die Vermarktung dessen, was erfunden und produziert wird. Weitere Messen sind: Agritechnika, Biotechnika, IAA Nutzfahrzeuge.

Niedersächsisches Ministerium für Wirtschaft, Arbeit und Verkehr:
http://www.mw.niedersachsen.de/portal/live.php?navigation_id=5488&article_id=15378&_psmand=18 (01.10.2013)

Zu M1
- Informiere dich ab S. 116 bis S. 130 dieses Schülerbuches über die guten und die schlechten Seiten der intensiven Agrarwirtschaft, insbesondere bei der Tierhaltung. Berichte in der Klasse.

Zu M2
- Sucht eine Begründung, warum gerade der Ministerpräsident von Niedersachsen so etwas erklärt. Informiert euch darüber, was der ▶ Solidaritätszuschlag ist, wer ihn zahlt und wer ihn bekommt. Diskutiert dies.

Zu M3
- Informiert euch über die Chancen und Probleme der Nutzung von Windkraftanlagen in der Nordsee.

Zu M4
- Welches können Vor- und Nachteile der Einholung von Informationen auf einer Messe sein? Wäge ab.

Regionaler Wirtschaftsraum

1 Standortfaktoren, die einem Unternehmen wichtig sind

Wenn sich ein neues Unternehmen in der Region ansiedelt, werden Arbeitsplätze geschaffen und die Gemeinde erhält Steuereinnahmen. Die Arbeitnehmer erhalten Einkommen, das sie für Konsum ausgeben oder sparen können. Die Gemeinde verwendet die Einnahmen ebenfalls. Sie bezahlt ihre Mitarbeiter, baut die Infrastruktur aus und erhält sie. Sie kümmert sich auch um die Umwelt und setzt sich für ihre Bürger ein.

Je attraktiver ein Standort ist, desto höher sind die Steuereinnahmen. Alle Regionen und Gemeinden stehen deshalb in einem Wettbewerb. Sie versuchen vorteilhaft für möglichst viele unterschiedliche Unternehmen zu sein, damit die Region sich weiterentwickeln und für Menschen sowie Wirtschaft vielversprechende Bedingungen bieten kann. Standortfaktoren wirken sich positiv oder negativ auf die Entwicklung von Firmen aus. Deshalb analysieren sie sehr genau, was eine Region zu bieten hat, bevor sie sich dort ansiedeln. Je nach Zielsetzung legen die Unternehmen ihren Schwerpunkt auf bestimmte Faktoren. Nur wenn die Standortfaktoren aussichtsreich in Bezug auf wirtschaftliche Entwicklung erscheinen, wird der Sitz für das Unternehmen ausgewählt. Doch was macht einen attraktiven Standort aus? Die folgenden Punkte geben Hinweise darauf.

Standortfaktoren, die die Unternehmen beeinflussen:

Infrastruktur (Rahmenbedingungen, Transport, Energie)	Wie ist die Lage zu Bahnhof, Autobahnauffahrt, Hafen, Flugplatz? Wie können meine benötigten Materialien zu mir transportiert werden? Transportkosten? Transportzeit? Woher bekomme ich meine Energie, Wasser, Öl? Welche Kosten fallen dafür an?
Personalsituation	Wie hoch sind die Löhne in der Region? Wie ist das Angebot von Fachkräften?
politische Situation	Wie hoch sind die Steuern? Gibt es besondere Umweltauflagen? Bekomme ich finanzielle Unterstützung (Subventionen)?
Absatzmarkt	Wie viel kaufen die in der Region lebenden Menschen? Wie ist die Lage zur Konkurrenz? Kann ich meine Produkte von hier verbreiten?

Das könnt ihr lernen

Ihr könnt

- Kriterien der Unternehmen für die Standortwahl begründen.
- erklären, was eine Infrastruktur ist.
- die Infrastruktur in eurer Region erläutern.
- wirtschaftliche Schwerpunkte in eurer Region ermitteln.

🎲 1 Stelle dir vor, dass du eine Bäckerei eröffnen möchtest. Notiere, welche der Standortfaktoren dir besonders wichtig wären.

🎲 2 Vergleiche mit einem Partner deine Notizen. Beschreibt und begründet eure ausgewählten Standortfaktoren von Aufgabe 1 am Beispiel der Bäckerei.

2 Infrastruktur – was ist das?

Die Wirtschaft in Deutschland muss reibungslos funktionieren und sich gut entwickeln können. Dafür benötigt ein Land in allen Bereichen wirtschaftliche und organisatorische Grundlagen. Diese Grundlagen heißen zusammengefasst Infrastruktur.

Vergleicht man die Infrastruktur von ländlichen Gebieten mit der von Großstädten, sind die Unterschiede klar erkennbar. In Dörfern oder kleinen Städten sind lediglich wenige Bereiche der Infrastruktur zu finden. In Großstädten sind alle Bereiche abgedeckt. Oftmals sind diese auch sehr weitreichend entwickelt. So sind z. B. in der Großstadt Hannover 37 Krankenhäuser mit einer Uniklinik und speziellen medizinischen Fachgebieten zu finden. Im nicht weit entfernten Nienburg dagegen gibt es zwei Krankenhäuser mit notwendiger Grundversorgung. Für besondere Operationen oder Untersuchungen müssen die Bürger sich andernorts orientieren.

Dies spiegelt sich in den Kosten des täglichen Lebens wider. Trotz günstiger Mieten im ländlichen Bereich möchten viele Menschen lieber bei hohen Mieten und Wohnungsnot in der Stadt wohnen. Sie legen Wert auf eine moderne Infrastruktur, die sie in ihrem täglichen Leben stützt und die Bedingung für ein gutes Leben und Wirtschaften der Menschen ist. Die Attraktivität für die Bürger wiederum erhöht das Interesse von Unternehmen an der Region. Sie ist die Voraussetzung für Wohlstand und eine Stärkung der Wirtschaftskraft.

Folgende wichtige Bereiche gehören zur Infrastruktur:

Energie und Wasserversorgung	• Ohne Energie funktioniert nichts • Für Gas, Wasser und Strom sind Leitungen erforderlich
Information und Kommunikation	• Informationen sind in unserer modernen Gesellschaft unerlässlich • Presse, Fernsehen, Internet, Hörfunk, Post
Verkehrswesen	• Zeitbedarf für Transporte und/oder Reisen • Ausstattung mit Straßen, Bus, Bahn, Kanälen, Häfen, Flughäfen
Kultur, Freizeit	• Angebote machen eine Region lebenswert • Dazu gehören z. B. Kino, Museen, Schwimmbad, Theater, Vereine
Verwaltung	• Einrichtungen der Stadt oder Gemeinde müssen gut funktionieren • Sie beraten ihre Bürger bei Wirtschaftsfragen, Ansiedlung und Verwaltungsaufgaben
Bildung	• Ausstattung mit Bildungsmöglichkeiten ist besonders wichtig • Schulen, Kindergärten, Hochschulen, Vereine
Gesundheits- und Sozialwesen	• Einrichtungen, die in Krankheits- und Notfällen für Hilfe sorgen, z. B. Krankenhäuser, Ärzte, Beratungsstellen • Feuerwehr, aber auch Einrichtungen, die Menschen in sozialer Not helfen

1 Beschreibe drei Situationen, in denen die Infrastruktur dir nutzt.

2 Überlegt euch zu jedem Aspekt der Tabelle zwei Beispiele für eure Stadt/Gemeinde, z. B. große Firmen, die bei euch oder in der Nähe tätig sind.

3 Ein Politiker sagt, dass es wichtig ist, in die Infrastruktur zu investieren, um die Region zukunftsfähig zu gestalten.
Was bedeutet diese Aussage für die dort lebenden Menschen?

3 Unterschiedliche Regionen

Die Lebens- und Arbeitsbedingungen sind nicht nur in ganz Deutschland sehr unterschiedlich. Auch in einzelnen Bundesländern gibt es ärmere und reichere Gegenden. In einigen Regionen haben die Einwohner höhere Einkommen, das bedeutet, sie haben eine höhere Kaufkraft (mit mehr Geld kann man auch mehr kaufen …). In anderen Regionen ist die Arbeitslosigkeit sehr hoch, weil nicht genügend Arbeitsplätze zur Verfügung stehen. Deshalb ist die Kaufkraft in den Regionen eher niedrig.

Unterteilt werden Regionen nach ihren Möglichkeiten in strukturstark oder strukturschwach. Es gibt Gebiete mit einer großen Auswahl an Einkaufsgelegenheiten, Freizeitmöglichkeiten und kulturellen Angeboten, während andere Gebiete sehr wenig Angebote haben und dadurch als Lebensraum weniger attraktiv sind.

> *Wenn die Lebens- und Arbeitsbedingungen verbessert werden sollen, müssen diese auch genau untersucht werden. So ist gut erkennbar, wie die derzeitige Situation aussieht und wo Veränderungen notwendig sind.*

Beispielhafte Beschreibung des Stadtteils Ochtersum der Stadt Hildesheim

„Ich wohne am Stadtrand von Hildesheim in Niedersachsen. Zum Einkaufen ist es nicht weit, mehrere Supermärkte, ein Baumarkt und verschiedene Fachgeschäfte sind fast neben meiner Haustür. Außerdem finden sich Ärzte, Apotheken, Schulen, Kindertagesstätten, eine Bank und weitere Dienstleistungseinrichtungen gleich um die Ecke. Das ist sehr praktisch, aber dadurch ist auch immer viel los. Es gibt viel Verkehr, der Lärm und Abgase verursacht.

Dafür liegt Ochtersum aber direkt am Steinberg, einem Naherholungsgebiet mit viel Wald und einem kleinen Tierpark. Im Freizeit- und Kulturbereich wird relativ viel in der nahe gelegenen Innenstadt geboten. Vereine, Gaststätten, ein modernes Kino, Theater, Schwimmbäder und viele weitere Möglichkeiten bieten Abwechslung. Auch gibt es schöne Parks und Grünanlagen zur Entspannung im Innenstadtbereich.

Besonders berühmt ist der Marktplatz, der zum UNESCO-Weltkulturerbe gehört. Die Bandbreite an Arbeitsplätzen in ganz unterschiedlichen Bereichen ist hoch. Deshalb kommen viele Menschen aus dem Landkreis, die hier Arbeit finden. Es gibt sehr viele kleine und große, bekannte Unternehmen, die Arbeits- und Ausbildungsplätze anbieten. Da Hildesheim neben der Autobahnanbindung auch einen Hafen und einen Regionalflughafen hat, sind große Firmen an unserer Stadt als Standort interessiert."

Der historische Marktplatz in der Hildesheimer Innenstadt

1 Beschreibe deinen Heimatort mit ähnlichen Gesichtspunkten.

2 Stellt in einem Brainstorming bekannte Bauwerke oder Plätze in eurer Stadt/Gemeinde zusammen.

3 Recherchiert und präsentiert eine der bei Aufgabe 2 gefundenen Attraktionen. Stellt euch vor, eure Präsentation soll Touristen anlocken. Erstellt einen Werbeflyer für die Stadt, einen Kurzfilm oder gestaltet ein Plakat.

4 Der regionale Wirtschaftsraum

Deutschland besteht aus 16 Bundesländern, in denen 2012 insgesamt ca. 82 Mio. Menschen lebten. Große Gebiete, wie z. B. Niedersachsen mit 7,8 Millionen Einwohnern, lassen sich wiederum in kleinere Gebiete einteilen, sogenannte Regionen. Anders als Städte und Länder, die feste Grenzen haben, kann man die Grenzen der Region unterschiedlich bestimmen. So ist die Hildesheimer Börde eine Region in Niedersachsen, die die Grenzen von mehreren Städten und Gemeinden überschreitet. Die Zusammenfassung von verschiedenen Städten und Gemeinden einer Region hängt von ihren Gemeinsamkeiten ab.

Die Gemeinsamkeit, die in der Region Hildesheimer Börde von größter Wichtigkeit ist: der besonders fruchtbare Schwarzerde-Lössboden, der für die Landwirtschaft sehr großen Nutzen aufweist. Dadurch sind in dieser Region die Ernten besonders ertragreich.

Natürlich können aber auch Regionen aufgrund von anderen wirtschaftlichen Interessen entstehen. So arbeiten Städte, Landkreise und Unternehmen häufig zusammen, um gemeinsame Ziele zu verfolgen, wie Verbesserung des Verkehrsnetzes.

Dieses bezeichnet man dann als regionalen Wirtschaftsraum.

▢ 1 Notiere wesentliche Merkmale, die eine Region kennzeichnen können.

▢ 2 Erläutere schriftlich die Besonderheiten der Hildesheimer Börde.

Recherche und Vergleich zum Thema Regionaler Wirtschaftsraum

In einem Projekt (s. **Methode Projekt**, S. 104) sollt ihr in Teams verschiedene Informationen zum Wirtschaftsraum eurer Gemeinde bzw. Stadt erarbeiten und schließlich der Klasse eure Ergebnisse präsentieren.

Weitere Teams recherchieren über eure Nachbarregion oder Nachbarstadt. Das kann bedeuten, auch ein benachbartes Bundesland einzubeziehen, z. B. Hamburg oder Bremen. Schließlich sollt ihr eure Ergebnisse vergleichen.

Es gibt drei verschiedene Themenbereiche:

Thema Allgemeines

1. Wie ist der Name des ausgewählten Wirtschaftsraumes?
2. Aus welchen Städten und Gemeinden setzt sich der Wirtschaftsraum zusammen?
3. Wie viele Einwohner leben im Wirtschaftsraum?
4. Wie ist die Lage des Wirtschaftsraumes in Deutschland?
5. Welche Landkreise, Städte, Bundesländer und Gewässer grenzen an den Wirtschaftsraum?

Thema Beschäftigung

1. Wie viele Menschen arbeiten im Wirtschaftsraum?
2. In welchen Bereichen sind die Menschen beschäftigt?
3. Was sind wichtige Wirtschaftsbereiche im regionalen Wirtschaftsraum?
4. Welche großen und bekannten Unternehmen gibt es im Wirtschaftsraum?
5. Was bieten diese Unternehmen an?

Thema Infrastruktur

1. Welche Unternehmen sorgen für Wasser- und Energieversorgung?
2. Welche regionalen Zeitungen und Radiosender gibt es?
3. Welche Kultur- und Freizeiteinrichtungen gibt es?
4. Welche Einrichtungen stehen für die Gesundheit zur Verfügung?
5. Welche Bildungseinrichtungen gibt es?
6. Welche Verkehrsanbindungen sind vorhanden?

Informationen sind zu finden:
- bei der Stadt- oder Gemeindeverwaltung, dort könnt ihr per E-Mail oder telefonisch nach Informationen fragen
- auf der Homepage eurer Stadt bzw. Gemeinde, dies ist meistens www.NamederStadt.de
- im Atlas
- im Internet, z.B. Google Maps

Weitere Anregungen für die Informationsbeschaffung siehe auch: **Methode Erkundung des regionalen Wirtschaftraums**, S. 187, 188.

Organisation:
Um die umfangreiche Arbeit erledigen zu können, solltet ihr euch die Arbeit gut aufteilen. Denkt daran, dass jedes Gruppenmitglied Stärken und Schwächen hat, und berücksichtigt diese bei der Aufgabenverteilung. Eure Tabelle mit der Übersicht der Arbeitsaufteilung sollte in jeder Stunde ergänzt werden.

So könnte die Tabelle für eure Arbeitsaufteilung aussehen:

Name	Aufgabe	Beginn	geplante Fertigstellung
...	...	...	...
...	...	...	...

Protokoll:

Ein Protokollbogen soll kurz dargestellte Informationen darüber enthalten, wer von euch zu welchem Zeitpunkt welche Aufgaben erledigt hat. Dies hilft euch, im Team die Übersicht zu behalten, und erleichtert die Bewertung eurer Ergebnisse.

Ergänzt am Ende jeder Stunde gemeinsam euren Protokollbogen.

So könntet ihr einen Protokollbogen gestalten:

Protokolle

Datum _____ Bearbeiter _____
Aufgabe/n:

Datum _____ Bearbeiter _____
Aufgabe/n:

Datum _____ Bearbeiter _____
Aufgabe/n:

Datum _____ Bearbeiter _____
Aufgabe/n:

Wenn ihr eure Recherchen beendet habt, präsentiert eure Ergebnisse der Klasse (s. **Methode Präsentation**, S. 18). Achtet auf die geeignete Wahl eurer Mittel. Vielleicht könnt ihr eure Zahlen in einfache Grafiken oder Diagramme umwandeln, um sie anschaulicher zu machen.

Im Anschluss an die Ergebnispräsentationen sollt ihr eure ausgewählten Städte oder Regionen miteinander vergleichen:
- Wo liegen die Besonderheiten?
- Sind unterschiedliche Schwerpunkte erkennbar?
- Wo würdet ihr lieber leben? Welche Gründe sprechen dafür? Diskutiert eure Vorstellungen von euren bevorzugten Lebensräumen.

5 Weiterführendes Material

M1 Bevölkerungsentwicklung, Veränderung gegenüber dem Vorjahr in 1 000 Personen

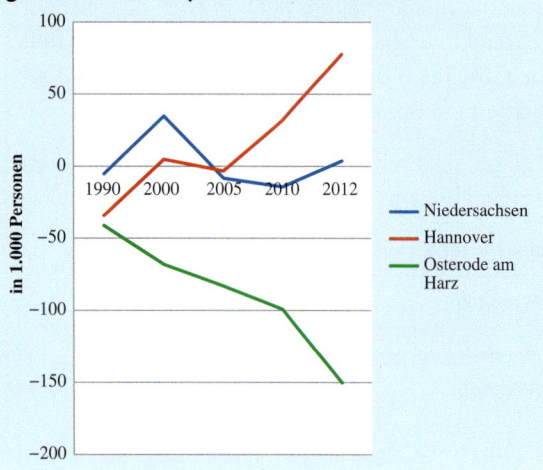

Legende: Niedersachsen, Hannover, Osterode am Harz

nach **Landesbetrieb für Statistik und Kommunikationstechnologie Niedersachsen (LSKN):**

www.lskn.niedersachsen.de/download/64437 (22.12.2013)

M2 Beschäftigte nach Wirtschaftsbereichen

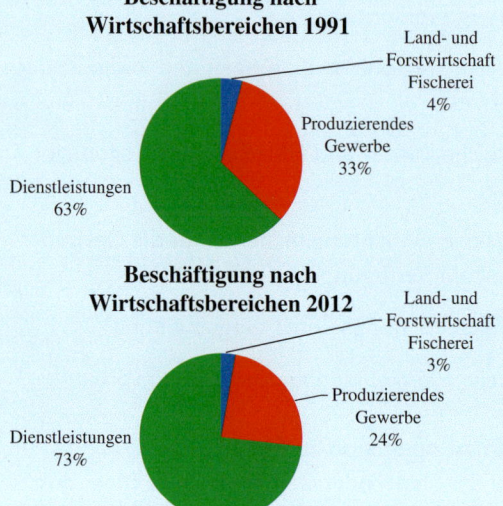

Beschäftigung nach Wirtschaftsbereichen 1991
- Land- und Forstwirtschaft Fischerei 4 %
- Produzierendes Gewerbe 33 %
- Dienstleistungen 63 %

Beschäftigung nach Wirtschaftsbereichen 2012
- Land- und Forstwirtschaft Fischerei 3 %
- Produzierendes Gewerbe 24 %
- Dienstleistungen 73 %

nach **Landesbetrieb für Statistik und Kommunikationstechnologie Niedersachsen (LSKN):**

www.lskn.niedersachsen.de/download/65381 (22.12.2013)

M3 Ausfuhr nach Ländern in Millionen Euro

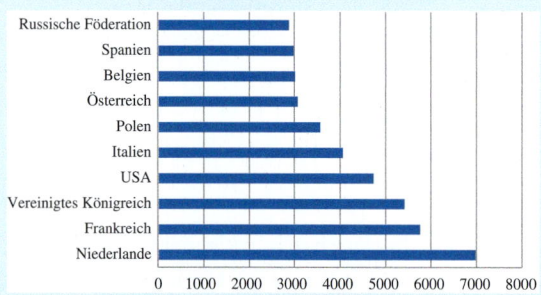

Russische Föderation, Spanien, Belgien, Österreich, Polen, Italien, USA, Vereinigtes Königreich, Frankreich, Niederlande

nach **Landesbetrieb für Statistik und Kommunikationstechnologie Niedersachsen (LSKN):**

http://www.lskn.niedersachsen.de/download/63859 (22.12.2013)

M4

Wirtschaftskraft der Länder 2012

Bruttoinlandsprodukt je Erwerbstätigen in €

Hamburg	82 485
Hessen	71 152
Baden-Württemberg	67 066
Bayern	67 013
Bremen	66 881
Nordrhein-Westfalen	65 376
Saarland	61 174
Rheinland-Pfalz	61 096
Niedersachsen	60 225
Schleswig-Holstein	58 952
Berlin	58 892
Brandenburg	53 805
Sachsen-Anhalt	52 619
Mecklenb.-Vorpommern	50 598
Sachsen	48 946
Thüringen	47 472
Deutschland	63 535

Quelle: Arbeitskreis VGR der Länder

© Bergmoser + Höller Verlag AG

Zu M1–M4
🎲 Wählt eine der vier abgebildeten Grafiken aus und erläutert sie. Recherchiert bei Bedarf ergänzende Informationen.

Zu M1
🎲 Notiert Gründe, die es für die unterschiedliche Entwicklung geben könnte. Was könnten Städte und Gemeinden für das Wachstum der Bevölkerung tun?

Zu M3
🎲 Recherchiert, welche Produkte Firmen aus eurer Region exportieren.

Zu M1–M3
🎲 Erstellt im Team anhand der Inhalte des Kapitels und den Grafiken einen Beitrag über Niedersachsen. Dieser soll Vorteile für Unternehmen betonen, damit sie bereit sind, zu investieren.

Methode Erkundung des regionalen Wirtschaftsraums

Darum geht es

Ihr könnt die regionale Arbeits- und Wirtschaftswelt in den Unterricht einbeziehen.

Beachtet dabei Sichtweisen
- der hier arbeitenden und lebenden Menschen, auch als Konsumenten und Bürger,
- der Unternehmen, die Waren produzieren, Dienstleistungen erbringen und beides vermarkten,
- der Gemeinde, die öffentliche Güter bereitstellt, u. a. für die Infrastruktur.

Entladung eines Containerschiffes im neuen Tiefseehafen Jade-Weser-Port

So läuft es ab

Vorbereitung

Ihr klärt, was ihr wo, warum und wie erkunden wollt, wie ihr plant, die Ergebnisse zu dokumentieren, auszuwerten und zu präsentieren.

Es kann z. B. darum gehen, zu erfahren,
- was für das Arbeiten und Leben in eurer Gemeinde bedeutsam ist,
- welche Interessengegensätze die Diskussion, z. B. um ein neues Gewerbegebiet, bestimmen.
Dabei sind dann wirtschaftliche, ökologische und soziale Aspekte abzuwägen.

Entscheidet, ob ihr von
- einem betrieblichen Fall (siehe Folgeseite, Punkt 3) oder
- der Erarbeitung wesentlicher Merkmale der regionalen Infrastruktur ausgehen wollt.

Bedenkt, für wen und wie die Arbeit von Nutzen sein kann, wenn ihr z. B. ein Strukturproblem durch die Veröffentlichung aufklärt.

Nutzt verschiedene Quellen zur Information:
- Pläne zur Wirtschaftsförderung (Ziele, Maßnahmen, Ergebnisse von Gemeinde, Kreis, Land, Bund, EU, Entwicklungsgesellschaften)
- Websites im Internet, z. B.
  · www.bmwi.de ▶ Wirtschaft ▶ Wirtschaftspolitik
  · www.niedersachsen.de ▶ Portal Niedersachsen
    ▶ Wirtschaft & Umwelt ▶ Wirtschaft ▶ Wirtschaftsförderung
- Fallberichte in Zeitungen, Zeitschriften, Rundfunk, TV, Internet
- Veröffentlichungen von Gewerkschaften, Unternehmen, Arbeitgeberverbänden, ▶ Kammern (Industrie- und Handelskammer, Handwerkskammer), Parteien
- Haushaltspläne der Gemeinde/des Kreises
- Daten statistischer Ämter (Land, Bund), z. B. in Jahrbüchern oder im Internet und der Bundesagentur für Arbeit ▶ Service ▶ Arbeitsmarkt in Zahlen ▶ Arbeitslose nach Gemeinden

Befragt verschiedene Experten, z. B.
- in Unternehmen: Arbeitnehmer, Betriebsrat, Unternehmensleitung,
- in der Gemeinde/dem Kreis (Amt für Wirtschaftsförderung), Kommunalpolitiker, Bürger, Bürgerinitiativen,
- bei der Arbeitsagentur,
- bei Kammern, Verbänden, Gewerkschaften.

Erstellt ein Ablaufdiagramm für die Vorbereitung, Durchführung und Auswertung. Bedenkt die Zeit, die zur Verfügung steht.

Entscheidet folgende organisatorische Fragen:
- Welche Teilaufgaben können welche Gruppen bearbeiten? Wie lassen sich die Ergebnisse zusammenführen und auswerten?
- Welche Techniken der Informationsbeschaffung, -aufbereitung und -auswertung müssen eingeübt werden (z. B. Befragung, Protokoll, Nutzung (Video-)Recorder, Textauswertung, Internet-

recherche, Bericht für eine Zeitung, Präsentation am PC)?
- Welche Absprachen sind zu treffen, z. B. mit der Schule, dem Betrieb? Worauf beziehen sich diese, z. B. Zeit, Kosten, Verkehrsanbindung, Ablauf, Schwerpunkte, Gesprächspartner?
- Wie könnt ihr euch auf Planänderungen vorbereiten?
- Ist eine Vorerkundung notwendig?
- Welches Verhalten ist angemessen?

Auswertung
Stellt die Informationen zusammen. Welche fehlen noch? Lassen sie sich nachträglich beschaffen?

Bereitet die Ergebnisse wie geplant auf. Wer ist anzusprechen, wenn noch Fragen auftauchen?
Bedankt euch bei dem Betrieb/der Institution.
Reflektiert eure Arbeit mit folgenden Fragestellungen:
- Was haben wir erreicht und war unser Ziel? Gab es Abweichungen? Wenn ja, warum?
- Über welche Information verfügten wir bereits? Wie stimmen sie mit der Wirklichkeit überein?
- War unser Zeitplan zutreffend? Nutzten wir geeignete Methoden und Techniken? Reichten unsere Vorkenntnisse?
- Wie klappte die Zusammenarbeit in der Gruppe/Klasse? Wie kooperativ zeigte sich der Betrieb/die Institution?
- Analysiert Konflikte auf der Sach- und Beziehungsebene. Gebt euch Feedback zum Verhalten.

Regeln zum Feedback
✓ Beschreibe das Verhalten anderer, aber bewerte es nicht. Es könnte verletzen.
✓ Behandle andere so, wie du selbst behandelt werden möchtest.
✓ Gib positive Eindrücke wieder. Nenne Dinge, die zu ändern sind. Feedback soll aufbauend sein.
✓ Kritisiere niemanden als Menschen, sondern beziehe dich auf sein Verhalten.

Beispiele zu betrieblichen Fällen

- **Soziale und wirtschaftliche Folgen einer Betriebsschließung**
  · Gründe
  · Rechte für Arbeitnehmer aus Gesetzen und Tarifverträgen, evtl. dem Sozialplan
  · Aktionen der Arbeitnehmer/Gewerkschaft
  · berufliche Qualifikation Entlassener
  · Mobilität der Betroffenen
  · Auswirkungen des Arbeitsplatzverlustes auf Entlassene, Familien, regionale Wirtschaft
  · Möglichkeiten zur Arbeitsvermittlung
  · Programme zur Beschäftigungsförderung, Weiterbildung und Umschulung
  · Arbeitslosengeld, Höhe und Dauer der Leistungen

- **Neuansiedlung eines Betriebes**
  Entscheidungssituation im Planspiel: „Eine umstrittene Wirtschaftsförderung wird entschieden"

Mein lieber Herr Bürgermeister, die Altlastensanierung und die Erschließungskosten zahlt natürlich Ihre Kommune.

Was sagt wohl der Rat der Stadt dazu? Aber wir brauchen unbedingt diesen Betrieb mit 100 neuen Arbeitsplätzen.

188 Methode Erkundung des regionalen Wirtschaftsraums

Alles klar?

Soziale Marktwirtschaft

1. Wo ist festgelegt, dass die Bundesrepublik Deutschland verpflichtet ist, als Sozialstaat zu handeln?

2. Welche Interessen verfolgen die Anbieter in der Sozialen Marktwirtschaft? Notiere Stichworte.

3. Welche Interessen verfolgen die Nachfrager in der Sozialen Marktwirtschaft? Notiere Stichworte.

4. Was regelt der Staat in der Sozialen Marktwirtschaft? Notiere vier Beispiele.

5. Notiere wichtige Güter, die Deutschland
   – exportiert,
   – importiert.

6. Im Folgenden sind Beispiele aufgezeigt, welche die Wirtschaftsordnung der Sozialen Marktwirtschaft verdeutlichen.

   Vervollständige für jedes der Beispiele a) bis e) den folgenden Satz: Die Wirtschaftsordnung der Sozialen Marktwirtschaft drückt sich darin aus, dass ...

   a) Wer in Deutschland wohnt und Kinder erzieht, hat Anspruch auf Kindergeld. Bei geringem Einkommen kann ein Zuschlag zum Kindergeld gezahlt werden.

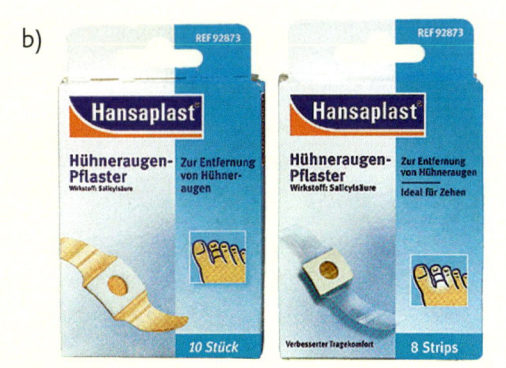

   b) *Stiftungs Warentest: test 1/2006*
   Verbot von Mogelpackungen lt. § 7, Absatz 2, Eichgesetz. Fertigpackungen müssen so gestaltet und befüllt sein, dass sie keine größere Füllmenge vortäuschen, als in ihnen enthalten ist.

   c) Das Bundeskartellamt hat 2012 Bußgelder in Höhe von 248 Mio. € eingenommen. Es waren Strafen für Verstöße gegen den Wettbewerb.

   d) Das Betriebsverfassungsgesetz regelt die Mitbestimmung der Arbeitnehmer im Betrieb. Nach § 1 kann in privaten Unternehmen mit fünf und mehr ständigen Beschäftigten ein Betriebsrat gewählt werden. Betriebsratswahlen finden alle vier Jahre statt.

   e) Die Gesetzliche Sozialversicherung will über die Gemeinschaft der Versicherten Lebensrisiken abdecken, die einzelne überfordern.

Aufgaben des Staates und ihre Finanzierung

7. Welche Einnahmen hat der Staat außer den Steuern?

8. Nenne drei Einkunftsarten, von denen Einkommensteuer erhoben wird.

9. Ab welcher Höhe des Jahreseinkommens muss ein lediger Auszubildender im Jahr 2013 Einkommensteuer zahlen? ca. 6 100 €, ca. 8 100 € oder ca. 12 100 €

10. Für Güter wie Lebensmittel, Zeitungen und Bücher gilt ein geringerer Mehrwertsteuersatz als für Autos, Fernseher und Druckertinte. Begründe, warum.

11. Der Staat erhebt viele Steuern. Notiere mindestens drei wichtige Steuern. Wer muss sie zahlen?

12 Ordne zu, wofür Steuern oder Gebühren zu zahlen sind.

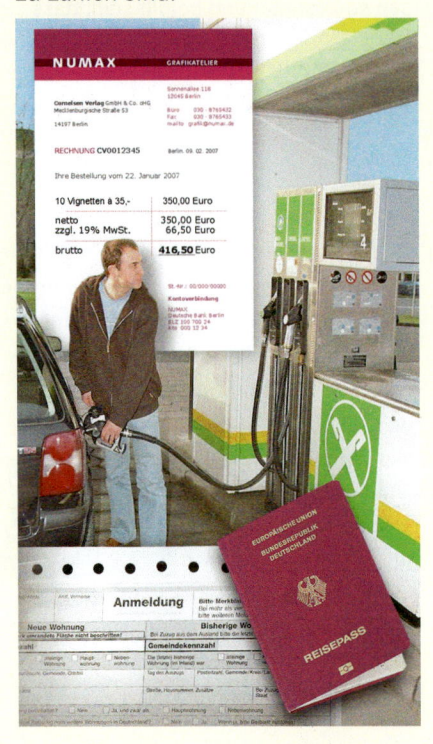

13 Der Staat erfüllt wichtige Aufgaben in unserer Gesellschaft. Notiere mindestens drei wichtige Aufgabenbereiche und welche Zahlungen dort erfolgen.

Niedersachsen: Regionale wirtschaftliche Verflechtungen mit Deutschland und der Welt

14 Wenn von staatlichen Finanzen die Rede ist: Wer bekommt das Geld zunächst, bevor es für die Aufgaben ausgegeben wird? Nenne staatliche Stellen, die über die Verwendung des Geldes entscheiden.

15 Die staatlichen Stellen haben viele Aufgaben. Sammle Namen von Stellen. Erstelle eine Liste und erkläre die Aufgaben.

16 Staatliches Geld geht an Haushalte und an Unternehmen – aus ganz unterschiedlichen Gründen. Stelle Gründe zusammen, die du aus eigener Erfahrung kennst (z. B. „Bürgermeister bekommt Gehalt").

17 Die staatlichen Stellen haben Ausgaben für Löhne, Gehälter und Einkauf von Waren (z. B. Schreibpapier) und Dienstleistungen (z. B. Porto). Daneben fallen Ausgaben für Transferzahlungen und Subventionen an. Informiere dich, wofür diese gezahlt werden.

18 Niedersachsen ist das Agrarland Nr. 1 in Deutschland. Welche landwirtschaftlichen Produkte kennst du, die besonders in Niedersachsen erzeugt werden?

19 Welche Wirtschaftszweige (Branchen) sind in Niedersachsen besonders umfangreich vertreten, teilweise mit Spitzenstellung in Deutschland?

20 Hier sind 4 Pferdedarstellungen. Welche gehört zu Niedersachsen?

Regionaler Wirtschaftraum

21 Was beeinflusst die Standortwahl eines Unternehmens?

22 Wofür ist eine gute Infrastruktur Bedingung?

23 Beschreibe Aufgaben, die die Verwaltung eurer Stadt/Gemeinde für Bürger ausübt.

24 Erstelle eine tabellarische Übersicht, in der du strukturschwach und strukturstark gegenüberstellst.

25 Warum arbeiten Städte und Gemeinden oft zusammen?

Sachwörter

Vorbemerkung:
Sachwörter, die im Schulbuch näher beschrieben sind, werden hier nicht aufgeführt. Die Definition ist über das Verzeichnis der Stichwörter aufzufinden.

Aufwand ist der gesamte Verbrauch von Ressourcen einer Unternehmung.

Ablauforganisation legt fest, wo und wann die einzelnen Aufgaben im Betrieb zu erledigen sind.

Akkordlohn Art der Entlohnung einer Arbeit, die abhängig von der persönlich erbrachten Leistung ist. Das kann auf zwei Wegen geschehen: Beim Stückgeldakkord wird für eine bestimmte erledigte Stückzahl ein fester Entgeltsatz gezahlt. Beim Stückzeitakkord wird für eine bestimmte Arbeitsmenge eine Zeit vorgegeben, die ein Arbeitnehmer bei normaler Leistungsfähigkeit benötigt, und ein Lohnfaktor pro Minute. Daraus wird der Lohn berechnet.

Alternative Energie ▶ Erneuerbare Energie, auch ▶ regenerative Energie genannt, bezeichnet Energie aus nachhaltigen Quellen, die nach menschlichen Maßstäben unerschöpflich sind, z. B. Solar- und Windenergie.

Applikation funktionale oder verschönernde Ergänzung zu Gegenständen, Verfahren oder auch Personen.

Arbeit umfasst die Erwerbsarbeit (Arbeit gegen Entgelt) sowie die ▶ Hausarbeit und ehrenamtliche gemeinnützige Arbeit (Nichterwerbsarbeit, Arbeit ohne Entgelt). In der Wirtschaftsberichterstattung meint Arbeit in der Regel Arbeit gegen Entgelt.

Arbeitgeberverbände Organisationen der Arbeitgeber einer bestimmten ▶ Branche zu deren Interessenvertretung. Der Dachverband der A. ist die Bundesvereinigung der Arbeitgeberverbände (BdA). Sie vertritt die wirtschaftlichen, sozialen und politischen Interessen der Arbeitgeber. Tätigkeitsfelder der A. sind u. a. ▶ Tarifverhandlungen, Berufsbildung, Beratungstätigkeit in steuerlichen, rechtlichen und allgemeinen wirtschaftlichen Fragen.

Arbeitslosenquote setzt die Zahl der registrierten Arbeitslosen zu den Erwerbspersonen in Beziehung und misst so die relative Unterauslastung des Arbeitskräfteangebots. Unterschieden werden die Arbeitslosenquote der zivilen Erwerbspersonen, der sozialversicherungspflichtig Beschäftigten einschl. Auszubildenden, geringfügig Beschäftigten und Beamten (ohne Soldaten) und der Selbstständigen sowie die Arbeitslosenquote der abhängigen Erwerbspersonen (ohne Selbstständige). Diese Quote ist derzeit ca. 1,5 % höher.

Arbeitsproduktivität drückt sich im Verhältnis (Quotient) des Produktionsergebnisses (in Stück, Menge, Volumen o. Ä.) zur eingesetzten Arbeitszeit (z. B. in Minuten, Tagen, Jahren) aus. Die Produktivität steigt, wenn die gleiche Stückzahl in geringerer Zeit hergestellt oder in der gleichen Zeit mehr produziert wird.

Arbeitsschutz soll die Arbeitsbedingungen sicher gestalten und Unfälle verhindern. Dadurch wird die Gesundheit der arbeitenden Menschen geschützt und der Schutz von (werdenden) Müttern und Jugendlichen gewährleistet. Die Kontrolle gesetzlicher Maßnahmen erfolgt durch staatliche Ämter und Berufsgenossenschaften. Bei Verstößen können Bußgelder verhängt werden.

Arbeitsteilung im privaten Haushalt Bestimmte Arbeiten im Haushalt werden auf seine Mitglieder aufgeteilt und von ihnen ausgeführt. Die Aufteilung erfolgt z. B. nach Zeit der Mitglieder, Interesse und Zweckmäßigkeit.

Aufbauorganisation regelt, welche Abteilung im Betrieb mit welchen Aufgaben bei der Arbeit wie zusammenarbeitet und geleitet wird.

Ausbildungsberuf, anerkannter Die Ausbildung erfolgt für eine berufliche Tätigkeit, die nach staatlich festgelegten Zielen und Inhalten geregelt und bundesweit anerkannt ist. Sie findet meist in Betrieb und Berufsschule (dual) statt. Sie kann auch in einer Berufsfachschule in Verbindung mit Praktika in Betrieben erfolgen.

Automatisierung Produktionsablauf mit vollständigem Ersatz menschlicher Arbeitskraft durch technische Einrichtungen.

Bedürfnisse Wünsche von Menschen, z. B. das Bedürfnis nach Nahrung, Kleidung, Wohnung, Bildung, Liebe. Die Erfüllung dieser Bedürfnisse ist lebensnotwendig. Die Erfüllung anderer Bedürfnisse kann das Leben schöner und leichter machen, z. B. das Bedürfnis zu reisen, Konzerte zu besuchen. In unserer Gesellschaft sind viele Bedürfnisse auf den Besitz von ▶ Waren und ▶ Dienstleistungen ausgerichtet, z. B. das Bedürfnis, ein Handy, ein Auto, Markenschuhe oder eine Kreditkarte zu besitzen. Da Geldmittel begrenzt sind, müssen Menschen für die Erfüllung von Bedürfnissen eine Rangfolge aufstellen. Dieser an Kaufkraft gebundene Teil wird Bedarf genannt.

Beruf Tätigkeit (Berufsarbeit), für die durch eine vorgeschriebene Ausbildung in einem anerkannten ▶ Ausbildungsberuf Wissen und Fähigkeiten erworben werden.

Betrieb Dieser erstellt ▶ Waren und/oder erbringt ▶ Dienstleistungen und bietet diese am ▶ Markt an. Wird der Begriff Betrieb verwendet, geht es vor allem um die Erbringung von Leistungen. Wird der Begriff Unternehmen gewählt, ist die rechtliche, wirtschaftlich selbstständige Stellung gemeint.

Betriebsmittel Anlagen, Geräte, Maschinen und sonstige Arbeitsmittel, die bei der Herstellung eines Produkts notwendig sind.

Betriebsorganisation besteht aus ▶ **Aufbauorganisation** und ▶ **Ablauforganisation** sowie ▶ **Informationsorganisation**.

Betriebsrat vertritt die Interessen der Arbeitnehmer im ▶ **Betrieb**. Er muss in Betrieben mit mindestens fünf Arbeitnehmern eingerichtet werden, sofern einer der Arbeitnehmer bereit ist, diese Aufgabe zu übernehmen. Rechte und Pflichten regelt das Betriebsverfassungsgesetz.

Bio-Fleisch natürliche Produkte von Schweinen, Rindern, Hühnern und anderen Tieren. Diese werden nach speziellen Ökorichtlinien gezüchtet und geschlachtet. Die Qualität des Fleisches ergibt sich dabei aus unterschiedlichen Faktoren nach bestimmten Standards (artgerechte Haltung, Biofutter), um das ▶ **Bio-Siegel** zu erhalten.

Bio-Siegel Umweltzeichen für Lebensmittel, das garantiert, dass die Produkte durch eine Landwirtschaft erzeugt werden, die nach ökologischen Gesichtspunkten produziert. Das Bio-Siegel unterliegt staatlicher Kontrolle. Es erfüllt die Bestimmungen der EG-Öko-Verordnung.

Branche meint einen Wirtschaftszweig, z. B. Bauwirtschaft, Metallindustrie.

Bruttoeinkommen ▶ **Einkommen** ohne Abzug von ▶ **Steuern** und/oder Abgaben für die ▶ **Sozialversicherung**.

Bruttoinlandsprodukt (BIP) Wirtschaftsleistung einer Volkswirtschaft (z. B. von Deutschland) in einem bestimmten Zeitraum (Jahr). Es bezieht die Werte aller im Inland produzierten Waren und Dienstleistungen ein.

Bundesagentur für Arbeit Bundesbehörde, die zuständig ist vor allem für Arbeitsvermittlung und -beratung, Berufsberatung, Förderung der Berufsausbildung, berufliche Weiterbildung sowie Zahlung von Arbeitslosengeld und Kurzarbeitergeld.

Bürgerliches Gesetzbuch (BGB) regelt die Beziehungen von Rechtspersonen. Das können private Personen (Bürger) oder juristische Personen sein (Unternehmen oder Organisationen). Geregelt sind u. a. Rechte und Pflichten beim Kauf, bei der Miete einer Wohnung und bei einer Scheidung. Das BGB trat 1900 in Kraft. Es wurde vielfach verändert.

CO_2 ▶ Kohlenstoffdioxid

Dienstleistungen produzierte Güter, die man nicht lagern kann. Sie können personenbezogen sein, z. B. durch den Friseur, der Haare schneidet, bzw. sachbezogen, z. B. durch den Mechatroniker, der ein Auto repariert, beratungsbezogen, z. B. Verbraucherberatung.

Discounter (von englisch discount = Preisnachlass, Rabatt) Unternehmen des stationären Einzelhandels, die ein kleines Warensortiment, einfache Warenpräsentation, kleine Verkaufsflächen und geringere Verkaufspreise als Mitbewerber anderer Betriebsformen haben.

Eigenkapital ist der Anteil am Vermögen einer Unternehmung, der dem Eigentümer bzw. den Eigentümern gehört. Meist ist vorhandenes Eigenkapital auch eine Voraussetzung für die Zusage eines Darlehens (Fremdkapital).

Einkommen Einkommensarten: Einkommen aus ▶ **Erwerbsarbeit**, z. B. Einkommen aus nicht selbstständiger Arbeit (Lohn, Gehalt, Entgelt); Einkommen aus selbstständiger Arbeit (z. B. ▶ **Gewinn**, Honorar); Einkommen aus Vermögen (z. B. Zinsen, Mieten); Transfereinkommen (z. B. Kindergeld, Arbeitslosengeld). Unterschieden wird weiterhin ▶ **Bruttoeinkommen** und ▶ **Nettoeinkommen**.

Einkommensteuer ▶ **Steuern**

Einkommensverwendung bezieht sich auf den Konsum (z. B. Wohnung, Nahrung, Freizeit …), ▶ **Steuern** und Abgaben sowie Ersparnis.

Emissionen von Produktionsanlagen und Produkten an die Umwelt abgegebene Schadstoffe.

Ergonomische Arbeitsplatzgestaltung schützt Personal vor körperlichen Schäden auch bei langfristiger Ausübung ihrer Tätigkeit.

Erneuerbare Energie ▶ **Alternative Energie**; ▶ **regenerative Energie**

Ersatzinvestition ▶ **Investition**

Ertrag alle von einer Unternehmung geschaffenen Güter.

Erwerbsarbeit ▶ **Arbeit**

Fairer Handel Handel mit benachteiligten Produzenten aus Entwicklungsländern. Die Produzenten erhalten Löhne, mit denen sie ihre Lebenshaltung decken können. Der Schulbesuch der Kinder wird sichergestellt. Kinderarbeit ohne Schulbesuch ist verboten. Soziale Projekte werden gefördert. Die ▶ **Waren** werden direkt bei den Produzenten gekauft. Um Preisschwankungen zu vermeiden, werden langfristige Handelsbeziehungen vereinbart. Die Produktion erfolgt möglichst nach ökologischen Gesichtspunkten. Produkte sind am Fairtrade-Siegel zu erkennen.

Familie Familien im engeren Sinne sind Ehepaare bzw. alleinerziehende Väter oder Mütter, die mit ihren ledigen Kindern zusammenleben. In Anlehnung an die Statistik der Vereinten Nationen (United Nations, Abk. UN) gelten in der Statistik auch Ehepaare ohne Kinder als Familie.

Fertigungstiefe bezeichnet in der ▶ Wertschöpfungskette den Anteil der Eigenfertigung bei der Gütererstellung.

Fertigungsverfahren technologische Vorgänge, bei denen ein Werkstoff oder ein Werkstück in Form, Größe, Genauigkeit und/oder Eigenschaften zielgerichtet verändert werden.

Fließbandproduktion der Materialtransport zwischen den einzelnen Produktionsstellen erfolgt mithilfe von verketteten Fördersystemen (z. B. Förderbändern). Die einzelnen Arbeitsschritte werden dabei auf wenige Handgriffe mit festem zeitlichen Rhythmus reduziert und mit einer festgelegten Zeitdauer vorgegeben, die Taktzeit. Durch diese Vorgabe eines festen Fertigungsablaufs ergeben sich vorherbestimmbare Lieferzeiten. Der Bedarf an Teilen zu bestimmten Zeiten ist bekannt und deren Lieferung erfolgt entsprechend (just in time), meist an den Produktionsstellen, aus Kostengründen mit nur kleinem Lager.

Fruchtfolge ist der Wechsel des Anbaus von Feldfrüchten. Eine vielfältige Fruchtfolge ist wichtig, da sie eine einseitige Bodennutzung verhindert. Entscheidend ist, dass Pflanzen unterschiedliche Nährstoffe aufnehmen und abgeben. Das vermeidet Nachteile von ▶ Monokulturen.

Generation Personen einer Gesellschaft, die in einem bestimmten Zeitraum geboren sind.

Gentechnik gezielter Eingriff in das Erbgut und/oder biochemische Steuerungsvorgänge von Lebewesen. Die Anwendung gentechnischer Verfahren in der Pflanzenzüchtung zielt auf die Nutzung gentechnisch veränderter Pflanzen in der Landwirtschaft und der Lebensmittelwirtschaft. Gentechnik darf von ökologisch wirtschaftenden Betrieben nicht angewandt werden.

Gewerkschaften Vereinigungen der Arbeitnehmer. Der Dachverband der Gewerkschaften auf Bundesebene ist der Deutsche Gewerkschaftsbund (DGB; 2012: 6,2 Mio. Mitglieder). Er vertritt die wirtschaftlichen, sozialen und politischen Interessen der Mitglieder und Arbeitnehmer insgesamt. Im DGB sind verschiedene Einzelgewerkschaften zusammengeschlossen. Daneben gibt es als Dachverband den „dbb beamtenbund und tarifunion" (2012: 1,3 Mio. Mitglieder) mit kleineren Einzelgewerkschaften.

Gewinn erzielt ein Unternehmen, wenn die Betriebseinnahmen (die Erträge) aus dem Verkauf von ▶ Waren und ▶ Dienstleistungen höher sind als der Aufwand für Herstellung und Verteilung (Betriebsausgaben). Ansonsten fällt ein Verlust an.

Gewinnspanne Unterschied zwischen dem ▶ Ertrag und dem Aufwand einer ▶ Ware oder ▶ Dienstleistung. Sie wird meistens als Prozentsatz ausgedrückt (▶ Gewinn).

Gläubiger ist ein Kreditgeber, er glaubt seinem Schuldner, dass dieser die geschuldete Leistung erbringt.

Globaler Handel ▶ Globalisierung

Globalisierung Prozess der zunehmenden internationalen Verflechtung in den Bereichen Politik, Wirtschaft, Gesellschaft, Kommunikation und Ökologie. Die globalen Beziehungen betreffen Individuen, Gesellschaften, Institutionen, Staaten und lokale Einheiten. ▶ Nachhaltiges Handeln soll Maßstäbe für die Gestaltung der Beziehungen liefern. Gefördert wird die G. durch technische Fortschritte, insbes. in Kommunikations- und Transporttechnologien, die Liberalisierung des Welthandels, das Bevölkerungswachstum, den kostengünstigen Stückguttransport in Containern.

Güter ▶ öffentliche Güter, ▶ private Güter; ▶ Waren, ▶ Dienstleistungen

Handlungskompetenz Fähigkeit und Bereitschaft, sich in verschiedenen persönlichen und beruflichen Situationen angemessen zu verhalten und selbstständig zu handeln.

Handwerksbetrieb fertigt ein Produkt auf Bestellung, z. B. Schrank, oder erbringt eine Dienstleistung, z. B. Haarschnitt. Dabei wird meist Handarbeit verrichtet.

Hausarbeit Arbeit im privaten Haushalt. Sie wird im Gegensatz zur Erwerbsarbeit nicht entlohnt. Die Hausfrau oder der Hausmann ist außerdem nicht selbstständig gegen Risiken wie Krankheit, Unfall oder Alter in der gesetzlichen ▶ Sozialversicherung abgesichert.

Haushalt, privater Gemeinschaft von Menschen, die zusammenleben und gemeinsam wirtschaften. Diese können verwandt sein, z. B. Eltern und Kinder, in ▶ Familien oder auch nicht. Es gibt verschiedene Formen von Haushalten, z. B. Familienhaushalte, Einpersonenhaushalte, Mehrpersonenhaushalte, Wohngemeinschaften.

Industrialisierung Ersatz von Handarbeit durch Fabrikarbeit mit Maschinen sowie die Verbreitung dieser Produktionsweise in den Wirtschaftsbereichen (Industrie).

Informations- und Kommunikationstechnik (IKT) technische Fähigkeiten zur Informationsverarbeitung und Kommunikation.

Informationsorganisation legt fest, wie Informationen innerbetrieblich und nach außen ausgetauscht werden.

Input eingesetzte Produktionsfaktoren

Investition Anlage von ▶ Kapital zur Erhaltung, Verbesserung und Vermehrung von Produktionsmitteln. Die Erhaltung wird Ersatzinvestition genannt: Aufwendung für den Ersatz verbrauchter Produktionsmittel, z. B. Maschinen. Die Ausweitung der Investition der Produktionsmittel heißt

Nettoinvestition. Investiert werden kann auch in Lagerbestände (Vorratsinvestition) oder in die Qualifikation von Menschen (Bildungsinvestition).

Kalkulation Ermittlung der Kosten und Verkaufspreise von ▶ Dienstleistungen und ▶ Waren.

Kammern Vertretungen u. a. des Handwerks (Handwerkskammer), der Industrie, des Handels, von Banken und Versicherungen (Industrie- und Handelskammer). Sie nehmen Interessen der Wirtschaft und öffentliche Aufgaben wahr. So sind sie u. a. zuständig für die betriebliche Berufsausbildung und die Abschlussprüfung.

Kapital ▶ Produktionsfaktor in Form von Geld (Geldkapital) oder von ▶ Sachgütern (Sachkapital).

Kartellamt Bundeskartellamt und Landeskartellämter wachen darüber, dass der ▶ Wettbewerb im Sinne des „Gesetzes gegen Wettbewerbsbeschränkungen" (GWB) funktionsfähig ist, z. B. die Einhaltung des Verbots von ▶ Preisabsprachen. Sie prüfen, ob Zusammenschlüsse von Unternehmen (Fusionen) zu einer marktbeherrschenden Stellung führen und diese missbräuchlich ausgenutzt wird. Sie können Fusionen verbieten und Bußgelder eintreiben.

Kartelle Absprachen zwischen Unternehmen. Das Ziel kann z. B. ein möglichst hoher Preis und ▶ Gewinn zulasten der Käufer sein. Absprachen sind nach dem „Gesetz gegen Wettbewerbsbeschränkungen" (GWB) verboten. Die Einhaltung wird vom ▶ Kartellamt überwacht.

Kennzahlen im Unternehmen sind ermittelbare Zahlen, z. B. ▶ Umsatz, Materialkosten, ▶ Gewinn, Auftragsbestand, die Auskunft z. B. über die wirtschaftliche Lage geben.

Kilowattstunde (kWh) ist eine Maßeinheit für Energie. Eine Wattstunde entspricht der Energie, welche eine Maschine mit einer Leistung von einem Watt in einer Stunde aufnimmt oder abgibt. Einer Kilowattstunde entsprechen 1000 Wattstunden. Mithilfe dieser Maßeinheit werden Strom- und Heizwärmekosten abgerechnet.

Kleine und mittlere Unternehmen Kleinstunternehmen: bis zu neun Beschäftigte und bis 2 Mio. Jahresumsatz. Kleine U.: bis 50 B., weniger als 10 Mio. JU. Mittlere U.: weniger als 250 B., weniger als 50 Mio. JU.

Kohlenstoffdioxid (CO_2) Gas, das in der Erdatmosphäre zunimmt und einen ▶ Treibhauseffekt hat. Es nimmt Teile der Wärmestrahlung auf und fördert die Erderwärmung.

Kompetenzfeststellungsverfahren zur Messung der ▶ Handlungskompetenz, beziehen sich auf Kompetenzbereiche. Als Ergebnis der K. entsteht ein individuelles Kompetenzprofil. Die Schüler (Sch.) sind handelnd zu beteiligen und sollen eine aktive und selbstbestimmte Rolle übernehmen. Dazu gehört eine Selbstbewertung in Form einer Selbsteinschätzung. Alle Aufträge setzen beobachtbare Handlungen und Verhaltensweisen in Gang. Geschultes Personal nimmt die Beobachtung nach einem Kriterienkatalog vor und enwickelt z. B. ein Stärkenprofil (▶ Potenzialanalyse), das den Sch. bekannt gegeben wird. Bezogen auf Anforderungen von Arbeitsplätzen wird auch von notwendigen ▶ Schlüsselqualifikationen gesprochen.

Konkurrenz ▶ Wettbewerb

Konsumgüter ▶ Waren und ▶ Dienstleistungen für den privaten Ge- oder Verbrauch.

Kosten in Geld bewerteter Verbrauch an ▶ Produktionsfaktoren, welche zur Erstellung der betrieblichen Leistung notwendig sind.

Kredit vorübergehende Inanspruchnahme von geliehenem Geld zu festgelegten Bedingungen, z. B. Zinshöhe, Laufzeit.

Lebensstandard Art und Weise der Befriedigung von Bedürfnissen. Dieser hängt von der Höhe des Einkommens und den Konsumwünschen ab. Der Lebensstandard wird beeinflusst von technischen und wirtschaftlichen Neuerungen und Veränderungen der Bedürfnisse.

Lebensunterhalt Geld, mit dem die Kosten für das alltägliche Leben gedeckt werden. Diese Kosten sind unterschiedlich hoch, weil die Lebensumstände bei jedem Menschen anders sind und Geld begrenzt verfügbar ist.

Leitbild Beschreibt für eine Schule die von dieser gesetzten pädagogischen und sozialen Ziele, z. B. bezogen auf Schul- und Arbeitsklima oder Förderung von Schülern. Das Leitbild nennt meist auch Schritte, die Ziele zu erreichen.

Lohnsteuer ▶ Steuern

Marketing Maßnahmen eines Unternehmens, die Produktion so auszurichten, dass die Kunden die ▶ Güter kaufen. Gleichzeitig sollen die Unternehmensziele gut erfüllt werden, z. B. ein möglichst hoher ▶ Gewinn, langfristige Sicherung des ▶ Unternehmens und zusätzliche Marktanteile. Bei den Marketingmaßnahmen handelt es sich z. B. um die Festlegung der ▶ Qualität der Produkte, die Preisgestaltung, die Verkaufsförderung, die ▶ Werbung und die Gestaltung des Service. Marketing zielt auch darauf, neue ▶ Bedürfnisse zu wecken und neue ▶ Güter auf den ▶ Markt zu bringen.

Markt Zusammentreffen von Angebot und Nachfrage zum Kauf bzw. Verkauf von ▶ Waren und ▶ Dienstleistungen. Der Markt ist an keinen Ort gebunden. Ein Kauf kann z. B. über das Internet erfolgen oder über das Telefon.

Marktpreis ergibt sich aus dem Zusammenspiel von Angebot und Nachfrage auf dem Markt.

Massentierhaltung technisierte und konzentrierte Form der Nutztierzucht und Viehhaltung. Sie wird genutzt zur massenhaften Erzeugung tierischer Produkte wie Fleisch, Milch oder Eier durch Haltung einer großen Zahl von Tieren auf begrenztem Raum. Der Raum pro Tier und die Art der Haltung werden teilweise als nicht artgerecht angesehen. Die Fütterung ist einseitig. Es bestehen Gesundheitsrisiken durch die Ansteckungsgefahr der Tiere. Umweltprobleme können durch die Ausscheidungen, z. B. große Mengen stickstoff- und phosphathaltiger Gülle, entstehen.

Mechanisierung Ersatz menschlicher Arbeitskraft durch technische Hilfsmittel.

Mehrwertsteuer ▶ Umsatzsteuer

Mindesthaltbarkeitsdatum (MHD) Zeitpunkt, bis zu dem ein ungeöffnetes Lebensmittel bei richtiger Lagerung (evtl. Kühlung) z. B. seine Nährstoffe, den Geruch und den Geschmack behält und genutzt werden kann. Das MHD muss gut sichtbar sein.

Mind Map ist das strukturierte Erschließen und bildhafte Darstellen eines Themengebietes. Die Arbeit kann Grundlage für die Planung der weiteren Arbeit sein. Mind Maps bestehen aus beschrifteten Diagrammen mit Hauptthemen und Unterbegriffen, die mit Linien verbunden werden. Gedanken sollen sich frei entfalten können.

Mineraldünger Düngemittel in Form von Salzen, die meist chemisch hergestellt werden, z. B. Phosphat. Es besteht ein großer Energiebedarf bei der Herstellung.

Monokulturen bezeichnen den wiederholten Anbau einer gleichen Frucht. Nachteil siehe ▶ Fruchtfolge. Vorteile können sein: Gleiche Maschinen und Vermarktungsstrukturen des Betriebes werden genutzt.

Nachhaltiges Handeln (N.H.) ist ein Verhalten, bei dem die Konsequenzen des menschlichen Handelns, ob durch die Produktion oder durch den Konsum, ökologisch sowie sozialverträglich sind und allen Ländern und Kulturen ökonomische und soziale Entwicklungschancen bieten. Damit verbunden ist die gerechte Verteilung von Lebenschancen aller Menschen, welche jedoch nicht zulasten der Umwelt und Tierwelt erfolgen darf. N.H. sichert so die Lebensgrundlagen zukünftiger Generationen.

Nachhaltigkeit ▶ Nachhaltiges Handeln

Nachhaltigkeitsdimensionen Bedeuten meist die begriffliche Aufteilung mindestens in ökonomische, soziale und ökologische Dimension, die verschränkt sind (s. 3. Deckel).

Nachhaltigkeitsmanagement umfasst ein ▶ Qualitätsmanagement, das bei der Erstellung der Güter ▶ Nachhaltiges Handeln gewährleisten soll.

Nettoeinkommen ▶ Bruttoeinkommen abzüglich der staatlichen ▶ Steuern und Beiträge zur gesetzlichen ▶ Sozialversicherung.

OECD, Organization for Economic Cooperation and Development (Organisation für wirtschaftliche Zusammenarbeit und Entwicklung) von 34 entwickelten Staaten, Ziel: marktwirtschaftliche Struktur und Demokratie sichern.

Öffentliche Güter werden vom Staat (Gemeinden/Städten, Ländern, Bund) angeboten. Er legt die Bedingungen für die Nutzung fest. Zum Teil ist die Nutzung kostenlos, z. B. der Aufenthalt in Parks, auf Spielplätzen oder der Besuch von Schulen. Für andere ▶ Güter müssen Gebühren bezahlt werden, z. B. für das Ausstellen eines Personalausweises oder den Besuch eines Schwimmbades. Die Höhe der Gebühren ist zum Teil für Kinder und Arbeitslose geringer als für andere Menschen. Das Angebot soll allen Bürgern ein menschenwürdiges Leben ermöglichen und zu mehr Chancengerechtigkeit beitragen.

Offshore-Betrieb außerhalb der Küstengewässer liegende wirtschaftliche Nutzung, z. B. von Windenergie.

Ökologie Lehre von den wechselseitigen Beziehungen zwischen Menschen, Tieren und Pflanzen sowie den Beziehungen der Menschen untereinander. Diese Beziehungen sollen durch ▶ Nachhaltiges Handeln gestaltet werden.

Online-Shop (eingedeutschte englische Bezeichnung) Warenvertrieb eines Händlers im Internet.

Output ist die produzierte Menge.

Photovoltaik, Solarthermie Umwandlung von Lichtenergie mittels Solarzellen in elektrische Energie.

Potenzialanalyse kann helfen, sich selbst und den eigenen Wünschen auf die Spur zu kommen. Mit verschiedenen Methoden (z. B. Analysen, Tests) wird versucht, Werthaltungen, Talente, Fähigkeiten und Fertigkeiten zu erkennen und berufliche Potenziale zu ermitteln. So kann die Richtung zukünftiger Berufsorientierung verdeutlicht werden.

Preisabsprachen ▶ Kartelle

Private Güter ▶ Güter, die von privaten Unternehmen produziert und am ▶ Markt angeboten werden. Hersteller und Händler (Anbieter) legen Preis und ▶ Qualität selbstständig fest. Sie müssen bei ihren Entscheidungen über den Preis der Güter ihre ▶ Kosten und die Preise ihrer Mitbewerber (▶ Konkurrenz) berücksichtigen. Außerdem ist die Kaufbereitschaft der Verbraucher (Nachfrager) wichtig. Private Unternehmen wollen einen ▶ Gewinn erzielen.

Produktinnovation Entwickeln eines neuen Produktes, das Bedürfnisse besser befriedigt oder neue schafft und befriedigt.

Produktionsfaktoren sind (in der Volkswirtschaftslehre) menschliche ▶ Arbeit (Erwerbsarbeit), ▶ Kapital sowie Boden (Grundstücke, Bodenschätze). Angesichts der Verknappung von Wasser und Luft wird statt ▶ Boden auch vom Produktionsfaktor Natur oder Umwelt gesprochen.

Produktionsgüter alle ▶ Güter, die von Unternehmen für den Einsatz und zum Verbrauch im Betrieb gekauft werden.

Produktivität Verhältnis von ▶ Output zu ▶ Input in realen Werten (produziertes Stück je Beschäftigter; erzeugte Weizenmenge je Hektar u. a. m.).

Qualität An den Wünschen der Kunden orientierte Beschaffenheit bzw. Eigenschaften von ▶ Dienstleistungen und ▶ Waren, z. B. Haltbarkeit eines Fußballschuhs. ▶ Qualitätsmanagement soll Qualität sichern.

Qualitätsmanagement soll eine gleichmäßige, an den Wünschen der Kunden orientierte ▶ Qualität fördern und durch Selbst- und Fremdkontrolle der erstellten Güter sichern (Öko-Audit der Prozesse und Güter durch Umweltbetriebsprüfung). Dazu bedarf es einer entsprechenden ▶ Betriebsorganisation und beruflichen Handlungskompetenz der Mitarbeiter.

Rationalisierung planvolles, vernünftiges (rationales) Handeln zur Erreichung eines Zieles.

Recycling Wiederverwertung von Abfallmaterialien zu neuen Zwecken.

Regenerative Energie ▶ Alternative Energie

Rentabilität Verhältnis von Überschuss zu ▶ Kapital oder ▶ Umsatz in %. Es gibt Eigenkapitalrentabilität, Gesamtkapitalrentabilität, Umsatzrentabilität.

Ressourcen „Quellen des menschlichen Lebens", alles, was die Natur den Menschen zur Erhaltung des Lebens zur Verfügung stellt.

Sachgüter ▶ Waren in der Form von ▶ Konsumgütern und ▶ Produktionsgütern.

Sauerstoff Gas, das Tiere und viele Pflanzen zum Leben brauchen. Es ist für Verbrennungsvorgänge notwendig.

Schlüsselqualifikationen sind fachübergreifende Qualifikationen, die Berufstätigen helfen, flexiblen Anforderungen bei der Arbeit gerecht zu werden. Wichtige Schlüsselqualifikationen sind u. a.: Fähigkeiten zur Nutzung von Präsentationstechniken, Kommunikation, Zeitplanung, Konfliktlösung, Teamarbeit, Eigeninitiative, Führungsstärke sowie Durchsetzungsvermögen, Organisationsvermögen, Belastbarkeit, Leistungsbereitschaft, Ausdauer, Sorgfalt und Gewissenhaftigkeit, Interkulturelle Kompetenz.

Sekundäre Pflanzenstoffe Inhaltsstoffe, denen gesundheitsfördernde Wirkung zugeschrieben wird.

Selbstständige ▶ Unternehmer

Sicherheit meint bei einer Geldanlage das Risiko, dass der angelegte Betrag zurückgezahlt wird; bei einem Kredit kann z. B. ein Grundstück für die Bank als Sicherheit dienen.

Solarthermie ▶ Photovoltaik

Soziale Marktwirtschaft Wirtschaftsordnung von Deutschland. Wichtige Elemente sind ein funktionsfähiger ▶ Wettbewerb vieler privater ▶ Unternehmen, auf Basis einer Steuerung des Staates. Der Staat soll sichern, dass der Wettbewerb gut funktioniert und soziale Gesichtspunkte berücksichtigt werden. Dazu gehören z. B. der Verbraucherschutz, die Steuerpolitik und die Absicherung der Existenzgrundlage bedürftiger Menschen, z. B. bei Arbeitslosigkeit.

Sozialversicherung, gesetzliche Dazu gehören die Krankenversicherung, Unfallversicherung, Rentenversicherung, Arbeitslosenversicherung und Pflegeversicherung. Arbeitnehmer (bis zu einer festgelegten Einkommensgrenze) sind Pflichtmitglieder. Die gesetzliche S. will über die Gemeinschaft der Versicherten Lebensrisiken abdecken, die einen einzelnen Menschen überfordern würden.

Steuern Abgaben an den Staat zur Finanzierung staatlicher Aufgaben, die direkt auf ▶ Einkommen erhoben werden (z. B. Lohnsteuer, Einkommensteuer) bzw. auf den Ertrag eines Unternehmens (Gewerbesteuer) bzw. direkt auf den Umsatz (Umsatz- oder Mehrwertsteuer) bzw. den Verbrauch (z. B. Kaffeesteuer, Mineralölsteuer) oder auf Betriebs- und Wohngrundstücke (z. B. Grundsteuer).

Stickoxid giftiges Gas, das die Luftqualität verringert und ein ▶ Treibhausgas ist.

Strukturpolitik staatliche Maßnahmen im Zusammenhang des ▶ Strukturwandels, um Standortnachteile und regionale Entwicklungsunterschiede auszugleichen sowie das Wirtschaftswachstum und wettbewerbsfähige Arbeitsplätze zu fördern.

Strukturwandel bezeichnet Veränderungen in Wirtschaftszweigen und Regionen. Er kann ausgelöst sein durch neue Technologien, ▶ Globalisierung, veränderte Verbrauchsgewohnheiten und ▶ Strukturpolitik des Staates.

Subventionen Übertragungen des Staates (Geld, Steuervergünstigungen) an Unternehmen zur Förderung wirtschaftlicher, sozialer und kultureller Zwecke.

Transfereinkommen ▶ Einkommen

Transferzahlungen Zahlungen des Staates an private Haushalte (z. B. Renten, Pensionen, Wohngeld, Sozialhilfe).

Treibhauseffekt Erwärmung der Erde durch ▶ Treibhausgase.

Treibhausgase spielen bei der Erwärmung des Klimas eine Rolle, z. B. ▶ **Kohlenstoffdioxid (CO_2)**.

Umsatz (Erlös) Produkt aus Menge einer verkauften Ware und dem Preis.

Umsatzsteuer wird auch Mehrwertsteuer genannt. Sie wird bei den Handelsstufen auf den Mehrwert von ▶ **Waren** und ▶ **Dienstleistungen** (Differenz von Einkaufs- und Verkaufspreis: Handelsspanne) erhoben.

Umweltschutz bezeichnet den Schutz der Umwelt vor z. B. Umweltverschmutzung, Lärm, globaler Erwärmung und Flächenverbrauch. Ziel ist die Erhaltung des Lebensumfelds der Menschen und ihrer Gesundheit. Dies schließt auch den Schutz der die Menschen umgebenden Natur ein.

Unternehmensverbände ▶ **Arbeitgeberverbände**

Unternehmer Inhaber eines Unternehmens beziehungsweise eines ▶ **Betriebes**, den er als Selbstständiger eigenverantwortlich führt.

Vegetarismus Ernährungsweise, bei der der Verzehr von Fleisch und Fisch vermieden wird. Einige Formen des Vegetarismus schließen auch Nahrungsmittel aus, die von Tieren produziert werden, wie Eier, Milchprodukte.

Verbraucherinformation ▶ **Verbraucherpolitik**

Verbraucherpolitik Maßnahmen des Staates, die Stellung der Verbraucher gegenüber Produzenten zu verbessern.

Verbraucherschutz ▶ **Verbraucherpolitik**

Verbraucherzentralen Interessenorganisationen der Verbraucher. Sie informieren über gesetzliche Bestimmungen und vorteilhafte Kaufstrategien. In jedem Bundesland gibt es eine Verbraucherzentrale (VZ) und Verbraucherberatungsstellen in einigen Städten. Die Verbraucherzentralen sind zusammengeschlossen in der Verbraucherzentrale Bundesverband (vzbv). Sie vertritt die Interessen der Verbraucher gegenüber Unternehmen und ihren Verbänden, politischen Parteien und Staat.

Verlust Die Aufwendungen eines Unternehmens übersteigen die Erträge. Es entsteht ein Fehlbetrag: Gegenteil von ▶ **Gewinn** (Überschuss).

Waren ▶ **Sachgüter**

Wasserstoff geruchloses brennbares Gas.

Webcode bedeutet kurze Zeichenfolge, um auf einer dazugehörigen Website nach Eingabe des Codes weiterführende Informationen, hier: zum Schülerbuch, zu erhalten.

Werbung Maßnahmen von Herstellern und Händlern, ▶ **Güter** bekannt zu machen und zum Kauf anzureizen. W. erfolgt durch Schrift, Bild und Ton – vor allem in Massenmedien. Sie will Aufmerksamkeit erregen, Gefühle erzeugen, Gedanken auslösen sowie Meinungen und Einstellungen hervorrufen, die den Kauf fördern. (s. ▶ **Marketing**)

Werkstoffe Arbeitsmittel, die in der Produktion weiterverarbeitet werden und in die Produkte eingehen.

Wertschöpfungskette Zusammenhängende Aktivitäten im Unternehmen beim Prozess der Herstellung von Gütern.

Wettbewerb Wettstreit um die beste Leistung. In der Wirtschaft spricht man auch von ▶ **Konkurrenz**. Sie betrifft z. B. den Preis, die Lieferbedingungen, den Vertrieb, den Service und die ▶ **Qualität**. Das Ziel des Wettbewerbs ist es, eine möglichst gute Versorgung der Verbraucher zu günstigen Preisen mit ▶ **Waren** und ▶ **Dienstleistungen** sicherzustellen. Ein funktionsfähiger Wettbewerb ist für die Wirtschaftsordnung der ▶ **Sozialen Marktwirtschaft** sehr wichtig.

Wirkungsgrad (bei der Energienutzung) Anteil der ▶ **Primärenergieträger**, der bei der Umwandlung in ▶ **Sekundärenergie** nutzbar ist, z. B. wird beim Verbrennungsmotor nur ein Teil der Energie für die Fortbewegung des Autos verwendet. Ein anderer Teil geht als Abwärme verloren.

Wirtschaftliches Handeln/Prinzip ▶ **Kosten** und Nutzen des Kaufs oder der Produktion eines Gutes werden abgewogen. Der Verbraucher handelt wirtschaftlich, wenn er mit einer bestimmten Summe Geld einen möglichst hohen Nutzen (z. B. Kauf eines bestimmten Sportschuhs) erzielt. Oder: Der Verbraucher handelt dann wirtschaftlich, wenn er einen bestimmten Nutzen (z. B. ein bestimmtes Fahrrad) mit möglichst wenig Geld kauft.

Wirtschaftsförderung Maßnahme des Staates, z. B. finanzielle Förderung und Beratung durch ▶ **Strukturpolitik**.

Zusatzstoffe, Lebensmittel werden aus technologischen Gründen, z. B. zur Förderung der Haltbarkeit, hinzugefügt.

Stichwörter

Abbruch Ausbildung 157
Abfall vermeiden und verwerten 103
Ablauforganisation 138, 191
Akkordlohn 191
Aktiengesellschaft (AG) 144, 145
Alternative Energie 191
Anbauverbände, ökologische 121

Anbieter 168
Anlagevermögen 149
Antibiotika, Tiermast 126
Applikation 191
Arbeit 31, 191
Arbeit, Produktionsfaktor 134
Arbeit, unbezahlte, Haushalt 30

Arbeitgeberverbände 191
Arbeitsanforderungen, Landwirte 120
Arbeitslose 176
Arbeitslosenquote 191
Arbeitsplatzerkundung, Methode 28
Arbeitsproduktivität 191
Arbeitsschutz 191

Arbeitsteilung im privaten Haushalt 191
Arbeitsvorbereitung 135
Armut 58, 59
Artenvielfalt 117
Aufbauorganisation 133, 191
Auftragsbearbeitung 135
Aufwand 118, 191
Ausbildungsabbruch 157
Ausbildungsberuf, anerkannter 191
Ausbildungsberufe, Anzahl 161
Ausbildungsreife 158
Ausbildungsvergütungen 162
Ausgabenplanung 55, 56
Automation 191
Automatisierung 191
Bauern 40
Bedarfsgerechtigkeit 54
Bedürfnisse 9, 10, 191
Befragung, Methode 17, 164
Beruf 191
Beruf, Wünsche 165
Berufsarbeit 32
Berufsberatung 155
Berufsfelderkundung 161
Berufsinformationszentrum (BIZ) 155
Berufsorientierung 152, 157
Berufswahl 156, 160
Berufswahlpass 154, 155
Berufswahlprozess 153, 154
Beschäftigte 176
Betrieb 191
Betriebe, ökologischer Landbau 121
Betriebserkundung, Methode 123
Betriebsmittel 192
Betriebsorganisation 133, 192
Betriebsrat 139
Beziehungen, Gruppe 16
BGB 93
Bio-Fleisch 128, 192
Bio-Siegel 63, 128, 192
Bioland 130
BIZ 155
Boden, Produktionsfaktor 134
Branche 192
Bruttoeinkommen 192
Bruttoinlandsprodukt (BIP) 176, 192
Bruttomonatsverdienste, Arbeitnehmer 59
Buchführung 48
Budgetanalyse 56
Bundesagentur für Arbeit 192
Bundesfreiwilligendienst 33
Bürgerliches Gesetzbuch (BGB) 93, 192
CAD (Computer Aided Design) 135
CO_2 127, 192
Computerkasse 25
Dampfbügeleisen, Test 113, 114
Deutschland, Wirtschaftsdaten 176
Dienstleistungen 9, 43, 171, 192
Dienstleistungsgesellschaft 43
Differenziertes Lernen 7
Discounter 75, 192

Distribution 148
Düngung, natürliche 117, 122
Ecklohn 139
EG-Bio-Verordnung, Rindermast 130
Ehrenamtliche Arbeit 33
Eigenkapital 192
Einkaufsstrategien 86
Einkommen 9, 118, 192
Einkommensarten 53
Einkommensteuer 173, 174, 192
Einkommensverwendung 192
Einzelunternehmen 144, 145
Emissionen 133, 192
Energie und Wasser sparen 102
Energieeinsparung 117
Entlohnung 139
Ergonomische Arbeitsplatzgestaltung 135, 192
Erkundung Bio-Bauernhof 120
Erkundung des regionalen Wirtschaftsraums, Methode 187
Erneuerbare Energie 103, 192
Ersatzinvestition 192
Ertrag 118, 119, 192
Erwerbsarbeit 31–33, 192
Erwerbsarbeit, Einkommen 53
Euro 46
Fähigkeiten, berufsbezogen 159
Fahrrad-Geschäfte 109
Fahrrad, Klimaschutz 111
Fahrradnutzung, Entwicklung 115
Fahrradtest 110
Fairer Handel 64, 66, 192
Fairtrade-Siegel 64, 66
Fairtrade-Stadt 86
Familie 192
Familienarbeit 32
Familienfreundliche Gestaltung Arbeits- und Lebenswelt 38
Feedback, Regeln 188
Fertigungstiefe 193
Fertigungsverfahren 193
Feste Ausgaben 56
Finanzamt 172
Finanzierung 119, 149
Fleischkonsum 125
Fleischproduktion 125
Fließbandproduktion 67, 193
Frauen- und Männerberufe 162
Fruchtfolge 117, 118, 122, 193
Futtermittelbedarf 127
Gebrauchsgüter 134
Gebrauchsgüter testen, Methode 113, 114
Geldströme 143
Gemeinnützige Arbeit 33
Generation 193
Gentechnik 193
Geräteverschleiß 89
Geschäftsfähigkeit 94, 98
Geschäftsführung 133
Gesellschaft bürgerlichen

Rechts (GbR) 144
Gesellschaft mit beschränkter Haftung (GmbH) 144, 145
Gesellschaftskultur 147
Gesetz gegen den unlauteren Wettbewerb 87, 88
Gewährleistung 96
Gewerkschaften 193
Gewinn 118, 193
Gewinnmaximierung 146
Gewinnspanne 193
Girls´Day 163
Gläubiger 143, 193
Gleichberechtigung 32
Globaler Handel 193
Globalisierung 193
Grundgesetz 167
Gruppenarbeit, Methode 15
Gruppenpuzzle: ..., Methode 131
Güter 9, 193
Güterströme 143
Haftung 143
Handwerker 40, 41
Handwerksbetrieb 193
Handykosten 88, 90
Handlungskompetenz 193
Hausarbeit 193
Haushalt, privater 29–32, 193
Haushaltsplan 55
Heizenergienutzung 103
Hormone, Tierfutter 126
Industrialisierung 42, 193
Informationen gewinnen – Internet nutzen, Methode 51
Informations- und Kommunikationstechnik (IKT) 193
Informationsorganisation 134, 193
Infrastruktur 171, 181–183
Innere Differenzierung 7
Input 193
Internetkauf, Widerruf 95
Interview, Methode 17
Investition 119, 193
Jäger und Sammler 39, 40
Jugendschutzgesetz, Kauf 98
Kalkulation 194
Kammer 194
Kapital 194
Kapital, Produktionsfaktor 134
Kapitalgesellschaften 144
Kartellamt 194
Kartelle 194
Kartenabfrage, Methode 16
Kassenbuch 55
Käufermarkt 148
Käuferrechte 96
Kaufvertrag 95
Kennzahlen 118, 194
Kilowattstunde (kWh) 194
Kinderarmut 59
Kinderbetreuung 32
Kindertageseinrichtung/-stätte 34

Kita 34
Kleine und mittlere Unternehmen 194
Kohlenstoffdioxid (CO$_2$) 194
Kohlenstoffdioxid 111
Kommanditgesellschaft (KG) 144
Kompetenzfeststellungsverfahren 194
Konkurrenz 194
Konsumgüter 194
Kontrahierung 148
Kooperatives Lernen: ..., Methode 35
Kosten 194
Kredit 194
Landbau 120
Langzeitarbeitslosigkeit 58
Lebenschancen 152
Lebensmittel, ökologisch erzeugte 122
Lebensmittelhandel 75
Lebensstandard 194
Lebensunterhalt 194
Leistungsgerechtigkeit 54
Leitbild 194
Liquidität 149
Lohnsteuer 173, 194
Mädchen-Zukunftstag 163
Manufakturen 41
Marketing 106, 148, 194
Markt 194
Maschinenstraße 136
Massentierhaltung 116, 126, 127, 194
Mechanisierung 195
Mehrwertsteuer 173, 195
Methan 127
Milchviehhaltung 120
Minderjährig 47
Mindesthaltbarkeitsdatum
    (MHD) 63, 195
Mind Map 195
Mineraldünger 117, 122, 195
Mitbestimmungsrechte 143
Mogelpackung 88
Monokultur 117, 195
Nachfrager 168
Nachhaltiges Handeln 64, 100, 133, 195
Nachhaltigkeit 141, 195
Nachhaltigkeitsdimensionen
    63, 64, 195
Nachhaltigkeitsmanagement 141, 195
Nahrungsmittelknappheit 130
Nettoeinkommen 195
Niedersachsen, Ferienland ... 178
Niedersachsen, Strukturförderung 180
Niedersachsen, Wirtschaftsdaten 176
Niedersachsen,
    Wirtschaftsstandort 177–180
**OECD, Organization for Economic
    Cooperation and Development 195**
Offene Handelsgesellschaft (OHG) 144
Öffentliche Güter 195
Offshore-Betrieb 195
Öko-Audit 141
Ökologie 195
Ökologisch produzieren
    116, 117, 120, 121
Ökologisch wirtschaftende Betriebe 121
Ökologische Anbauverbände 121
Ökologisches Handeln
    63, Innendeckel hinten
Online-Shop 195
Organisation/EDV 134
Output 195
Patriarchalisch 147
Personengesellschaften 144
Pflanzenstoffe, sekundäre 122
Photovoltaik, Solarthermie 195
Potenzialanalyse 195
Prämienlohn 139
Präsentation, Methode 18
Preis- und Qualitätserkundung,
    Methode 77
Preisabsprachen 195
Preiserkundung, Methode 76
Preisgestaltung 107
Preisvergleich 75, 86
Preisverhandlung 86
Primärer Sektor 43
Private Güter 195
Pro-Kontra-Debatte, Methode 84
Produktinnovation 196
Produktionsablauf 135
Produktionsfaktoren 134, 196
Produktionsgüter 196
Produktivität 196
Produktqualität/-auswahl 148
Produzierendes Gewerbe 43
Projekt Regionaler Wirtschaftsraum 184
Projektarbeit, Methode 104
Qualität 196
Qualitätsmanagement 140, 196
Qualitätsmerkmale 107
Radwege, Überprüfung 111
Rationalisierung 146, 196
Rechte der Käufer 96
Rechtsfähigkeit 94
Rechtsformen 143
Rechtspersonen 94
Recycling 196
Regenerative Energie 196
Regionaler Wirtschaftsraum 184
Rentabilität 196
Reparaturkosten 89
Ressourcen 133, 196
Rindermast 126, 130
Rollenspiel, Methode 36
Sachgüter 196
Sauerstoff 196
SB-Kassen 26
Schlachtbetriebe 127
Schlüsselqualifikationen 196
Schmiedeberufe 40
Schulden 47
Schuldenfalle 50, 57
Schule, nachhaltige Gestaltung 99, 100
Schule, nachhaltiges Handeln 100
Schule, umweltgerechtes Verhalten,
    Projekt 102
Schulklasse, Miteinander gestalten 101
Sekundäre Pflanzenstoffe 196
Sekundärer Sektor 43
Selbstständige 196
Sicherheit 196
Solarthermie 196
Soziale Marktwirtschaft 166–169, 196
Soziales Handeln
    64, Innendeckel hinten
Sozialversicherung, -gesetzliche 196
Staat, Aufgaben 168, 175
Staat, Einnahmen und Ausgaben 175
Standortfaktoren, Wirtschaft 181–183
Stationenlernen: ..., Methode 27
Statistiken und Schaubilder nutzen,
    Methode 60, 61
Steuern 170–174, 196
Stickoxid 196
Stiftung Warentest 85
Stromnutzung 102
Strukturpolitik 196
Strukturwandel 196
Subventionen 196
Supermarkt 70–75
Taschengeld 48
Taschengeldplanung 48
Tauschhandel 45, 46
Teilhabegerechtigkeit 53
Tertiärer Sektor 43
Test 110
Tierhaltungsformen 126–129
Tierhaltung, artgerechte 117, 122,
    128, 129
Tierschlachtung 127, 129
Tierschutz 126
Transfereinkommen 53, 196
Transferzahlungen 196
Treibhauseffekt 196
Treibhausgase 197
Umlaufvermögen 149
Umsatz (Erlös) 197
Umsatzsteuer 173, 174, 197
Umtausch 96, 97
Umweltschutz 197
Unternehmen 143
Unternehmen, Anzahl 146
Unternehmen, Ziele 143, 146
Unternehmenskultur 147
Unternehmensleitung 143
Unternehmensorganisation 146
Unternehmensverbände 197
Unternehmer 197
UWG 87, 88
Variable Ausgaben 56
Vegetarismus 130, 197
Verbraucherinformation 197
Verbraucherpolitik 197
Verbraucherschutz 197
Verbraucherzentrale 89
Verbraucherzentrale
    Bundesverband 85, 87, 197

Verbrauchsgüter 134
Verhaltensregeln, Zusammenarbeit 15
Verkäufermarkt 148
Verkaufsförderung 108
Verlust 118, 197
Vermarktung 118
Vermögenseinkommen 53
Verschuldung 50, 57
Verteilungsgerechtigkeit 54
Vertragsrecht 93
Waren 197
Waren 9
Warentest 66, 110
Wassernutzung 103
Wasserstoff 197
Webcode 7, 197
Werbeanalyse, Methode 112
Werbetricks 81
Werbung 78–83, 106–108, 112, 197
Werbung, Beurteilung 82
Werbung, Information oder Verführung 83
Werbung, informative 87
Werbung, unlautere 83
Werkstoffe 197
Wertaufbewahrungsmittel 46
Wertmaßstab 46
Wettbewerb 169, 197
Wirkungsgrad, Energienutzung 197
Wirtschaftliches Handeln 63, 197, Innendeckel hinten
Wirtschaftliches Prinzip 197
Wirtschaftsbereiche 43
Wirtschaftsförderung 197
Wirtschaftsordnung 166, 169
Wirtschaftsraum, regionaler 184
Wünsche, Beruf 165
Zahlungsmittel 46
Zeitlohn 139
Ziele, Unternehmen 143, 146
Zusatzstoffe, Lebensmittel 197

Bildquellen

AOK Bundesverband: 189 u. r.
Bergmoser + Höller – Zahlenbilder Aachen: 30 u., 186 u. r.
Anima Berten, Hamburg: 24
Christoph Berten, Berlin: 37 r., 39 r., 95 u. l.
Bundesanstalt für Landwirtschaft und Ernährung (BLE), Bonn: 63, 91 o. l., 166 o. m.
Bundesministerium für Arbeit und Soziales (BMAS): 167 o. l.
Cornelsen Verlag (Eigenerstellung): 27, 39 l., 89, 103, 125 l., 186 o. l., o. r., u. l.
ddp images/DAPD/VECTUR: 125 r. (Hintergrund)
Deutscher Sparkassen und Giroverband: 44 ganz u. r.
Deutscher Sparkassen- und Giroverband, Beratungsdienst Geld & Haushalt: 49 (2×)
Deutscher Sparkassenverlag: 53 o. r.
Dusica Krafft, Münster: 147
FairTrade e.V.: 64 r.
Fotolia: 7 (Christian Schwier), 8 (Christian Schwier), 14 o. l. (Digitalpress), 33 (Alexander Raths), 42 r. (leestat), 43 (Kzenon), 44 (Daniel Ernst/Artur Marciniec/contrastwerkstatt), 47 (vege), 64 m. l. (M. Johannsen), 69 (Dmitrijs Dmitrijevs), 88 o. r. (IQoncept), 90 (PeJo), 118 (lulu), 120 (goodluz), 124 o. l. (C. Heitker), 126 (rakijung), 128 (Kara), 146 (JiSIGN), 149 (Pixel), 158 o. l. (Tyler Olson), 169 (Inna Vlasova), 171 M1 (Cmon), 171 M2 (Alexander Raths), 171 M3 (Peter Maszlen), 171 M4 (Thorben Wengert), 175 l. (Marem), 175 m. (bluedesign), 176 M1 (Autobahn: LVDESIGN), 176 M2 (Geld: Edler von Rabenstein), 176 M3 (ChaotiC_PhotographY), 176 M5 (Kaarsten), 176 M6 (lekchangply), 177 o. r. (artalis), 177 u. r. (Gabriele Rohde), 178 o. r. (Daniel Kühne), 178 m. r. (Joachim B. Albers), 179 o. r. (playstuff), 179 u. r. (kathijung), 183 (BildPix.de), 188 (contrastwerkstatt), 190 m. (Gabriella88), 190 m. r. (ferdiperdozniy), 190 halb r. (sahua d)
Martin Glania, Brieselang: 13
Hartmut Henschel, Gerswalde: 10 (2×), 11 (2×)
imagebroker/vario images: 150 u. r.
Imago Sportfotodienst: 53 m. l., 187
imu-Infografik: 158 u. r.
Stefan Keil, Brieselang: 16, 58 l. o., 58 l. u., 63 (3×), 66 o., 68, 70/71, 73 (2×), 74, 91 m. l., 91 u. l., 102, 103
Franz Klöckener, Sundern: 21, 23 (2×), 173 o. r.
Christian Kohl, Köln: 78, 79
laif agentur für photos & reportagen, Köln: 109 m. r. (Axel Krause), 109 u. r. (Paul Hahn)
Marek Lange, Profil-Fotografie, Berlin: 12 o. r., 12 u. l., 12 u. r., 25
Henning Lüders, Berlin: 19 halb l., 116
Wolfgang Mattern, Bochum: 42 l., 42 halb l., 42 m., 42 halb r.
MEYER WERFT, Papenburg: 179 l.
Mujkanovic, Denis: 35 (3×)
OECD, Berlin: 30 o.
picture-alliance/© dpa-infografik: 34 l., 34 o. r., 34 u. r., 38, 57 r., 58 r., 66 u., 67 l., 117, 121 u., 144, 165, 172, 173, 174
picture-alliance/© dpa: 14 o. r. (ZUMAPRESS.com), 14 u. l., 14 u. r. (Timo Jaakonaho), 37 o. l. (dpa-Fotoreport), 37 u. l. (EPA/John Jairo Bonillo), 41, 54 (Frank Rumpenhorst), 64 o. l., 65 u. r., 67 r. (akg images), 75 o., 85 r., 109 o. l., 109 u. l., 109 o. r., 124 u. l. (Carsten Rehder dpa/lno), 127 (dpa-fotoreport/Fotoagentur K), 129 (WILDLIFE), 166 o. l. (Norbert Försterling dpa/lsw), 166 o. r., 167 m. (Abir Abdullah), 167 u. r. (Kai-Uwe Knoth), 170 u. m. (Oliver Berg dpa/lnw)
Project Photos, Augsburg: 52, 53 o. l., 152
real,- SB Warenhaus: 26
Annette Schamuhn: 9 (Foto: Dirk Schamuhn), 12 o. l. (Foto: Dirk Schamuhn), 48, 80 (2×), 81 (2×), 82 (2×), 91 r., 92 l., 99 (Foto: Peter Wirtz), 105 (Foto: fahrrad.de, 2x), 106 (Foto: H. Lüders), 107 (Foto: fahrrad.de), 108 (Foto: fahrrad.de, 2×), 159, 166 m., 167 u. l., 170 m. (Fotos: Franz Klöckener), 190 o. l. (Foto: Franz Klöckener)
Dirk Schamuhn: 64 u. l., 65 o. l.
Bernd Schirok, Zossen: 122
Detlev Schüler, Berlin: 45, 55, 87 (2×), 96 (2×), 121 l., 167 o. r., 167 m. l.
Shutterstock/wavebreakmedia: 176 M4
Melanie Spiller: 184 l.
Stiftung Warentest: 88 u. r. (test 9/2010), 189 l. (Rubrik „Mogelpackung", 15.12.2015)
Uni Jena/Statista GmbH: 130 o. r.
Peter Wirtz, Dormagen: 15, 17, 18, 19 l., 19 halb r., 19 r., 20 (2×), 22 (2×), 28, 29 (4×), 31 (3×), 36, 37 m. l., 44 o. r., 44 u. r., 46, 55, 57 o. l., 57 u. l., 62 (4×), 65 o. r., 76, 77, 84, 85 r., 86 (2×), 92 r., 93 (3×), 94, 95 o. l., 95 o. r., 95 u. r., 97, 98 (2×), 100, 104, 113, 114, 115, 123, 124 o. r., 124 u. r., 132, 135 (3×), 136 (4×), 137 (7×), 139 (2×), 140, 141, 150 o. r., 157, 158 u. l., 164, 166 u. l., 166 u. m., 166 u. r.

Nicht in allen Fällen war es möglich, die Rechteinhaber der Abbildungen ausfindig zu machen. Für eventuell entstandene Fehler oder Auslassungen bitten wir um Verständnis.
Berechtigte Ansprüche werden selbstverständlich im Rahmen der üblichen Vereinbarungen abgegolten.